KB069167

동방의 빛 ❷
천부경

天符經

天符經

동방의 빛 ❷

천부경

| 금시명 지음 |

學古房

머리말

광활한 우주에서 우리 인간은 티끌 같은 존재일 뿐이다. 도처에 널려 있는 그 흔하디흔한 바닷물의 성분과 전혀 다르지 않는 물(H_2O), 또 그다지 특별하지도 않는 탄소(C)를 비롯한 몇몇 원소들, 그리고 진공으로 구성된 혼합체에 불과하지만 우리는 불가사의하게도 생각을 하면서 살아간다. 매순간 쉬지 않고 많은 생각들을 하면서 살아가는 기이한 존재들이다. 지금 21세기를 살아가는 우리들은 통상적으로 우리 자신들과 주변의 것들에 대해서 그 어느 때보다도 많은 것들을 알고 있다고 착각하면서, 스스로 한껏 뽐내기도 하고 그 알량한 지식을 이용해서 최대한의 욕심을 한껏 부려가며 무언가를 끊임없이 추구하며 살아가고 있다. 그러나 매일의 일상에 치여 그다지 긴 시간은 아니겠지만, 때때로 자신도 모르게 문득문득 찾아드는 질문들이 항상 우리들 주변을 배회하고 있다. 나는 어디서 왔으며 어디로 가는 것일까? 나는 누구인가? 주위를 둘러보면 우리는 이 세상이 결코 원자들로 구성된 물질적 조합만이 존재의 전부가 아니란 것을 느낄 수 있다. 원자들의 조합보다 훨씬 더 중요해 보이는 그 무엇이 있다는 것이다. 그것이 무엇인가? 바로 우리들이 매순간 살아내는 삶과 영혼의 호흡들이다. 삶과 영혼이라는 것은 이야기와 이야기의 연속선상에서만 풀이되고 이해될 수 있는 그 무엇이다. 이러한 삶과 영혼의 문제를 과학이 해결해줄 수 있을 거라고 믿는다면 번지수를 잘못 짚은 것이다. 애초에 과학에는 그런 기능이 존재하지를 않는다. 물리학, 화학, 생물학, 의학, 심리학 등등을 모두 다 합친다고 해도 과연 그것이 기대하는 만큼 제대로 작동해낼 수 있을까? 심히 의심스럽지 않을 수가 없다. 그렇다고 서양 철학이나 또는 그 어떤 다른 인문학이 과연 대안이 되어줄 수 있을까? 마찬가지로 그다지 믿음이 가지를 않는다. 바로 이것이 필자가 동아시아에서 발달한 독특한 학문체계인 동양 역리학(易理學)에 눈을 돌리게 된 이유라고 할 수 있다. 놀랍게도 역리학은 우주를 구성하는 미립자들로부터 시작해서 사람들이 살아가는 삶과 영혼의 이야기들까지 묘사하며 관통해내는 기묘한 학문 체계라는 것을 알게 되면서 거기에 깊이 매료되지 않을 수가 없었던 것이다. 주역 원전에 적혀있는 괘사나 효사들이 죽어 있는 글귀들이 아니라 살아 있는 삶의 언어로 다가오고, 제반 역리학의 상징들이 삶에서 실제 벌어지는 사건들로써 생생하게 체험되면서 전율을 느끼지 않을 수가 없었다. 이런 것들이 한낱 지극히 개인적이고 주관적인 경험이라고 치부해버릴 수도 있으나, 사실 눈을 크게 뜨고 보면 역리학의 놀라움은 거기서 그치질 않는다. 우주 깊숙이 숨겨져 있던 비밀들이 첨단 과학의 발달과 더불어 하나하나 그 실체들이 드러나면서 전혀 새로운 상황이 전개되고 있는 것이다. 가령 64개의 생체 유전자코드와 주역 64괘의 상징체계가 너무나 놀라울 정도로 일치하고 있기에 서구의 과학자들이 경악하지 않을 수 없었다. 태생적으로 일반 수학적 개념으로는 백 번 죽었다 깨어나도 64개 유전자 코드와 일치될 가능성은 전혀 없었던 것이다. 뿐만 아니라 이미 많은 과학자들이 주역 팔괘와 동양 철학에서 영감을 받았다고 고백하고 있는 것 또한 엄연한 사실이다. 오늘날 컴퓨터가 주역과 똑같은 체계의 이진법을 사용하고 있다는 얘기는 이제 너무 많이 들어서 진부한 얘기가 되어버렸다. 고도로 논리적이고 합리적인 사고 체계로 중무장한 전문 과학자들이 최첨단 도구들을 동원하며 이 우주의 실상을 구석구석 샅샅이 분석하게 되면서 놀라운 성과들이 속속 나오고 있지만, 전혀 역설적이게도 동양 역리학의 오묘함이 다시 한 번 더 조명 받는 일이 잦아지고 있고, 결과적으로 동양 역리학 자신의 수준이 답보 상태를 벗어나지 못하고 있는 데에 반해, 현대 과학이 동양 역리학을 다시 한 번 더 돌아보게 만드는 데에 있어서 동양 역리학 그 자신보다도 훨씬 더 큰 공헌과 기여를 하고 있는 셈이다. 기묘하게도 상황은 다시 역전되고 있다. 동양 역리학 체계는 구시대의 산물이고 우매한 동양적 사고방식이 아니라, 이제는 아예 신비한 동양을 넘어서 너무도 놀라운 동양으로 격상될 가능성이 매우 크다.

그러나 이렇게 점증하는 서구의 관심과는 달리 제반 역리의 본고장이라 할 수 있는 동아시아에서의 위상은 오히려 바닥을 치고 있는 상황이다. 작금의 한국은 그 나라 경제의 한 지표라 할 수 있는 주식시세에서조차 만성적 저평가를 벗어나지 못하고 있다. 그리고 그 근본을 따지고 들어가보면 만성적 저평가는 우리 자신들이 스스로 자기 자신을 낮게 깔보는 습성에서 비롯되는 것이 아닐까 싶다. 역리학에 대한 평가도 마찬가지이다. 불행히도 스스로 가치를 판단할 줄 아는 눈이 현대 한국인들에게는 구비되어 있질 못하다. 분명 그것이 결여되어 있다. 서구인들이 가치를 인정해주어야만 비로소 눈을 돌리는 정도이다. 더욱이 역리학계에 팽배해 있는 현재 풍토 또한 그러한 저평가를 부채질하는 측면이 크다는 것도 부정할 수가 없다. 동양 역리학의 그 놀라운 체계와 또 그 놀라운 가능성에 비해서, 작금의 역리학, 그 밑바닥을 가만히 들여다보노라면 한심하기가 이루 짝이 없을 지경이다. 근본 원리는 어느 것 하나 온전하지가 않다. 6하 원칙에 의해서 말할 수 있는 것이 거의 없다고 할 수 있다. 또 학문하는 태도를 살펴보면 경전의 내용이니까 처음부터 끝까지, 그것도 모자라서 끝에서부터 거꾸로 처음까지 달달달 외우고, 성현의 말씀이니까 아무런 의심도 없이 그것이 왜 그렇게 되는 지도 모르면서 공식처럼 달달달 외워야 한다는 사고방식을 접하노라면 저절로 한숨이 흘러나오지 않을 수가 없는 지경이다. 그러면서 잘 외우고 있으니 잘 알고 있다고 착각한다. 앵무새처럼 잘 외우지 못하면 아예 아무것도 모르는 것으로 치부해버리거나 무시해버리기도 한다. 그러나 지금 세상이 어떤 세상인가? 잘 외우는 것으로 치면 아마 필자가 가지고 있는 노트북보다 더 잘 외울 수 있는 사람은 없을 것이다. 잘 외우는 것과 잘 아는 것은 전혀 별개의 문제라는 것을 그들은 잘 모르는 듯하다.

그리고 오늘날의 우리들 자신을 스스로 돌아보자. 우리는 사실 겉모양만 동양인이다. 우리들은 이미 수십 년 이상 서구적 방식으로 교육을 받아오고 있고, 합리적이고 논리적인 사고 체계로 훈련받아왔다. 이러한 사고 체계에 비추어보아 이해될 수 없는 것들은 그것이 그 어떤 것이라 해도 살아남을 수가 없는 세상이 된 것이다. 아무리 신비화를 시도하려고 해도 도저히 그것이 잘 되지를 않는다는 말이다. 유일한 방법은 합리적인 사고로써 그것을 이해할 수 있을 때, 비로소 그것이 무엇이든 간에 용납될 가능성이 생기는 법이다. 이것이 바로 필자가 이 책을 집필하기로 결심한 이유이다. 합리적, 논리적 시각으로 밑바닥부터 철저하게 다시 분석해보자는 것이다. 사실 필자는 제반 역리 서적들 읽기를 좋아하는 지극히 평범한(?) 독자의 한 사람이었을 뿐이었다. 하지만 합리적 시각에 바탕을 둔 역리학 기초 이론서가 나오기를 오랫동안 기다리다가 결국은 포기를 하고, 직접 연구를 시작하게 된 지극히 불행한(?) 독자라고 할 수 있다.

이 책에는 실전에서 적용되는 고도의 응용법이 정리되어 있지는 않다. 하도와 낙서라고 하는 지극히 기본적인, 그야말로 역리에서 기본 중의 기본에 해당하는 것들에 대해 정리를 해놓은 책이다. 나아가 복희팔괘가 무엇이고, 문왕팔괘가 무엇이고, 정역팔괘가 무엇인지에 대해 지지하게 고민하고, 거기서 얻은 지식들을 총정리 한다는 생각으로 만들어 본 책이다. 도대체 복희팔괘는 어떻게 문왕팔괘로 전환되고, 또 문왕팔괘는 어떻게 정역팔괘로 전환되는 것인지를 고민한 내용들을 정리해보았다. 나아가 120여 년 전 이 땅에 일부 김항 선생께서 남겨놓으셨다는 새로운 주역이론, 이른바 정역의 본문이 대체 무엇을 의미하는 지를 탐구해보았다. 더 나아가 9000여 년 전 국조 한인께서 인류 최초로 남기셨다는 천부경의 경문 81자가 도대체 무엇을 의미하는 지를 탐구해 보았다. 필자의 생각으로는 역리학의 밑바탕에는 반드시 이러한 분석들이 필요하다고 보았고, 또 오랫동안 그것을 기다렸지만 그것을 얻을 수 없어 직접 연구를 해 볼 수밖에 없었다. 이 책을 읽으면 음괘와 양괘들로 표현되는 팔괘를 바탕으로 하는 주역 체계는 분명 하도 낙서, 그리고 천부경과 불가분의 관계를 가지고 있다는 것을 알게 될 것이다. 더불어 60갑자 부호를 사용하는 음양오행이론도 마찬가지로 하도 낙서, 그리고 천부경과 불가분의 관계를 가지고 있다는 것을 알게 될 것이다.

복희팔괘와 문왕팔괘, 그리고 정역팔괘의 의미를 알게 될 것이다. 정역 본문에 담긴 진정한 의미를 이해할 수 있게 될 것이다. 천부경 81자가 무엇을 의미하는지를 알게 될 것이다. 이러한 필자의 노력이 성공적인지 아닌지는 전적으로 독자 여러분들이 판단해야 할 몫일 것이다.

우리는 지금 정보가 주체할 수 없으리만큼 홍수처럼 넘실대는 시대에 살고 있다. 3천 권의 책에 해당하는 정보가 불과 몇 분이면 노트북으로 다운될 수 있다. 대형 서점에 가보면 수십만 권의 책들이 진열되어 있다. 만약 지금 당신이 서점 매장 여기저기 널려 있는 그 많은 책들 중에서 우연히 이 책을 골라 읽고 있는 거라면 그것은 우연이 아닐지도 모른다. 어쩌면 영겁의 세월을 지나오면서 쌓이고 쌓인 인연의 끈이 당신과 이 책을 이어주고 있을지도 모른다. 그 소중한 모처럼의 인연의 끈을 부디 헛되이 되지 않도록 만들고 싶은 것이 필자의 바램이다. 이 책을 읽는 독자들이 보잘 것 없는 이 책에서 무언가 얻는 것이 있게 되기를 진심으로 바라마지 않는다. 사실 필자는 이 책을 저술하면서 필자 자신이 저술하는 것이 아니라, 우주가 필자를 통해 우주 자신을 표현하고 있는 게 아닌가하는 착각에 빠져들곤 했었다. 독자 여러분들이 이 책을 읽으면서 우리의 선조였던 고대 동아시아인들이 바라보던 우주의 모습이 어떤 것이었으며, 그들이 어떤 우주를 꿈꾸고 있었는지를 마음껏 느껴볼 수 있기를 바라마지 않는다.

서점에서 책을 고를 때에는 깔끔하게 정리된 책들을 선호하면서도 정작 깔끔하지 못한 책을 저술해놓고 보니 부끄러운 마음을 금할 수 없으며, 책을 쓴다는 것이 얼마나 어려운 일인지를 절감할 수 있었다. 수많은 다른 저자 분들에게 존경의 마음을 표하고 싶다. 그리고 특별한 허락도 얻지 않고 많은 책들과 논문들을 인용해놓았고, 심지어는 출처를 찾지 못해 인용 표시조차도 제대로 못한 부분까지 있는데, 이 자리를 빌어서 그 모든 분들에게 진심어린 감사의 마음과 죄송한 마음을 함께 전하고 싶다. 그리고 이 책이 햇빛을 볼 수 있도록 도와주신 하운근 사장님과 박은주 편집장님께 깊이 감사드린다. 마지막으로 집필한답시고 오랫동안 가장의 역할을 등한시 하는 동안에도 묵묵히 곁에서 지켜봐 준 사랑하는 가족들에게 이 책을 바치고 싶다는 말을 빼놓을 수가 없다. 이제 이 책은 필자만의 것이 아니라, 이 책을 읽는 모든 독자들의 것이다. 모든 분들에게 행운과 만복이 깃들기를 빌어본다.

을미년의 새 봄을 바라보며…
금시명

목 차

제6장 천부경 / 15

1. 풍류도 ··· 18

  천부경 기원 ·· 21

  일시무시일 ·· 26

  일적십거 ·· 33

  천부경과 팔괘 ·· 42

  천부경의 우주관 ··· 48

  역易의 주인 ·· 63

  천부경과 오행 ·· 73

  2와 3의 논란 ··· 80

2. 대삼합육 ··· 85

  천부경 코드 ··· 86

  6六에서 크게 합함 ··· 91

  6六까지 크게 합함 ··· 98

  8개의 문門 ·· 102

  신인神人의 길 ·· 106

  육六과 구九 ··· 116

  남두육성과 궁수자리 ······································ 121

3. 천부경과 시간 ··127

　운삼사 ··128

　성환오칠 ··130

　음양오행설의 기원 ···131

　북두칠성과 시간 ··145

　하늘 시계들 ··167

　하늘 도장 ··176

　운삼사성환오칠Ⅱ ··179

　일묘연만왕만래 ···182

4. 천부경 문화 ··187

　알(●) 문화 ···188

　삼족오 문화 ··189

　해와 달 문화 ···195

　칠성七星 신앙 ··199

　삼신 신앙 ··203

14 •

제7장 변화요인 / 213

1. 변화의 이유 ·······················216

2. 15의 증거 ·······················227

3. 1과 10 ·······················234

4. 역리학의 답변 ·······················239

5. 자미두수 ·······················245

   화록의 원리 ·······················246

   화권의 원리 ·······················254

   화기의 원리 ·······················259

   화과의 원리 ·······················261

   두수는 허성? ·······················265

   주성의 배성원리 ·······················270

天천 符부 經경

6

天符經
천 부 경

    제1권에서는 권두의 치장물로 전락해 박제화 되어있던 하도와 낙서를 다시 살아 움직이게 하고, 복희팔괘도와 문왕팔괘도에 담겨있는 비밀들을 오롯이 드러내는 일을 시도해보았다. 이어서 제2권에선 수천 년간 잠들어있는 우리 겨레의 경전을 깨우는 일을 시도해볼 예정이다. 바쁘게 흘러가는 일상에서 잠시만 시선을 돌려 주위를 둘러본다면 심상찮은 움직임들을 그리 어렵지 않게 감지할 수 있을 것이다. 특히 21세기에 접어들면서 다른 주변국에는 없는 그 움직임들이 갈수록 색깔은 더욱 짙어지고 그 속도는 더욱 빨라지고 있다. 필자는 이를 우리 겨레 스스로에 대한 자각의 과정이라고 이해하고 싶다. 『한단고기』[1]를 비롯하여 『규원사화』나 『천부경』과 같이 중국에는 없는 우리 고유의 사서며 경전들이 마치 약속이나 한 것처럼 갑자기 봇물처럼 쏟아져 나오고 있다. 그리고 『천부경』이 바로 그 중심에 서있다. 출간된 관련 서적만도 이미 십수 권을 훌쩍 뛰어넘고 있으니 말이다. 지금부터 그 한 가운데에 서있는 『천부경』을 다루려 한다. 『동방의 빛』이라는 본 시리즈의 당초

---

1) 1911년 계연수가 편찬한 『한단고기』는 『삼성기』와 『단군세기』 『북부여기』 『태백일사』를 하나로 묶은 책이다.

목적이 하도와 낙서를 정리해보는 정도였다가, 어떻게 하다 보니『정역』해석에 이르게 되었다. 그러나 지금처럼『천부경』까지 다루게 될 지는 사실 꿈에도 생각지 못했던 바였으나,『정역』탐구가 심화될수록『천부경』을 연구하지 않고는『정역』이 전해주는 세세한 의미까지 포착해내기가 어렵겠다는 판단을 하게 되었고, 그러한 판단이 결국 필자를 이 자리에 서게 만들었다. 본격적인『정역』탐구에 앞서서 잠시『천부경』을 먼저 탐색해볼 것이다.『정역』이 쉽지 않지만,『천부경』도 그에 못지않다. 그나마 오랜 정역 연구로 다져진 내공을 밑천으로 간신히『천부경』을 풀어낼 수 있는 실마리를 잡을 수 있게 되었던 것 같다. 이제 차차 알게 되겠지만,『천부경』과『정역』은 놀랍게도 상호 연결되어 있다. 만약 필자가 정역을 연구하지 않았더라면, 결코 천부경을 풀어내지 못했을 것이다. 또한 천부경을 풀어내지 못했더라면 정역을 온전히 풀어낼 수 없었을 것이 분명하다. 뿐만 아니라,『천부경』은 상수학 전반을 관통할 수 있도록 일이관지의 길을 열어주는 놀라운 동양수리학의 본원이자, 결정체임을 깨닫게 될 것이다.

1 풍류도

『천부경』의 발자취를 쫓다보면 필연적으로 역사적인 한 인물과 조우하게 되는데, 그가 바로 유명한 고운 최치원[2]이다. 신라 말기의 걸출한 문장가였던 최치원이 12세에 유학길에 올라 당나라에서 관직생활을

마치고 신라로 다시 돌아온 때가 그의 나이 29세 무렵이었다. 당시
신라의 헌강왕은 그의 당나라 관직 이력을 높이 평가하였다. 그래서
그를 시독겸 한림학사 수병부시랑지서서감사로 임명하였다. 이러한
환대에 힘입어 최치원은 이듬해에 『대숭복사비문』 등의 명문을 지었고,
당나라에서 지은 저작들을 정리하여 국왕에게 바치기도 했다. 하지만
얼마 못가서 그의 관직 생활에 그늘이 드리워지게 되었다. 진성여왕이
국정을 이끌게 되면서 분위기가 급변하게 된 것이다. 진성여왕 8년
그는 나름 시무책 10여조를 올려 보기도 했으나 아무런 소득을 얻지
못하였고, 조정 내에서는 그를 시기하는 무리들이 갈수록 늘어나기만
했다. 견디다 못한 그는 스스로 외직을 자청하기에 이르렀고, 도가수행
에 빠져들었다. 40여세 무렵에는 아예 관직을 던져버리고 여러 곳을
방랑하였는데, 당시 그가 즐겨 찾던 곳은 경주의 남산, 강주³⁾의 빙산,
합천의 청량사, 지리산의 쌍계사, 합포현⁴⁾ 별서 등이었다. 신라가 유지했
던 골품제도 하에서는 그 누구도, 설사 그것이 최치원과 같은 걸출한
인물이라 할지라도, 진골이 아니면 6두품(현재의 차관) 이상을 넘볼 수

---

2) 최치원(857~?). 12세에 당나라로 유학을 떠났다. 7년만인 874년 18세에 예부사랑
   배찬이 주관한 빈공과(賓貢科)에 합격하였다. 그리고 2년간 낙양을 유랑하면서
   시작(詩作)에 몰두하였는데 그때 지은 작품이 『금체시(今體詩)』5수 1권, 『오언칠언
   금체시』100수 1권, 『잡시부(雜詩賦)』30수 1권 등이 있다. 그 뒤 876년 당나라 선주(宣
   州)의 표수현위가 되었다. 이때 지은 글들을 추려 모은 것이 『중산복궤집』1부
   5권이다. 879년 황소(黃巢)가 반란을 일으켰을 때 제도행영병마도통인 고변의 종사
   관이 되어 『토황소격 討黃巢檄』을 지어 이름을 드높였다. 그리고 이때 표·장·격·
   서·위곡·거첩·제문·소계장·잡서·시 등 1만여 수를 지어 귀국 후 정선하였
   는데 그것이 『계원필경』20권이다.
3) 지금의 의성을 말한다.
4) 지금의 창원을 말한다.

없는 태생적 한계를 갖고 있었다. 이와 같은 너무도 뚜렷한 한계 속에서 그는 결국 필연적으로 절망할 수밖에 없었을 것이다. 이후 행적을 계속 추적해보자. 전해지는 바로는 그가 당나라 유학 시절에 이미 김가기와 최승우에게 환반지학(還反之學)이란 장생지술을 배운 바 있었다고 한다. 그리고 신라로 돌아온 후에는 외삼촌이었던 현준이란 사람으로부터 시해법(尸解法)의 일종인 보사유인지술5)을 전수받았고, 그 도술을 체득한 후 『가야보인법』을 저술하기도 했다고 한다. 그 외에도 그는 오래 전부터 전래되어오던 겨레 고유의 국선도를 계승했다고 한다. 이는 국조 한인(桓因)으로부터 면면히 계승되어오다가 신라 사선6)에게 전해진 겨레 고유의 도였다. 고운은 이 국선도에 대해, 유·불·선 이전에 이미 이들을 다 포함하면서도 그들의 진리를 넘어서는 풍류도라고 언급한다. 그의 글은 『삼국사기』제4권 신라본기 진흥왕 37년(서기 576년) 조 기사에 「난랑비서」7)란 제목으로 남아 있다.

國有玄妙之道曰風流 設敎之源備詳仙史 實乃包含三敎接化群生 且如入則

孝於家 出則忠於國 魯司寇之旨也 處無爲之事 行不言之敎周柱史之宗也

諸惡莫作 諸善奉行 竺乾太子之化也

---

5) 보사유인지술(步捨游引之術)이란 보두법을 행하여서 몸을 버려둔 채, 그 혼으로 천상계, 인간계, 지옥을 두루 유람하다가 그 혼을 다시 몸 안으로 이끌어 들이는 시해법이라고 한다.

6) 신라 시대 영랑(永郞), 술랑(述郞), 남랑(南郞), 안상(安詳)을 4仙이라고 불렀다. 이들은 문박씨(文朴氏)에게서 국선도를 전수받았다고 한다.

7) 「난랑비서(鸞郞碑序)」는 신라의 화랑이었던 난랑을 위해 건립한 비석의 해설에 해당하는 산문으로 그 전문은 전해지지 않고 일부만이 실려 있다.

나라에 현묘한 도가 있었으니 이를 풍류라 한다. 교를 설한 근원은 선사에 상세히 실려 있다. 그 내용은 유·불·선이 다 포함된 것으로서, 그로써 뭇 생명을 교화한다. 집에서 효도하고 나라에 충성하는 것은 공자의 가르침과 같고, 무위로 묵묵히 실천함을 가르치는 것은 노자의 가르침과 같으며, 악행을 짓지 않고 선행을 받듦은 붓다의 가르침과 같다.

만년에 가야산 해인사에서 외삼촌 현준과 함께 머물렀다고 하는데 그 후의 행적은 전혀 알려져 있지 않다. 오직 『신동국여지승람』에는 그의 마지막 행적을 이렇게 적고 있다.

"최치원은 어느 날 아침 일찍 일어나 문 밖을 나와서 관과 신발을 수풀 사이에 남긴 채 간 곳을 알지 못한다."

이후 그의 자취는 완전히 사라지고 길거리에서 객사했다거나 혹은 금오산에 가서 신선이 되었다는 풍설만이 떠돌게 되었다. 특이한 자취 하나가 전해지고 있는데, 그것은 고운 최치원이 예지능력이 있어서 신라가 망하고 고려가 새로 일어날 것을 그가 미리 알고 있었다고 전한다. 그가 왕건에게 보냈다는 서한 내용이다.

"계림은 누런 잎인데, 개경의 곡령은 푸른 솔이네. (鷄林黃葉 鵠嶺靑松)"
이런 문구가 『삼국사기』「최치원전」에 실려 있다.

천부경 기원

이렇게 범상치 않은 갖가지 행적을 남긴 그였지만, 정작 그의 백미는 따로 있다고 해야 할 것 같다. 겨레의 경전 『천부경』의 기원을 더듬다보면 반드시 맞닥뜨리게 되는 이가 바로 고운 최치원이다. 『천부경』은 대체 누가 쓴 것일까? (우리 고대사가 흔히 그렇듯이) 고증된 바가 없다.

일설에 의하면 대략 지금부터 약 9000년 전, 한국[8]을 개국한 한인 천제가 설한 것이라 한다. 그 뒤 구전으로 대대로 전해졌는데….『한단고기』「삼한관경본기」에는 기원전 3898년 제1대 거발한 한웅이 백두산 신단수 아래로 내려와 신시神市에 배달나라를 세울 때, 한인으로부터 받아온 천부인 세 개 중의 하나인 용경[9]에 경전내용이 새겨져 있었으며, 한웅이 백두산 기슭에 신시를 개국한 후 한웅의 명을 받은 신지

혁덕이 처음 녹도문[10]이란 문자로 천부경을 기록했다고 적혀있다. 또 『한단고기』「삼성기전(하)」에는 배달국을 연 한웅이 나라를 세운 후 천부경과 삼일신고를 가르쳐 백성을 교화했다고 적혀있다. 또「단군세기」에는 기원전 2133년에 신서神書를 백성에게 알리기 위해 돌에 새겼다는 내용이 있다. 그 뒤 조선 제3대 가륵 단군이 가림토[11] 문자를 만들게 했고, 그것으로『천부경』을 적어 백성들이 읽도록 했다.『택리지』에는 오랜 시간이 흐른 뒤 최치원이 바위에 전각된 전고비(篆古碑)를 보게

---

8) 한인이 다스리던 한국(桓國)은 기원전 7199~기원전 3899 까지 이어졌다고 한다.
9) 거울을 말한다.
10) 녹도문(鹿圖文)은 사슴의 발의 모양을 본 뜬 문자라고 한다. 당시 배달국의 청구에는 사슴이 많이 살았다고 한다.
11) 『한단고기』「단군세기」에 다음과 같이 언급되어 있다. 기원전 2181년, 경자년. 아직 풍속이 하나같지 않았다. 지방마다 말이 서로 다르고 형상으로 뜻을 나타내는 참 글이 있다 해도 열 집 사는 마을에도 말이 통하지 않는 경우가 많고, 백리 되는 땅의 나라에서도 글을 서로 이해키 어려웠다. 이에 삼랑 을보록에게 명하여 정음 38자를 만들어 이를 가림토라 하였다.

되고, 이를 한자로 옮긴 일이 기록되어 있다.[12) 그 전고비는 옛 글자인 가림토로 적혀 있어, 후세 사람들이 무엇인지를 알아보지 못하고 있었는데, 최치원이 백두산을 올랐다가 우연히 이 비석을 보게 되었다는 것이다. 그 이후 지금까지 전해지는『천부경』에 몇 가지 종류가 있지만, 한문본은 근본적으로 모두 최치원의 자취라고 보면 될 듯하다. 그리고 그중에서도 묘향산 석벽본이 가장 널리 알려져 있다.

一 일	始 시	無 무	始 시	一 일	析 석	三 삼	極 극	無 무
盡 진	本 본	天 천	一 일	一 일	地 지	一 일	二 이	人 인
一 일	二 이	一 일	積 적	十 십	鉅 거	無 무	匱 궤	化 화
三 삼	天 천	二 이	三 삼	地 지	二 이	三 삼	人 인	二 이
三 삼	大 대	三 삼	合 합	六 육	生 생	七 칠	八 팔	九 구
運 운	三 삼	四 사	成 성	環 환	五 오	七 칠	一 일	妙 묘
衍 연	萬 만	往 왕	萬 만	來 래	用 용	變 변	不 불	動 동
本 본	本 본	心 심	本 본	太 태	陽 양	昂 앙	明 명	人 인
中 중	天 천	地 지	一 일	一 일	終 종	無 무	終 종	一 일

一 일	始 시	無 무	始 시	一 일	碩 석	三 삼	極 극	無 무
盡 진	本 본	天 천	一 일	一 일	地 지	一 일	二 이	人 인
一 일	二 이	一 일	積 적	十 십	鉅 거	無 무	愧 괴	化 화
三 삼	天 천	二 이	三 삼	地 지	二 이	三 삼	人 인	二 이
三 삼	大 대	三 삼	合 합	六 육	生 생	七 칠	八 팔	九 구
運 운	三 삼	四 사	成 성	環 환	五 오	七 칠	一 일	杳 묘
演 연	萬 만	往 왕	萬 만	來 래	用 용	變 변	不 불	同 동
本 본	本 본	心 심	本 본	太 태	陽 양	仰 앙	明 명	人 인
中 중	天 천	中 중	一 일	一 일	終 종	無 무	終 종	一 일

---

12)『단전요의(檀典要義)』에 이르기를 태백산에 단군전비(檀君篆碑)가 있는데 해독이 안 되고 있다가 나중에 고운 최치원이 번역하였다고 한다.

왼쪽이 바로 그것이다. 이것은 최치원이나 혹은 그의 후손 중의 한 사람이 바위벽에 새겨놓았던 것으로 보인다. 1916년 계연수가 묘향산에서 약초를 캐다가 우연히 깊은 산골짜기 바위벽에서 이를 발견하고는 붓과 종이를 가져다가 탁본하였다. 그리고 이것을 이듬해에 한양에 있는 단군 교당 앞으로 인편을 통해서 전했다.[13] 그리고 오른쪽은『단군요의』에 담겨있는 내용인데, 1925년 최치원의 후손 최국술이 편찬한 『최문창후전집』[14]에 수록된 내용이기도 하다. 하지만 오른쪽 사적본은 고운의 친필이 아니다. 그의 후손들이 오랫동안 암송으로 대대로 전해오던 것을 후대에 다시 쓴 것이라서 오기가 많아진 것 같다. 진하게 표시된 일곱 글자에서 서로 차이를 보이고 있다.

　그런데 최근 믿어지지 않는 기적과 같은 일이 우리 곁에 실제로 벌어졌다. 아래 그림은 고려 말 민안부[15]가『농은유집』에 남겨놓은 천부경 81자이다. 정말 놀랍게도 **한웅시대의 문자로 알려진 녹도문**으로 적혀있는데, 지금까지 전해지고 있다는 사실 자체가 기적과도 같은 일이 아닐 수 없다. 이로부터 유추해볼 때, 우리 선조들이 천부경을 얼마나 중히 여겼는지를 가늠해볼 수 있을 것 같다. 필사적으로 후손들에게 전해주어야겠다는 강렬한 의지가 엿보이고 있다. 얼마나 간절한 것이었을까? 천부경은 최소한 고려 말까지는 여러 경로를 통해 대대로

---

13) 당시 탁본에는 무궤화삼의 궤(匱)자가 빠져 있었다.
14) 지금『최문창후전집(崔文昌候全集)』은 성균관대학교에 소장되어 있다.
15) 민안부(1328~1401)는 호는 농은. 고려 육은 중의 한명이다. 육은이란 포은 정몽주, 목은 이색, 야은 길재, 도은 이숭인, 수은 김충한, 그리고 농은 민안부를 말한다. 농은유집(農隱遺集)을 남겼다.

전해져 오고 있었던 것이 확실하다. 그러나 조선 왕조가 들어서면서, 명明을 상국으로 받들고, 소중화를 표방하면서부터 금서로 지정되었고 대부분이 소각처리된 것으로 보인다. 조선 중종 때 이맥이 귀양 중에 여러 자료들을 모았는데, 중종 15년 다시 그가 찬수관으로 관직에 복귀되면서 내각에 몰래 소장되어 있는 비밀서적들을 접할 수 있게 되었다. 다행히 이맥은 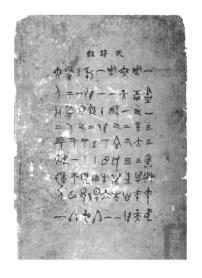 이렇게 소중한 기회를 날리지 않고 이들을 합하여 『태백일사』라는 서책을 편찬하였다. 이때 『천부경』은 그 『태백일사』「소도경전본훈」속에 포함될 수가 있게 된 것이다. 여기에 수록된 천부경 경문은 묘향산 석벽본과 일치한다. 그리고 1898년 계연수가 『단군세기』[16]와 『태백일사』[17]등을 합쳐서 『한단고기』를 편찬한 것이 오늘에 이르게 되었다. 따라서 『천부경』 81자는 비록 여러 우여곡절이 있었지만 다행히 오늘날

---

16) 「단군세기」는 고려시대에 살았던 행촌선생 이암 문정공이 전한 책이다. 아사달에 도읍하여 조선이라는 나라 이름을 처음 사용한 단군들의 이야기를 싣고 있다. 기원전 2333년 제1대 단군 왕검이 조선을 건국한 뒤로부터 제47대 단군 고열가까지 2096년 동안의 각 단군 재위 기간에 있었던 주요 사건들을 편년체로 기록했다.

17) 『태백일사』는 연산군과 중종 때의 학자 이맥이 전한 책이다. 한국 신시시대로부터 고려에 이르는 내용을 담고 있다. 즉 여기에는 「삼신오제본기」「한국본기」「신시본기」「삼한관경본기」「소도경전본훈」「고구려국본기」「대진국본기」「고려본기」가 포함되어 있다. 또한 「삼한관경본기」에는 「마한세가(상·하)」와 「번한세가(상·하)」가 담겨 있다. 「소도경전본훈」에는 천부경과 삼일신고의 경문이 실려 있기도 하다.

까지 전해진 것을 모두 정리해보면, 녹도문으로 기록된 원본과 백두산 어딘가에는 아직도 가림토 문자로 기록된 것이 있을 것이고, 또 묘향산의 석벽에는 한문본까지 남아있을 것이다. 누가보아도 이 정도라면 꽤 확고하다고 말할 수 있을 정도라고 생각된다.

일시무시일

지금부터 묘향산 석벽본을 중심으로 경문을 풀이해나갈 것이다. 먼저 한 가지 부언해야 할 것은 경문 풀이에 사용할 도구에 관한 것이다. 하다못해 TV나 노트북 같은 전자제품을 수리할 때에도 드라이버와 같은 필수 도구들이 요구되듯이, 천부경 풀이에도 반드시 필요한 도구들이 있을 것이다. 앞에서 문왕팔괘도로의 전환이치를 다루면서 경방이 만든 납갑이란 도구가 보여준 힘을

경험해보았으므로 쉽게 이해할 수 있을 것이다. 사실 필자 스스로도 경문이 몇 글자 되지 않는다고 가벼이 보고 아무런 도구도 없이 덤벼들었다가 삼천포로 빠져버리는 낭패를 경험한 전력이 있었고, 여기저기 떠도는 풀이들을 살펴보고는 그 경험을 떠올리며 혼자 실소를 터트리기도 했다. 비유컨대 제품 수리가 아니라 거의 먹통 수준으로 망가뜨렸다고나 할까? 그나마 필자에게 영감을 불어 넣어주고, 상상력을 자극해주었

던 서책이 바로 최동환 선생의 『현묘지도 천부경』이었다. 독자들은
『천부경』을 가장 쉽게 이해하는 첩경으로 앞의 그림을 살펴볼 필요가
있다. 이것과 똑같이 생긴 것이 그 책에 수록돼있다. 그는 이것을 일러
일적십거도라고 부르고 있다. 하지만 그가 이 그림 자체를 처음 만든
것은 아니고, 이미 아주 오래오래 전부터 우리나라를 비롯하여 중국
등지에서 제법 널리 사용되어 왔던 것으로 보인다. 『정역』을 연구하다보
니 먼저 공부한 학인들이 20세기 초에 이미 이것을 사용했던 흔적들이
보인다. 그리고 차차 알게 되겠지만 실제로 정역의 본문을 이해하는데
있어서도 이 그림이 절대적으로 필요하기도 하다. 필자는 지금부터
이 그림을 십일도(十 ·圖)라고 부르기로 한다. 그렇게 부르는 이유도
이게 곧 알게 될 것이다. 이 십일도의 가장 큰 특징은 가로 세로 각각
10개의 돌로 구성되어 총합이 100개가 된다. 십일도를 자세히 보면,
흰색 돌은 55개이고, 파란색 돌은 45개이다. 원래 검은색 돌이었는데,
검은색에 대한 안 좋은 이미지가 경전을 이해하는 데에 오히려 걸림돌이
될 것이 염려되어 파란색으로 표시하기로 한다. 흰색과 검은색의 대비가
아니라, 화려한 컬러 시대에 걸맞게 무색과 유색을 대비한 것이라 이해하
면 좋을 듯하다. 여기서 55와 45는 앞에서 익히 들어본 숫자들이다.
55는 하도의 수이고, 45는 낙서의 수가 틀림없다. 십일도 창안자는
이미 하도와 낙서를 잘 알고 있었고, 그것을 염두에 두고 있었던 것이
분명하다. 지금부터 이 십일도가 어떻게 『천부경』을 설명해내는지를
절감하게 될 것이다. 일단 시간이 필요하다. 이 십일도를 바탕으로
이제 『천부경』을 하나하나 뜯어보기로 한다.

경전은 '일시무시일'로 시작한다. 그럼 일시무시일, 그 이전엔 무엇이

었을까? 아마도 아무것도 없는 그냥 절대 무無의 상태였을 것이다. 『현문비요』을 쓴 천현자는 무無에 대해서 다음과 같이 말했다.

"무無는 천지의 시작이고, 조화의 기틀이다. 무無를 이용할 줄 안다면 복희씨와 어깨를 나란히 할 수 있다. 그야말로 하나의 무無가 묘하게도 만 가지를 가지고 있었고, 만 가지가 무에서 나오는 것이다. 바로 도를 대하게 되었을 때 도를 말하고 사람이 무無를 지킬 수 있다면 무궁한 조화는 절로 그 가운데서 찾을 수가 있는 것이다."

지금 여기서 말하고 있는 무無라는 것을 그림으로 표현한다면 아마도 아래에서 보이는 왼쪽의 그림과 같을 것이다.

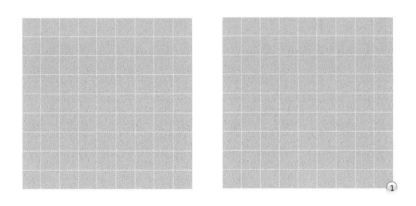

지금 왼쪽에는 아무것도 놓여 있지 않다. 바둑으로 치자면 바둑돌이 놓이지 않은 맨 바둑판 상태이다. 이것을 우리는 절대 무無라고 이해하기로 하자. 이렇게 아무것도 없는 상태에서 시작된다.

一始無始— 하나의 씨알[18]이 시작되는데, 그 시작된 하나의 씨알이 **없다.**

또는 '일시무시'까지만 끊어서 다음과 같은 풀이도 가능할 것 같다. 하나의 씨알이 시작하는데 그 시작이 없다. 이 두 가지 해석 중에서 먼젓번 풀이가 올바르다고 본다. 그 이유는 맨 마지막 문구 일종무종일과 완벽한 대대관계를 이루기 때문이다. 더불어 조금 있다가 등장하게 될 소위 무궤無匱라는 단어와 일맥상통하기 위해서는 반드시 '없는 씨알'이 되어야 한다. 그래야 무궤, 즉 '무無를 담은 궤짝'이란 용어와 '없는 씨알 하나'가 서로 뜻이 상통하게 된다. 이해가 쉽지는 않지만, 그렇다고 이해가 아주 어려운 것도 아니다. 무슨 말인지는 대략 이해가 갈 것이다. 굳이 보충 설명을 추가하자면 이런 뜻인 것 같다. '시작된 하나가 있었지만, 그 시작된 하나는 무無이다.' 이것을 그림으로 표현한 것이 위의 오른쪽 그림이다. 처음으로 무언가 희끄무레한 돌 하나가 모퉁이 한쪽 끝에서 생겨나기 시작한다. 그것이 이른바 최초에 시작된 씨알 하나이다. 그리고 그 씨알 하나의 이름은 무無이다. 『현문비요』에서 천현자는 다음과 같이 말한다.

"허虛라는 것은 하나의 남김이고, 무無라는 것은 하나의 스스로 생겨난 것이다. 하나라는 것은 태극이고 태극이라 하는 것은 천지의 중심이자 조화의 근원이다. 무無는 정말 없는 것이 아니고, 무無 가운데 유有가 있다. 정말 무無라면 천지는 어쩌면 거의 정지되고 말 것이다. 무극을 말하는 것은 하늘을 밝혀 만물이 생겨나기 시작하도록 하는 것이니 모두 뿌리를 무無에 두고 있는 것이다. 지허지극(至虛至極)은 정靜이고 지정지극(至靜至極)은 무無이며 지무지극(至無至極)은 동動인데 동하면 하나가 생겨나는 것이다. 하나라는 것은 태극이기도 하다. 따라서 무극

18) 한 일(一)자를 하나의 씨알이라고 번역하였다.

30 •

이란 것은 도道로 볼 때 태극의 앞에 있으면서도 앞에 있는 것이 아니고 하늘과 땅 그리고 만물이 생겨나게 했으면서도 크지를 않고 끊임없이 생겨나 묘하게 무형으로 화하면서도 신神이 되지 못하고 시종 천지로 우주를 가닥으로 꿰면서도 오래가지를 못하며 신통한 변화에 끝없이 묘하게 사용되어도 이상하지 않는 것이다."

방금 생겨난 씨알 하나가 왜 하필 맨 귀퉁이 자리에서 시작하는지는 잠시 후에 설명하기로 한다. 지금은 일단 이렇게 시작하는 그 자체가 중요하다.

析三極 쪼개어져서 세 개가 된다.

앞에서 방금 시작한 그 씨알 하나를 쪼개거나 나누어 보면 세 개로 나뉜다고 한다. 이것이 바로 씨알의 본성이다. 하나가 세 개로 나뉘고 (1≡3), 나중에 그 세 개가 하나 (3≡1), 즉 삼위일체가 된다. 이에 대해 기독교에서는 성부·성자·성령이 삼위일체라고 가르치고 있다. 인도의 성자 라마나 마하리쉬[19]는 지

---

19) 라마나 마하리쉬 (1879.12.30~1950.4.14) 인도 남부 마드라스 마두라이의 중류층 브라만 가문에 태어났다. 17세경 갑자기 죽음의 공포를 심하게 느끼고, 가만히 드러누운 채 몸이 딱딱하고 차가운 시체로 변해가고 있다고 상상했다. 이 경험 이후 '비차라' 기법을 발전시켰다. 처음에는 "이것도 아니고, 저것도 아니다"라는

복·실재·의식이 진리의 세 가지 모습이라고 말한 바 있다. 그리고 『정역』에서 일부 김항 선생은 유·불·선이 진리의 세 가지 다른 모습이라고 말한다. 무엇이 다른 것일까? 모두가 대동소이한 말들을 하고 있는 것으로 보인다. 아무튼 진리는 세 가지의 모습으로 구성된다고 정리가 되기 때문이다. 이를 지금 천부경에서는 천·지·인이라고 말하고 있다. 이러한 석삼극이란 용어를 시각화해서 보기로 한다. 이것을 하나의 그림으로 그리면 아마도 위와 같을 것이다. 최초로 시작된 하나가 있었고, 그리고 그 하나가 세 개로 쪼개진 모습이 추가되어 있다. 최초의 씨알 하나는 있지만 없는 씨알이다. 그러나 지금 그 하나가 세 개로 쪼개지게 되었다.

無盡本 근본이 다함이 없다.

쪼개진 하나가 셋을 만들었지만, 최초의 그 씨알 하나는 근본이 다하지 않는다. 쉽게 말해 여전히 멀쩡하다는 것이다. 위 그림을 보면 여전히 멀쩡한 모습인 것을 확인할 수가 있다. 우리가 흔히 알고 있는 콩 쪼가리 같은 것들하고는 조금 다르다는 말이다. 같은 콩 태太자를 쓴다고 다 똑같은 것은 아닌가 보다. 하나가 비록 천·지·인의 세 가지로 나뉘었지

전통적 수행법에 따라 자아탐구를 시작했다. 그는 "나는 누구냐?"고 스스로 묻고 "나는 육체가 아니다. 육체는 지금 썩어가고 있기 때문이다. 나는 정신도 아니다. 두뇌는 육체와 함께 썩어 갈 것이기 때문이다. 나는 인격도 아니고 감정도 아니다. 인격과 감정도 역시 죽음과 함께 사라질 것이기 때문이다."고 생각했다. 이것이 그의 정신을 초월하는 의식상태로 이끌었는데, 희열을 느끼는 이 상태를 '사마디'(samādhi) 즉 우리말로 삼매경이라 부른다. 그는 재산을 버리고 머리를 깎은 다음, 고향 마을을 떠나 아루나찰라 산으로 가서 은자가 되었다.

만 그 근본은 다함이 없는 것이라고 경전은 일러주고 있다. 다시 말해 마르거나 훼손되지 않는다. 무한 동력원을 장착하고 있는 셈이다. 그리고 이어지는 문구가 천일일·지일이·인일삼이다. 뜻을 풀이하면 앞서 언급한 석삼극이라는 과정을 통해서 세 개의 씨알이 나왔는데, 그 세 개에 대한 보다 자세한 보충 설명이 이루어지는 부분이다.

天一一 하늘 씨알 하나가 첫 번째이다.

地一二 땅 씨알 하나가 두 번째이다.

人一三 사람 씨알 하나가 세 번째이다.

앞의 그림에서 느닷없이 등장한 세 개의 씨알들에 대한 자세한 신원을 우리에게 알려주고 있다. 그 신원은 다름 아닌 하늘 씨알 하나, 그리고 땅 씨알 하나, 그리고 사람 씨알 하나에 대한 것이다.[20] 이렇게 천·지·인, 세 가지 종류의 '씨알 하나'들이 일시무시일의 하나로부터 만들어진 것이니, 즉 하나가 셋을 만든 것이고, 이는 앞에서 언급한 석삼극에 대한 자세한 보충 설명인 것이다.

---

20) 다른 해설자들은 천일일·지일이·인일삼에서 등장하는 1·2·3을 수량을 뜻하는 숫자, 즉 1개·2개·3개의 의미로만 국한시키는 오류를 범하고 말았다. 1·2·3에는 그 외에도 First(첫째)·Second(둘째)·Third(셋째)란 뜻이 들어있기도 하다. 그래야 석삼극의 뜻과 일맥상통하게 된다.

일적십거

그리고 그 다음에 등장하는 구절은 일적십거? 참으로 생소하다. 우리가 일상적으로 사용하는 용어는 분명 아니다. 일적십거?

一積十鉅 하나를 쌓고, 열을 펼친다.

이렇게 풀이를 해놓았지만 이것만 가지고는 도통 이해가 쉽지 않을 것이다. 왜 그런 것일까? 풀이가 잘못된 것일까? 풀이가 잘못되었기 때문이 아니라, 문구 자체가 생략되어 있기 때문이다. 이 용어를 제대로 이해하기 위해서는 『현묘지도 천부경』이란 책을 참고해야 한다. 그 책의 저자 최동환 선생의 풀이가 아니라면 거의 이해가 되지를 않기 때문이다. 그가 풀이한 바와 같이 소위 일적십거라는 용어는 『한단고기』에 언급되어 있는 일적이음립과 십거이양작을 줄인 말임이 명백하다. 무려 10자를 달랑 4자로 줄여놓았으니, 상식적으로 생각해봐도 쉽사리 이해하기가 어려울 수밖에 없었던 것이다. 『한단고기』「태백일사」 [마한세가(상)]에 다음과 같이 적혀 있다.

一積而陰立 十鉅而陽作 無匱而衷生
하나씩 쌓아 음을 세운다. 열을 펼쳐 양을 만든다. 무궤가 속으로 부터 생한다.

이를 그림으로 표시해보면, 아래와 같은 십일도가 천부경 전면에 등장하게 되는 것이다. 물론 경문 안에 이런 그림이 그려져 있는 것은 아니지만 경문의 글귀가 의미하는 바가 바로 이렇다는 뜻이다.

그림에 표시된 바와 같이 파란색 돌은 1부터 시작해서 9까지,

1·2·3·4·5·6·8·9의 순으로 돌을 하나씩 더 쌓아가면서 증가하는 모양새를 갖추고 있다. 말 그대로 '일적이음립'인 셈이다. 즉 하나씩 쌓아서 모두 45개의 파란색 돌이 음陰을 이루니, 이는 또한 바로 낙서의 숫자임이 명명백백하다. 또한 십거이양작이란 10을 펼쳐서 양을 이룬다는 뜻으로, 그림에서 흰색 돌이 10부터 1까지 10·9·8·7·6·5·4·3·2·1 의 순서로 서서히 작아지고 있음을 볼 수 있다. 이렇게 55개의 흰색 돌이 펼쳐지면서 양陽을 이룬다는 것이니, 이는 하도의 숫자임이 명명백백하다.

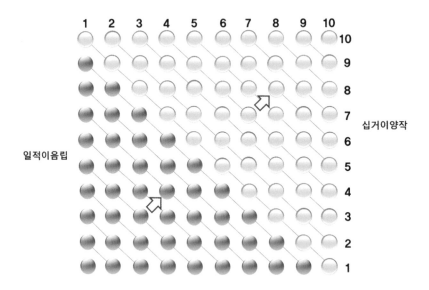

그래서 이 구절에 대한 최동환 선생의 발견은 정말 탁월하다고 밖에 달리 표현할 말이 없을 정도이다. 깊이깊이 경의를 표하는 바이다.[21]

_____

21) 그리고 필히 짚고 넘어가야 할 부분은, 『한단고기』라는 책이 등장하지 않았다면,

여기서 일적이음립에서의 음陰과 십거이양작의 양陽이 서로 대대관계를 이룬다. 또 일적이음립이 만들어내는 9개의 수와 십거이양작이 만들어내는 10개의 수가 완벽하게 서로 대대를 이룬다.[22] 이는 우리가 앞장에서 이미 다루어보았던 동아시아인들이 바라본 자연수에 대한 두 가지 관점, 즉 낙서의 관점과 하도의 관점이 상보적으로 작용한다는 바로 그 의미를 고스란히 담고 있기도 하다. 심지어 이렇게 말할 수가 있을 정도이다. 9수 낙서의 수리체계를 음으로 본 것이고, 10수 하도의 수리체계를 양으로 보았다고 말이다. 이러한 음양 인식은 다소 놀라운 부분이 있다. 9는 양수이고 10은 음수인데 어찌해서 음양을 거꾸로 말하는 것일까? 아마도 낙서는 땅과 관련한 실체적인 것이며 유한한 것이고, 하도는 하늘과 관련되고 무형적이고 무한한 것이기 때문에 그렇게 말한 것 같다. 또한 이제 곧 이어서 등장하게 될 구절이 '무궤화삼'인데, 여기서 나오는 '무궤'라는 용어가 지금 『한단고기』에도 그대로 실려 있다는 것이 무척이나 신기할 정도이다. 서로 참 많이 닮아있다고 느껴진다. 따라서 『한단고기』와 『천부경』은 서로 상보적으로 보완해주는 좋은 짝이라 말할 수 있지 않을까? 이 또한 누가보아도 부인할 수 없을 정도로 명명백백한 사실이다. 『한단고기』를 제외한 그 어떤 고서에서도 『천부경』의 경문에 대한 직접적인 단서를 발견할 수 없을 것이다. 따라서

천부경의 이 부분에 대한 이해가 많이 곤란했을 거라는 점이다. 『한단고기』를 경안시하면 큰 코 다칠 것 같다.

22) 일적이음립까지가 선천의 세상이 있다면, 십거이양작부터는 후천의 세상이다. 지금은 선후천 교체기에 해당한다. 우리나라 비결서에 자주 나오는 십승지라는 용어도 바로 십일도에서 유래한 것이다. 흰색과 파란색의 경계에 파란색 9개의 돌과 흰색 10개의 돌 사이가 바로 현재의 시점에 해당한다. 즉 선천의 말엽이면서, 이제 막 후천으로 진입하려는 직전의 순간이다.

『한단고기』의 가치는 가히 상상을 초월한다고 말할 수 있다.

그리고 이제부터는 이 십일도를 관찰하면서 새롭게 알아낸 것들을 중심으로 경문 81자가 안내하는 놀라운 환타지의 비경을 하나하나 펼쳐보기로 한다. 십일도를 자세히 보면, 좀 전에 설명을 미루었던 부분, 왜 하필 맨 귀퉁이 자리에서 일시무시일이 시작되었을까를 금방 이해할 수가 있게 된다. 천정의 축 기준으로 눈금을 읽어보면 맨 오른쪽 흰색 돌은 세로방향의 10개로 구성되어 있으니, 이는 곧 무극 10을 상징한다. 이 정도는 이제 거의 상식 수준에 속한다. 그리고 놀랍게도 90도를 돌려서 오른쪽 세로축 기준으로 눈금을 다시 자세히 읽어보면 흰 돌 한 개에 해당하니, 이번에는 이 자리가 바로 태극 1의 자리이기도 한 것이다. 바로 여기에서 우리는 송나라 주돈이의 그 유명한 문구, 무극이태극(無極而太極)이라는 용어를 저절로 떠올려보지 않을 수가 없게 된다. 바로 그 자리가 무극이면서 태극이 되는 자리인 것이다! 그리고 그와 똑같은 자리가 대각선 방향의 정반대쪽에도 하나 더 도사리고 있음을 볼 수 있을 것이다. 거기서도 마찬가지로, 이렇게 보면 10무극이지만, 90도 돌려 보면 1태극이 되는 자리가 있다. 필자가 십일도라고 이름 붙인 연유가 바로 여기에 있다. 1이면서 또한 10이기도 한 것이다. 그리고 1에서 시작해서 10으로 끝나지만, 그것으로 완전히 끝장이 나는 것이 아니라, 다시 10이 1이 되면서 반대쪽 방향으로 새로운 우주가 펼쳐지는 모습이다. 이렇게 이쪽과 저쪽을 무한히 반복하는 것이 이 우주의 모습임을 이렇게 단순하고 명쾌하게 우리에게 설명해주고 있는 것이 바로 십일도이다. 이 보다 더 쉽고 명쾌한 수리적 모델이 또 있을까? 감히 단언컨대 결코 없을 것 같다.

無匱化三 무無를 담은 상자가 세 번 자리를 바꾼다.

이어서 경전은 무궤화삼으로 이어진다. 무궤라는 것은 '무無를 담은 상자나 혹은 궤짝'이라는 뜻이다. 아래 십일도에서 빨간색으로 표시된 네모난 상자가 바로 경문에서 말하는 소위 '무궤'라고 하는 바로 그것이다. 앞에서 살펴본『한단고기』에선 이 무궤가 다른 데에서 오는 것이 아니라, 바로 십일도의 속으로부터 생해져 나오는 것임을 우리에게 알려준다.『한단고기』가『천부경』81자를 보충 설명해주고 있는 셈이다. 그리고 지금 경전에서 말하는 무궤화삼이란 것은 무궤, 즉 '무無를 담은 상자'가 세 번 자리를 바꾸면서 변화하는 것을 의미한다. 자리를 바꾼다?

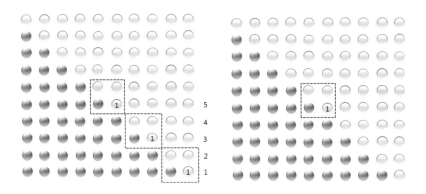

어디에서 어디로 자리를 옮기는 것일까? 위에 보이는 왼쪽 그림에 잘 나타나 있다. 그 그림에서 오른쪽 세로축을 살펴야 한다. 여기서 오른쪽 축을 보면, 최초의 씨알 하나가 1의 자리, 즉 1태극의 자리에서 놀랍게도 5의 자리, 다시 말해 5황극의 자리로 그 위치를 옮긴 것임을 볼 수 있다. 바로 이것을 일컬어 경전에선 '무궤화삼'이라고 표현한

38 ·

것이다. 너무도 중요한 대목인데, 여기서 중대한 한 가지를 언급해야
할 것 같다.

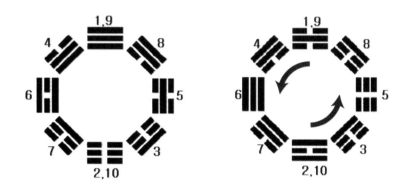

　제1권에서 문왕팔괘도가 만들어지는 과정에서 빚어지던 팔괘들의
90도 회전 현상, 그것을 기억하고 있을 것이다. 위에 보이는 두 그림에서
보여주는 바와 같이 바깥쪽 숫자는 제 자리에 그대로 놔두고, 모든
팔괘들이 일제히 반시계방향으로 1칸, 2칸, 3칸[23]을 움직이는 바로
그 현상, 그때 그 이유가 뭔지 잘 모르고 넘어가야만 했던 바로 그
현상, 그들은 대체 왜 그렇게 3칸을 이동했어야만 했던 것일까? 바로
그에 대한 해답이 천부경의 무궤화삼, 바로 그것이 아닐까? 필자의
오랜 탐구로 쌓은 내공에 의하면, 바로 무궤화삼이야말로 그 이유라고
말할 수 있을 것 같다. 십일도에선 무궤화삼을 통해서 1태극이 5황극으로

---

23) 우리 선조들은 항상 자기 자신의 자리를 먼저 하나로 인식하고 있었으므로, 숫자
세는 법이 요즈음 사람들의 생각과는 차이가 있다고 할 수 있다. 따라서 요즈음
사람들은 이를 놓고서 2칸을 움직인 게 아니냐고 말하겠지만, 우리 선조들은
이를 명백하게 세 칸으로 인식하고 있었다.

자리를 잡는 것이고, 이를 팔괘도의 차원으로 이야기하면 복희팔괘도가
문왕팔괘도로 전환되는 일련의 과정임이 틀림없다. 아무도 설명할 수
없는 그 현상을 천부경은 설명한다? 조금은 의외이고, 그리고 이어서
정말 많이 놀라지 않을 수 없는 일일 것이다. 어째서 이런 일이? 대체
천부경이란 것이 무엇이란 말인가? 그러나 이는 단지 서막에 불과하다.
앞으로 놀랄 일들이 줄줄이 남아 있으니 말이다.

　다시 본론으로 돌아가서, 무無에서 시작해 유有로 자리를 잡기 위해서
는 반드시 3번의 변화가 필요한 것이 아닐까? 아무튼 이처럼 '무궤화삼'의
과정을 통해 '무궤'의 무대를 십일도의 한쪽 귀퉁이에서 십일도의 중심
위치로 당당히 그 자리를 옮겨놓게 된다. 그리고 제1천天이 완전히
자리를 잡게 된다. 앞서 오른쪽 십일도의 빨간색 부분이 바로 제1천이다.
비록 작고 소박한 모습이지만 최초의 하늘, 제1천을 상징한다. 그리고
이어지는 문구가 바로 이것이다. 제1천이 만들어졌으니, 다음은 당연히
제2천에 대한 것일 게다. 경문은 제2천으로의 확장을 어떤 식으로 표현해
놓았을까?

天二三 하늘 (씨알 하나)가 2음과 3양으로 나뉘고
地二三 땅 (씨알 하나)가 2음과 3양으로 나뉘고
人二三 사람 (씨알 하나)가 2음과 3양으로 나뉜다.

　굉장히 거창하게 표현해놓았을 것 같은데, 막상 뚜껑을 열어보니
소박하기가 그지없다. 달랑 숫자 몇 개가 전부이니…. 여기에서 반복적
으로 등장하고 있는 숫자 2와 3은 각각 음과 양을 대표하는 최소 자연수이

다. 작금의 세태를 살펴보면, 부정할레야 부정할 수 없는 행태 한 가지가 확연하다. 노랑머리 코 부리 모습에 얼굴 하얗게 생긴 서양인들 입에서

뛰어나오는 말이 아니라면 여간해서는 도통 잘 믿으려고 들지를 않는다. 그들이 그렇다고 말해야 그제야 비로소 고개를 끄덕끄덕 거리기 시작하는 것이다. 이러한 작금의 행태는 대체 어디에서 비롯된 것일까? 스스로 가치를 판단할 줄 아는 눈이 없기 때문에 그런 것이다. 한마디로 영 자신이 없는 것이다. 그래서 필자는 다음과 같이 설명하려고 한다. 숫자 2가 음이고, 숫자 3이 양이라고 말한 사람은 바로 그리스의 피타고라스이다! 진짜 사실이 그러하다. 본서 제1권을 읽어보면 금방 알 수 있다. 그리고 우리 동양에서도 피타고라스의 말처럼 음의 최소 대표수가 2이고, 양의 최소 대표수가 3이다. 주역에서 양을 나타내는 부호인 양효와 음을 나타내는 부호인 음효의 상징 그 자체가 이미 그림과 같이 3대 2의 비율을 형상화해놓은 것이다. 고대 그리스의 저명한 인사 피타고라스가 한 말이니, 이제 조금 납득이 되었을지 모르겠다. 아무튼 2음과 3양이 결합하면 결혼과 가정의 숫자 5가 된다. 결혼의 당사자들이 2와 3이니, 결혼의 수는 5가 되어야 하는 것이 또한 당연한 이치일 것이다. 피타고라스도 말하기를, 5는 결혼의 숫자라고 하였다. 이 또한 믿어도 좋을 것이다. 그런데 정말 중요한 것 하나를 덧붙여본다면, 도대체 음과 양이 각각 2와 3이라고 말한 인류 최초의 인물은 누구였을까? 피타고라스가 설마 최초의 인물이었을까? 그것은 중국인도 아니고, 그리스인도 아니다. 수메르인도 아니고, 아랍인도 아니고, 인도인도 아니

고, 바로 놀랍게도 『천부경』 창
안자 그 분이다. 하도와 낙서가
나오기 훨씬 이전에, 주역 팔괘
가 만들어지기 훨씬 이전에 피
타고라스가 말하기 훨씬 이전
에 이미 『천부경』에서 그렇게
정의를 해놓았던 것이다. 우리
는 이 사실을 정확히 인지할 필

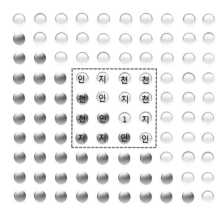

요가 있다. 한편 앞에서 막 등장했던 9자의 경문을 하나의 이미지로
표현하면 아마도 위에 보이는 그림과 같을 것이다. 우선 빨간 색 상자의
크기가 제1천보다 좀 더 커져 있는 것을 볼 수 있다. 그리고 빨간색
상자안의 숫자를 세어보면 천 · 지 · 인이 각각 3양과 2음으로 빼곡하게
채워져 있음을 볼 수 있다. 그리고 여기서 **푸른색 음의 돌을 모두 합하면**
6개가 되고, 흰색 양의 돌을 모두 합하면 9개가 된다. 이것이 바로
『역경』에서 말하는 음효와 양효의 고유수이다. 『주역』 384효에서 나오
는 모든 음효를 부를 때 반드시 6이란 고유의 숫자를 붙이고, 모든
양효를 부를 때 9라는 고유의 숫자를 붙여서 읽는다. 또한 6은 달 속의
두꺼비이고, 9는 해 속의 삼족오이다.[24] 그리고 6은 지하대장군이고,
9는 천하대장군이기도 하다. 그리고 6은 여와, 9는 복희이기도 하다.
그리고 6은 남두육성이고, 9는 북두구성이기도 하다. 그리고 이것이
끝이 아니다. 여기에는 고대사의 진실을 요동치게 만들만큼 정말 강력한
핵폭탄의 위력을 지닌 놀라운 사실이 숨어 있기도 하다.

---

24) 자세한 설명은 나중에 별도로 다루기로 한다.

천부경과 팔괘

팔괘는 풍이족의 복희가 창안했다는 것이 정설로 굳어져 있다. 적어도 이 문제에 관한 한 몇몇 예외적 의견을 제외하곤 거의 이견이 없는 것으로 보인다. 단지 복희가 중국인의 조상인지, 우리 한국인의 조상인지에 대해서는 다소 의견이 분분하지만, 이는 지금 집중하고자 하는 상수학 원리라는 논제에서 조금 초점이 빗겨나는 이야기이다. 굳이 사견을 밝히라고 한다면, 적어도 팔괘 창안자는 천부경을 잘 알고 있었음이 틀림없다고 추정한다. 그리고 그가 누가 되었든 간에 팔괘 창안자는 천부경을 보유한 민족의 조상임에 틀림없을 거라고 확신한다. 그런데 천부경을 누가 보유하고 있었을까? 바로 우리가 보유하고 있었다. 지금부터 필자는 인간이 선천적으로 타고난 고유 능력 중의 하나인 상상의 힘을 발휘해서 잠시 팔괘를 만들던 당시의 시점을 연상해보고자 한다. 그가 복희이든 아니든 간에 그것은 지금 주요 관심사가 아니다. 그가 누구든지 간에 그 누군가는 분명히 팔괘를 처음 그었을 것이고, 그 현장만이 지금 중요하다. 기본적인 가정 하나는 당시에도 자연수를 잘 알고 있었고, 자연수를 아주 많이 사용하고 있었음이 틀림없다는 점이다. 일단 이것만 긍정되면, 그 다음은 이제 아주 쉬워진다. 이제 논제를 앞에서 논의하다가 잠시 중단한 자연수 6과 자연수 9에 집중해보기로 한다. 과연 고대인들은 자연수 6과 9라는 숫자를 어떻게 표기했을까? 이에 대한 필자의 생각은 누가 보아도 이것은 틀림없이 6이고, 누가 보아도 이것은 틀림없이 9라는 것을 알 수 있을 정도로 지극히 직관적인 수준의 상징 부호를 사용했었을 것이라고 확신한다. 그러면 그러한 부호란 것이 과연 어떻게 생긴 것이었을까? 그 후보로 제시하고 싶은 것들이 바로 이것들이다.

6 : ⊞, ☷, ䷗ → ☷ 곤괘
9 : ⊞, ☰, ䷀ → ☰ 건괘

조금씩 다르게 생겼지만 대동소이하다. 누가 보아도 ⊞은 6(여섯)이라 읽었을 것 같고, 누가 보아도 ⊞은 9(아홉)라고 읽었을 것 같다. 문제는 "이런 부호들을 정말 사용했을까?" 인데, 실제로 인류가 사용했던 부호들이다! 적어도 고대의 에게해 문명이나 고대의 이집트 문명에서 이렇게 생긴 부호들을 사용했었다는 명명백백한 증거들이 지금까지 남아있고, 이에 대해선 추호도 의심의 여지가 없는 고증된 사실이다. 추정컨대

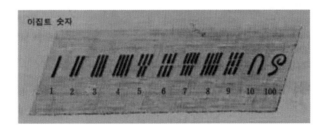

팔괘 창안자도 바로 이런 문자들이나 적어도 이에 준하는 모양이거나 흡사하게 생긴 부호들로부터 자연스럽게 곤괘(☷)와 건괘(☰)의 괘상을 유추하게 되었을 것으로 짐작된다. 위에서 보면, 과연 이보다 더 비슷하게 생길 수 있을까 싶을 정도로 생김새가 서로 유사하다. 사실 이처럼 조금 엉뚱해 보이기까지 한 이런 생각을 한 이가 필자가 처음인 줄 알았는데, 뜻밖에도 또 다른 엉뚱한 이가 먼저 이런 의견을 피력했었음을

알게 되었다. 세상은 넓고 사람은 많다는 말이 저절로 떠오른다. [주역에 나타난 중국고대의 수리사상이란 논문[25]에서 당시 합덕제철고의 학생이었던 전영주군이 지금 필자와 똑같은 생각을 하고 있었던 것이다. 잠시 그가 주장하는 바를 들어보기로 하자.

"건괘☰의 원형은 본래 9 ░, 곤괘☷의 원형은 6 ░ 이었다. 다시 말해 "─(양효)"은 9이고, "--(음효)"는 6이다. 이러한 이유로 건괘의 3효는 아래서부터 순차적으로 초구·구이·구삼, 곤괘의 3효는 아래서부터 초육·육이·육삼으로 부른다."

지금 인용된 문장은 그리 길지 않지만, 그 속에는 중요한 사안이 하나 들어 있다. 건괘의 원형이 9라는 숫자의 형상이고 곤괘의 원형이 6이라는 숫자의 형상이라고 하는 괘상의 연원에 대한 주장은 필자가 이미 앞에서 피력한 바와 완전히 똑같다. 그 외에 짚어보아야 할 점은 건괘의 초효·2효·3효를 호명하면서 어찌하여 굳이 9라는 숫자들을 붙여야 하는 지에 대한 설명이 이 세상 그 어디에도 존재하지 않는다는 사실이다. 『역경』에 용구用九와 용육用六이라는 전문용어가 있다. 말 그대로 6을 쓰고, 9를 쓴다는 말인데, 이를 어디에 쓰느냐? 64개의 괘상에서는 각각 음효와 양효가 여럿 들어있기 마련이고, 그중에서 모든 음효를 일컬어 6음이라고 이르고, 모든 양효를 9양이라고 이른다. 『주역』 64괘에서는 384개의 효가 있으므로 음효와 양효라는 것은 어찌 보면 64괘를 구성하는 핵심 성분들이라고 할 수 있겠다. 당연히 매우 중요할 것이다. 그런데 용구용육이 어찌하여 용구용육인지를 설명하는 단서들이 없다. 아무런 설명도 없이 음효는 용6이고, 양효는 용9이다. 쉽게 말해 그

이유도 모르면서 그냥 관습적으로 그렇게 쓰고 있다는 것이다. 『주역』에서 6과 9를 실제로 그렇게 사용하고 있다! 흔히 이렇게 생각하기가 쉬울 것이다.

"당연히 『역경』 안에 그에 대한 설명이 들어 있지 않을까?"

그러나 실상은

"없다. 들어 있지 않다."

라는 것이다. 그는 지금 『역경』에도 없는 그 이유, 건괘를 비롯한 64괘에 등장하는 모든 양효에 굳이 숫자 9를 붙여 호명하는 이유를 언급하고 있다. 그리고 곤괘를 비롯한 주역의 모든 음효에 굳이 숫자 6을 붙여서 호명하는 이유도 함께…. 필자가 말하고 싶은 바였는데 그가 대신해주어 조금 수고를 덜 수 있었다. 그런데 필자가 연구를 해보니, 『천부경』 81자에는 더 놀라운 메시지가 들어 있었다. 그 어디에서도 설명하지 못했던 부분, 9의 성분이 무엇이고, 6의 성분이 무엇인지에 대한 분명한 신원을 『천부경』이 제시하고 있다. 어찌 보면 『역경』의 사용 설명서 같은 것이 바로 『천부경』일지도 모른다. 『천부경』은 문제의 그 6이란 숫자는 천2·지2·인2, 이렇게 세 가지가 합쳐져 만들어진 것이고, 문제의 그 9라는 숫자는 천3·지3·인3, 이렇게 세 가지가 합쳐져 만들어진 거라고 알려주고 있다. 『주역』에서 빠진 부분을 천부경이 보완해주고 있는 것이다. 그런데 그것이 전부가 아니다. 촌철살인의 날카로운 관찰력으로 살펴보면 건괘와 곤괘에 관한 일련의 모든 흔적들이 놀랍게도 『천부경』 81자 속에 고스란히 들어있음을 발견할 수 있다. 『천부경』 창안자는 81자를 서술하면서 무극, 태극, 그리고 팔괘를 연상하고 있었음이 분명하다. 과연 81자 어디에 그런 흔적들이 있다는 것일까? 팔괘

창안자 관점이 되어,

　'과연 그 창안자가 천부경에서 무엇을 보았을까?'

를 상상해본다면 의외로 이해가 아주 쉬워진다. 그는 바로 이것을 보았을
것이다.

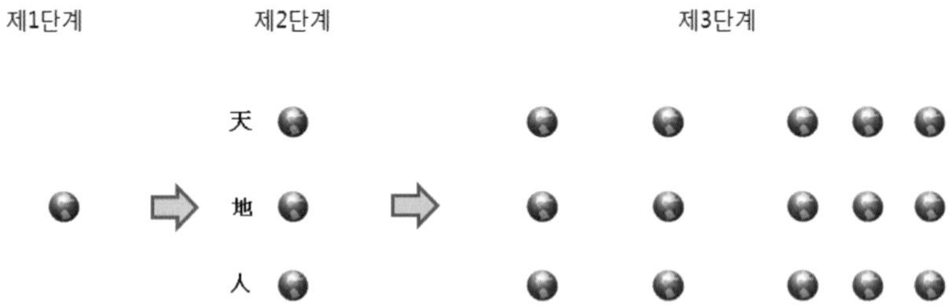

제1단계　　　　　　제2단계　　　　　　　　　　제3단계

일시무시일의 시작부터 지금까지의 흐름을 쭈~욱 도식화 해본다면
바로 위에서 보여주는 일련의 과정과 같을 것이다. 맨 처음 일시무시일로
부터 시작해 대략 3단계의 흐름이 된다. 바로 이 도식이 팔괘 창안자가
『천부경』을 보면서 기민하게 그의 머리를 굴러가게 만든 원천이었을
것이다. 이 중에서 특히 제2단계와 제3단계를 주목해보자. 『주역』에서
양효와 음효의 괘상 자체가 이미 양3과 음2의 비율을 형상화한 것이므로,
이를 씨알 3개나 2개와 맞바꾸는 것은 한 눈에 보아도 충분히 실현
가능한 상식에 속한다.

제2단계　　　　　　제3단계

그러니 위에서 제2단계에 보이는 천·지·인 씨알 각각은 바로 주자학에서 말하는 태극임이 분명하다. 즉 각각 天태극·地태극·人태극이란 말이다. 그리고 이렇게 놓고 보니, 제3단계는 이제 누가 보아도 제2단계에서 보이는 세 가지의 태극들이 각각 음과 양으로 분화되는 과정을 도식화해놓은 것임을 단번에 알아차릴 수 있을 정도이다. 그러면 그 전에 있었던 제1단계에 그려져 있던 씨알 하나는? 무극일 것이다. 무無에서 무극으로, 무극에서 태극으로, 태극에서 음과 양으로….

미국의 어느 댄서가 그 당시 세계적 명성을 떨치고 있던 영국 극작가인 버나드 쇼(1865~1950)에게 편지를 써 보냈다. 그런데, 그 내용인즉슨 버나드 쇼가 가장 완전한 두뇌를 소유하고 있다고 듣고 있다는 것이다.[26] 그리고 자기 자신은 전문가들로부터 가장 아름다운 몸매를 가졌다는 평을 듣고 있으니, 서로 결혼을 하여 가장 완전한 두뇌와 가장 아름다운 몸매를 가진 자녀를 갖는 것이 어떻겠느냐는 제안이었다. 이에 버나드 쇼가 답장을 썼다. 그 내용은 이러했다.
"가장 아름다운 몸매의 소유자에게…. 그런데 무슨 큰일 날 소리를 그렇게 하시오? 만일 우리의 아이가 내 몸매와 당신의 두뇌를 닮게 된다면 어떻게 하겠소? 그런 끔찍한 불행의 위험을 안고 결혼하기는, 미안하지만 본인은 대단히 싫소."

이와 같이, 하나의 작품, 그 태극이란 작품은 음과 양의 가능성을 모두 가지고 있다. 음이 될 수도 있고, 양이 될 수도 있다. 어느 쪽이 될지는 아무도 모른다. 그래서 그 모든 가능성의 경우 수가 8가지가 되는 것이다. 그것이 팔괘이다. 그런데 이러한 전개 과정, 어째 낯설지가 않다. 어디서 많이 보던 것이다. 제1권의 4장 복희팔괘도 설명에서 이미 살펴보았던 바와 많이 유사해 보인다. 당시 「계사전」을 인용해가면

26) 『웃으면 천당가요』 구병진, 해누리 2004

서 설명되었던 일련의 일생이법 과정을 다시 연상해보자. 그리고 양자
간의 차이를 보다 면밀히 살펴볼 필요가 있기 때문이다.

「계사전」: 태극(2^0) → 양의(2^1) → 사상(2^2) → 팔괘(2^3) → 길흉

무엇이 다를까? 놀랍게도 거의 차이가 없어 보인다. 결국 같은 팔괘가
만들어지니 말이다. 차이가 있다면 『천부경』쪽에서 천·지·인 이전의
최초 씨알 하나를 더 언급하고 있고…. 이는 『천부경』이 오히려 좀
더 자세하다는 것이니, 『주역』이 놓치거나 생략한 부분이라고 볼 수
있으므로 『천부경』쪽에 점수를 주고 싶다. 그리고 『천부경』에선 팔괘를
구성하는 성분들의 질質적인 면을 좀 더 자세히 설명해주고 있다는
점에서 차이를 보인다. 『천부경』은 지금 팔괘의 맨 처음 효는 하늘
씨알 하나에서 분화된 양의이고, 두 번째 효는 땅 씨알 하나에서 분화된
양의이고, 세 번째 효는 사람 씨알 하나에서 분화된 양의라고 보다
구체적으로 꼭 집어서 설명해주고 있다. 결과적으로 팔괘라는 결과물은
같지만, 만들어지는 과정에선 분명히 차이가 있다. 이것을 더욱 세밀하
게 들여다보면 이 차이는 사소한 차이가 아니라, 어마어마한 차이라는
것이 곧 드러난다.

천부경의 우주관

먼저 양자 간의 미묘한 차이를 보다 잘 이해하기 위해서 이미 다루어보
았던 무극과 태극의 이야기로 잠시 되돌아갈 볼 필요가 있다. 종래의
「계사전」논법대로라면, 태극이 양의가 되고, 양의가 사상이 되고, 사상

이 팔괘가 되는 일련의 과정에서 필연적으로 태극이 음과 양으로 분화되고, 분화된 이들 음과 양이 각각 다시 하나의 태극 역할을 수행해야하는 역할변이 과정이 필수적이었다. 그래야 지속적인 분화가 보장되기 때문이다. 이에 대해서 전통적 주자학에서 말하는 관점을 잠시 들여다보기로 하자.

"태초에 아무것도 없는 상태를 무극이라 한다. 우주 만물이 소생하려면 먼저 기氣가 발동해야 하는데 무극에 기가 발동하게 되어 아무것도 없는 상태에서 기가 생긴다하여 무극을 무기無氣라고도 한다. 무극에서 기가 발동하여 처음 생기는 것이 양陽이고 양에서 기가 발동하여 생기는 것이 정精이며 정에서 기가 발동하여 생기는 것이 음陰이 된다. 음에서 기가 발동하여 처음 자리인 무극의 본래 자리로 오는데 이때는 무극이라 하지 않고 태극이라 한다. 더 이상 클 수 없는 태극에서 기는 계속 발동하여 양·정·음을 반복하여 순환한다."

지금 이러한 성리학자들 주장의 뒤를 이어서 이후 어떤 그림이 펼쳐지게 되는 지는 그 유명한 「계사전」에 상세히 나와 있다.

"역易에 태극이 있으니, 이것이 양의를 생하고, 양의가 사상을 생하고, 사상이 팔괘를 생하니, 팔괘가 길흉을 정하고 길흉이 대업을 생한다."

이것이 그들이 말하는 일생이법의 관점이다. 여기서 주목해야 할 것은 태극이 양과 음으로 분화되었다고 치고, 양과 음이 또 다시 각각 태극 노릇을 수행해야만 그 다음 번의 양과 음의 분화가 가능해진다는 역할변이 과정에 대한 논리적 문제가 대두된다. 태극 → 음·양 → 태극 → 음·양, 이러한 과정을 계속 반복해야 한다. 무극이 태극이 되었다가, 태극이 음·양이 되는 것까지는 좋은데, 문제는 분화된 음·양이 이번에는 또 다시 각각 태극의 역할로 되돌아가야 하는 식이 되어버려서, 뭔가가 자꾸 뒤죽박죽이 된다는 인상을 떨쳐버릴 수 없게 된다.

이에 비해 천부경 논법에서는 우선 천·지·인의 셋으로 분화되고, 이들 천·지·인의 씨알 하나하나가 각각 음과 양으로 분화되면 그것으로 상황 종료이니, 결과적으로 팔괘 하나를 만들어낸다는 결과물은 동일하지만, 그 과정은 판이하게 다르다. 천부경의 방식에선 음과 양이 다시 태극 역할을 해야 하는 역할변이 과정이 전혀 필요치 않다. 그렇다면 과연 어느 쪽이 보다 우주적 실체에 접근한 모델일까? 이 화두에 접근하기 전에 우선 우주의 본성을 유감없이 깨달은 대가들의 우주에 대한 견해들을 잠시 경청해볼 필요가 있을 것 같다.

"사람이 살아가는 이 세상에서 요·순이나 우·탕에게는 각각 그들의 천지가 있었고, 소부 허유에게도 그들의 천지가 있었다. 진시황과 한무제에게도 그들의 천지가 있었고, 적송자 왕교에게도 그들의 천지가 있었다. …(중략)…"

이는 송나라 초기의 화산도사 진희이가 그의 문하에 있던 가득승에게 한 말이라고 하는데, 그 내용이 아직까지도 생생하게 전해지고 있다. 그의 어록, 한마디, 한마디가 소중하다고 생각되었기 때문에 빼놓지 않고 기록으로 남기고 전한 것이 분명하다. 그가 지금 한 말 중에서 맨 마지막 문장의 뒤에 생략된 말이 있다면 바로 이런 것일 것 같다.

"누구에게나 각각 그들의 천지가 있기 마련이다."

그의 이 말은 곧 사람은 천지를 이루는 커다란 시스템 속의 한 조그만 부품이 아니라, 그 사람과 함께 하는 천지, 즉 하늘과 땅이라는 커다란 세계, 혹은 세계관을 언급하고 있다. 이 중에서 진희이가 진심으로

의도한 바는 세계관이 아니라 세계를 의미한다고 100% 확신한다. 깨달은 각자들은 텅 빈 마음으로 거울과 같은 투명함을 즐기므로 세계관 따위의 색안경이 아니라, 직관적으로 보이는 바로 그 세계 자체를 표현했다고 보아야 한다. 다음은 이 우주에 대해 크게 한 소식을 했다고 전해지는 소강절이 지은 관역음(觀易吟), 즉 주역을 보고 읊었다는 시를 음미해 볼 차례이다.

一物由來有一身　한 물건에 유래하여 한 몸이 있나니

一身還有一乾坤　한 몸에는 다시 한 천지가 있도다.

能知萬物備於我　만물이 내 안에 갖추어 있는 것을 어찌 알까,

肯把三才別立根　하늘과 땅, 그리고 사람으로서 존재 근거를 구별한다.

天向一中分造化　하늘은 하나의 중을 향하여 조화를 나누고

人於心上起經綸　사람은 마음에서 경륜을 세운다.

天人焉有兩般義　하늘과 사람에 어찌 다른 두 이치가 있을 것이며

道不虛行只在人　도는 헛되이 운행되지 않으니 사람에게 달려 있을 뿐.

　지금 소강절이 주역을 보고 읊었다는 이 시에서도 한 물건과 그에 의해 유래된 천·지·인을 유감없이 느껴볼 수 있다. 진희이가 말한 바와 소강절의 견해가 정확히 일치하고 있음을 볼 수 있을 것이다. 나라고 하는 하나의 존재는 그 자체가 곧 천·지·인이기도 한 것이다. 만약 지금 이 시에서도 소강절이 말하는 바를 아직 느끼지 못하겠다면, 다음의 이 시에서 그의 견해를 더욱 분명히 느낄 수 있게 될 것이다.

_{차 천 지 외 별 유 천 지 즉 기}
此天地外別有天地卽己　이 천지 바깥에 또 다른 천지가 있으면 모르되
_{신 생 천 지 후 심 재 천 지 선}
身生天地後心在天地先　비록 몸은 천지보다 뒤에 났으나, 내 마음은 천지보다
앞서도다.
_{차 천 지 지 내 사 오 무 소 부 지}
此天地之內事吾無所不知　이 천지 안의 일은 내가 모르는 게 없노라.
_{천 지 자 아 출 기 여 하 족 언}
天地自我出其餘何足言　천지가 나로부터 나왔으니, 그 나머지는 말해서 무엇하
리오!

소강절은 더욱 분명히 말한다. 천지가 나로부터 나온 것이고 내 마음은 천지보다도 앞서는 것이라고…. 혹 존재에 대한 이러한 중국식 표현이 그다지 피부로 와 닿지를 않는다면, 이번에는 인도식 표현을 들어보기로 한다. 이번에는 오쇼 라즈니쉬(1931~1990)이다.

"…사막을 떠도는 사람이 지금 목구멍이 바짝바짝 타오르고 있다. 그의 온 몸이 물을 갈구하고 있다. 그리고 그 때, 온 우주가 그와 함께 물을 갈구한다. 온 우주가 그를 통해서 간절히 물을 찾고 있다. 그가 지금 목이 마르다. 온 우주도 목이 마르다. 그가 물이 필요하다. 온 우주도 물이 필요하다.…. 그가 살고 싶어 한다. 온 우주도 살고 싶어 한다.… "

이는 이미 제1권에서 서양의 우주관과 동양의 우주관의 차이를 말하면서 살짝 피력했던 바이기도 하다. 동양과 서양, 양자 간의 세계관은 알고 보면 실로 어마어마한 차이를 보인다. 약간의 상상력을 동원해, 가령 서기 1400년경 아프리카 어느 해안 마을로 다시 돌아가 백인이 아프리카의 흑인을 처음 포획하고 있는 바로 그 현장을 눈앞에서 목도하고 있다고 가정해보기로 한다. 그때 서양인들이 아프리카 대지에서 조우하게 된 흑인들은 커다란 우주에 포함된 그저 조그마한 생물자원의

하나에 불과한 것이었다. 그들은 사자가 필요했다면 사자를 포획했을 것이다. 흑인이 필요해서 흑인을 포획했던 것일 뿐, 그들의 눈에는 사자나, 흑인이나 별반 차이가 없는 존재였다. 적어도 백인들의 눈에는 틀림없이 그렇게 보였다. 그러나 진희이는 말한다. 그것이 아니라고…. 지금 라즈니쉬의 관법대로라면, 그때 그 상황은 우주 전쟁이 벌어진 것이나 진배없다. 백인이라는 우주가 흑인이라는 우주를 짓뭉개고 있었던 것이다. 우주가 우주를 짓뭉갠다? 천문학자들의 계산에 의하면 아주 먼 훗날 우리 은하와 안드로메다가 서로 충돌하면서 언젠가는 하나의 은하로 합쳐지게 될 것이라고 한다. 이렇게 거대한 은하들 간의 간섭만이 우주적인 차원에 해당되는 것이 아니라, 사람과 사람간의 조우도 우주적 상황이라고 말하는 것이다. 뭐랄까? 존재의 스케일이 다르다고나 할까? 서양과 동양의 차이가 이런 것이다. 사람들이 흔히 상상하는 우주 전쟁은 어떤 것일까? 아마도 스타워즈나 만화영화의 한 장면을 떠올리게 될 것 같다…. 이런 것이 지극히 일반적인 상황일 것이다. 그러나 실상은 그게 아니라, 우리들 하나하나가 우주이고, 사람과 사람 간의 대립과 다툼이 곧 우주적 전쟁이다. 사람이 태어난다는 것은 보잘 것 없는 아주 조그만 미물 하나가 거대한 우주의 한 귀퉁이 속으로 기어 나오는 것이 아니라, 하나의 거대한 소우주, 그 자체가 탄생하는 것이라고 보는 것이다. 그리고 이때 대우주란 것은 수많은 소우주의 상들이 중첩되고 중첩된 중첩의 모델로 보아야 할 것 같다.

그런데 「계사전」에서 말하는 일생이법의 관법대로라면 서양인의 관법에 더 가깝다고 결론지어져야 할 것 같다. 그에 비해 『천부경』의 관법은 바로 진희이가 말하는 우주적 존재를 그대로 반영해준다. 「계사

전」의 관법으론 우주적 존재를 설명할 수단이 주어지지를 않는다. 논리
적으로 불가능하다. 작은 태극 하나가 도저히 대우주와 맞먹을 수는
없는 노릇이다. 반면『천부경』의 관법은 최초의 씨알 하나가 대우주를
닮은 나의 우주적 공간, 즉 하늘과 땅을 먼저 열어주고, 그리고 그
속에 그 우주의 주인, 그 주인 되는 육신의 실체적인 군림이 실현되는
바로 그것이 우리들 개개인의 탄생이라고 알려준다. 이 차이를 이해해야
한다. 『천부경』에서 말하는 천·지·인의 분할은 사람이 우주 속에
태어나는 일개 부품이 아니라 소우주 하나가 태어남을 의미한다.

한편 필자가 이렇게 설명하면, 혹자는 지금『천부경』은 단지 건괘와
곤괘만을 설명하고 나머지 여섯 괘는 설명하지 못하는 것 아니냐고
반문할 수도 있을 것이다. 언뜻 보면 아래 마지막 4단계가 단지 곤괘와
건괘의 괘상 만을 보여주는 것으로 비춰질 수도 있다.

제1단계   제2단계   제3단계

天 ●   ●   ●   ● ●
●   地 ●   ●   ●   ● ●
人 ●   ●   ●   ● ●

과연 그럴까? 설사 그렇다고 하더라도, 역의 문門이 건괘와 곤괘임을
그 누구도 부정할 수는 없을 것이다. 역의 문이 건괘와 곤괘라고『역경』에
분명히 명시되어 있기 때문이다. 「계사전(하)」제6장에 나오는 말이다.

　자　왈　　건　곤　기　역　지　문　야　　건　양　물　야　　곤　음　물　야
子曰 乾坤其易之門邪 乾陽物也 坤陰物也

　음　양　합　덕　이　강　유　유　체
陰陽合德而剛柔有體

　이　체　천　지　지　선　　이　통　신　명　지　덕
以體天地之撰 以通神明之德

공자왈 건과 곤은 역의 문이다! 건은 양을 대표하고, 곤은 음을 대표한다.
음과 양이 덕을 합해서 강과 유가 형체를 갖게 되고
그로써, 하늘과 땅의 일을 체현하고, 그로써 신명의 덕에 통한다.

　대역의 큰 문, 이 두 개가 이미 『천부경』에 표현되어 있다면 상황은
이미 그것만으로도 완전 종료이다. 하물며 십일도에서 팔괘 창안자가
다른 나머지 6괘를 찾아내는 것은 사실 일도 아니었다는 것을 쉽게
설명할 수가 있으니, 더 말할 나위가 있겠는가? 누워서 떡 먹기보다도
쉽다.

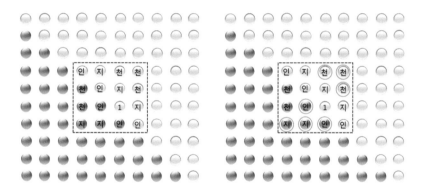

　왼쪽 십일도에서 팔괘 창안자는 음과 양이라는 두 인자가 표현할
수 있는 경우의 수가 8가지에 달한다는 것을 그리 어렵지 않게 찾아낼
수 있었을 것이다. 한번 직접 시연을 해보도록 한다. 먼저 알아야 할
것은 양괘 하나를 긋는 순간, 그와 정음정양의 짝이 되는 음괘는 저절로

만들어진다. 항상 음괘와 양괘는 하나의 짝으로 동시에 출현하기 때문이다. 마치 건괘의 짝이 곤괘였듯이…. 굳이 그림으로 설명한다면 오른쪽 그림과 같을 것이다. 원리는 간단하다. 흰색과 파란색 돌중에서 어느 쪽의 천·지·인을 선택할 것인가? 그것만 결정하면 그것으로 끝이다. 가령 진괘(☳)를 만들어보자. 오른쪽 그림에서 녹색의 원이 그대로 진괘의 형상이다. 먼저 하늘 3양이 선택되어 있고, 땅 2음이 선택되어 있고, 사람 2음이 선택되어 있다. 그러니 영락없이 진괘의 형상이다. 그리고 진괘와 정음정양의 짝이 되는 손괘(☴)가 진괘와 동시에 만들어졌다. 다시 말해 녹색으로 표시 안 된 부분이 바로 손괘이다. 이처럼 십일도만 있으면, 모든 팔괘들의 괘상들을 누워서 떡 먹기보다도 더 쉽게 조합할 수 있게 된다. 결론적으로 천지인의 3가지 태극이 모두 분화해야 비로소 괘상 하나가 주어질 수 있는 것이고, 그 괘상이 표현되는 경우의 수가 8가지이므로 팔괘가 된다는 말이다. 그런데 지금 이와 같은 상상은 어디에 근거를 두고 하는 말일까?『한단고기』「태백일사」[신시본기]에 이런 구절이 있다.

"한웅천왕으로부터 다섯 번 전하여 태우의 한웅[27]이 계셨으니 사람들에게 가르치시기를 반드시 묵념하여 마음을 맑게 하고 조식보정하게 하시니 장생구시의 술이다. 12명의 아들을 두었으니 맏이를 다의발 한웅이라 하고, 막내를 태호라 하니, 또는 복희씨라고 한다. 복희가 어느 날 삼신이 몸에 내리는 꿈을 꾸고 만 가지 이치를 통철하고 곧 삼신산으로 가서 제천하고 괘도를 천하에서 얻으시니,

---

27) 기원전 3512년 태우의(太虞儀) 한웅이 즉위하였다. 그는 사람들에게 마음을 맑게 하고 숨을 고르게 하고 정기를 보정(保精)하는 방법을 가르쳤다. 복희(기원전 3528년~기원전 3413년)는 태우의 한웅의 12아들 중 막내이다.

그 획은 세 번 끊기고 세 번 이어져 있어서 자리를 바꾸면 이치를 나타내는 묘함이 있고, 삼극의 이치를 포함하여 변화무궁하였다.

지금으로부터 약 5400여 년 전 제5대 한웅의 막내아들이었던 복희씨가 천·지·인 삼극의 이치를 포함한 팔괘를 만들었다고 한다. 단지 음양의 이치만을 담은 것이 아니라, 분명 삼극의 이치를 담았노라고 전해주고 있다. 음효와 양효가 자리를 바꾸어 (팔괘가 되니, 이로써) 이치를 나타내는 묘함이 있었다고도 한다. 바로 이 구절이 앞에서 손괘와 진괘 등의 팔괘들을 만드는 과정에 대한 중요한 문헌적 근거가 된다. 그리고 또 다른 중요한 문헌적 근거가 하나 더 있다. 바로『주역』「설괘전」이다. 놀랍게노 공사가 쓴「설괘선」제2상을 자세히 살펴보면, 그 속에『천부경』의 천·지·인 석삼극 과정이 고스란히 들어있다는 것을 알게 된다.

석 자 성 인 지 작 역 야
昔者聖人之作易也　옛적 성인이 역을 지은 것은

장 이 순 성 명 지 리 시 이
將以順性命之理是以　장차 성명의 이치에 따르고자 함이니, 이로써

입 천 지 도 왈 음 여 양
立天之道曰陰與陽　하늘의 도를 세움을 가로되 음과 양이요

입 지 지 도 왈 유 여 강
立地之道曰柔與剛　땅의 도를 세움을 가로되 유와 강이요

입 인 지 도 왈 인 여 의
立人之道曰仁與義　사람의 도를 세움을 가로되 인과 의이니

겸 삼 재 이 량 지
兼三才而兩之　삼재를 아울러 둘로 한다.

고 역 육 획 이 성 괘
故易六畫而成卦　그러므로 역이 여섯 획으로 괘를 이루고

분 음 분 양 질 용 유 강
分陰分陽迭用柔剛　음을 나누고 양을 나누며, 유와 강의 차례로 쓴다.

고 역 육 위 이 성 장
故易六位而成章　그러므로 역이 여섯 위치로 문장을 이룬다.

　자세히 읽어보면 실로 놀라운 내용들이 들어 있다. 앞에서 『천부경』에서 풀이한 내용이 사실 『주역』에도 고스란히 들어 있었다는 것을 느낄 수 있을 것이다. 하늘은 음·양으로 나뉘고, 땅은 유·강으로 나뉘고, 사람은 인·의로 나뉜다는 것이니, 이는 『천부경』의 천이삼·지이삼·인이삼 등으로 정확히 치환될 수 있는 대목이다. 그리고 이어지는 문구도 놀랍게도 천·지·인 삼재를 언급한다. 또 삼재를 둘로 한다는 것은 천·지·인 3효로 이루어진 팔괘를 한 번 더 중첩시키면, 그 결과가 6개의 효로 구성된 64괘라고 말해준다. 하루에도 오전과 오후가 있듯이 팔괘도 내·외가 있다는 의미이다. 바로 이 대목에서 필자는 공자가 「설괘전」을 쓸 때에 이미 『천부경』을 너무도 잘 이해하고 있었다고 짐작하게 된다. 따라서 사실 『주역』을 정말 제대로 이해한다면 굳이 『천부경』이 아니더라도 천·지·인 석삼극 이치를 추리해낼 수 있었던 것인데, 문제는 뒷사람들이 그에 대한 깊이 있는 연구가 부족했던 것이다. 지금 아래의 두 개의 그림이 있다.

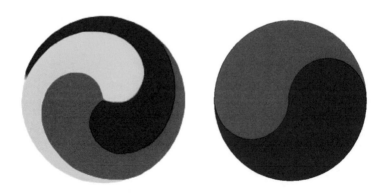

　왼쪽은 삼태극이고 오른쪽은 태극이다. 모두들 궁금했을 것이다. 삼태극이 맞는 건가? 태극이 맞는 건가? 이제는 말할 수 있게 되었다.

이제는 삼태극과 태극에서 상호간의 위상 관계가 어떤 것인지를 확실하게 정의할 수 있게 되었다. 삼태극이 먼저이다. 천·지·인으로 나뉘는 삼태극, 그 이후에 천지인의 태극들이 있어서 각각 음·양으로 분화하게 되는 것이다. 이렇게 하면 팔괘가 만들어지기도 하고, 오행이 만들어지기도 한다. 그리고 둘 다, 명백하게, Made-In-Korea가 맞다. 그 근거는 바로 『천부경』이다! 『한단고기』「태백일사」[소도경전본훈]을 살펴보자.

한역은 우사의 관리로부터 나왔다. 때에 복희는 우사가 되어 여섯 가지의 가축을 기르게 하였으며, 또 신룡神龍이 해를 쫓는 것을 살펴 하루에 12번씩을 색을 바꾸는 것을 보고 이에 한역을 만들었다. 한은 곧 희羲와 같은 뜻이고, 역易은 곧 옛날 용龍자의 본 글자이다.

이렇게 태우의 한웅의 막내아들 복희에 의해 처음 만들어진 한역桓易은 그 후로 약 700년이 흘러 자부선인에 의해 고스란히 계승되고 있음을 알 수 있다. 『한단고기』「태백일사」[마한세가(상)]을 보면 다음과 같은 구절이 나온다.

"봉황은 날아 모여들어 백아강에 살고 선인은 법수교로 오고 갔으니 법수는 선인의 이름이다. 사람과 문물이 어느덧 풍숙하였으니 때마침 이때에 자부선생께서 칠회제신의 책력을 만드시고 삼황내문을 천폐에 진상하니, 천왕께서 이를 칭찬하셨다. 삼청궁을 세우고 그곳에 거하니, 공공·헌원·창힐·대요의 무리가 모두 여기에 와서 배웠다. 이에 윷놀이를 만들어 이로써 한역을 강연하니 대저 신지 혁덕이 적어놓은 바로 천부의 유의였다."

여기서 나오는 천부란 것도 두말할 것도 없이 『천부경』을 말한다. 자부선인[28]이 여러 무리를 제자로 두고 『한역』을 강연하였고, 이것이

60 •

『천부경』의 뜻에 부합하는 것이라고 말해주고 있으니, 이는 앞서 살펴본 내용임을 짐작해볼 수 있을 것이다. 또한 윷놀이란 것도 단순한 놀이의 하나에 불과한 것이 아니라 한역이나 『천부경』과 아주 밀접하게 관련되어 있음을 알려준다. 그리고 「단군세기」에는 제19대 구모소 단군[29] 시절에 있었던 일이 기록에 남아 있다.

"기원전 1382년, 기미년, 지리숙이 주천력과 팔괘상중론을 짓다."

여기서 주천력은 책력을 말하는 것이고, 팔괘상중론은 팔괘를 중첩한 이치를 담은 책이다. 팔괘와 팔괘를 상하로 중첩하여 64괘를 논한 책을 지었을 것으로 짐작된다. 하지만 위의 언급에 빠져 있는 것이 바로 십일도이다. 십일도에는 또 다른 방식으로 팔괘의 흔적이 은밀히 감춰져

---

28) 자부선인(紫府仙人)은 광성자(廣成子)라고도 불렸고, 복희씨와 함께 공부한 발귀리 선인의 후손이다. 배달국 제14대 한웅 자우지 시대(기원전 2707~기원전 2598)의 국사이자 동양 선도의 조종이다. 그는 태어나면서부터 신명하여 일찍 도를 깨우쳤고, 해와 달의 운행을 측정하여 이를 정리하고 오행(五行)의 수리(數理)를 따져서 칠정운천도(七政運天圖)를 만드니, 이것이 칠성력의 시작이라고 『한단고기』는 전하고 있다. 그는 동방 청구(靑丘)의 대풍산(大風山)에 삼청궁(三淸宮)을 짓고 살았다. 황제 헌원씨는 처음 배달국의 제후국인 유웅국의 왕이 되어 한웅 자우지, 즉 치우 천황과 10년간 100여 차례 전쟁을 한 웅족 출신으로 끝내는 치우 천황에게 항복하였고 자부선인으로부터 《삼황내문경》을 전수받아 도를 닦아 개심하였고 배달국의 진정한 신하가 되었다. 황제헌원씨(중국 시조)는 그 뒤에 백성을 훈화하고 염제 신농씨의 뒤를 이어 왕이 되었다. 갈홍의 『포박자(抱朴子)』에도 자부선인에 대한 언급이 있다. '옛날에 황제헌원이 있었다. 그가 동쪽으로 청구에 이르러 풍산을 지나 자부선생을 뵙고 《삼황내문》을 받아 이를 가지고 온갖 만 가지 신을 부렸다.'고 전한다. 《삼황내문경》에 대해 신채호와 이능화는 '진단백민국의 선경'이라고 했다.
29) 구모소 단군은 기원전 1435년에 즉위해서, 기원전 1380년까지 재위하였다.

있기도 하다. 그것이 무엇일까? 자부선인은 또 다른 의미심장한 도구를 후세에 전하는 세심함을 놓치지 않았다. 바로 윷놀이할 때 쓰는 윷판이다.

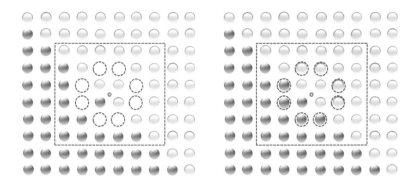

지금까지 우리는 제2천이 열리는 것까지 보았으니, 이제 곧 제3천이 열릴 차례이다. 바로 그것(제3천)이 붉은 색 사각형 라인이다. 그리고 그 안의 정 중간 지점에 천원天元이란 것을 표시해본다. 천원은 있는 것들의 근원이면서 없는 것, 일시무시일 이전의 그것, 즉 유有의 근원인 무극을 표상한다. 존재하는 모든 것들의 근원은 무無이다. 사실 무극이태극이니, 즉 1태극과 10무극은 또한 같은 것이기도 하다. 또 지금 왼쪽 십일도를 보면 8개의 돌을 지워놓았음을 인지할 수 있을 것이다. 이번에는 상기 오른쪽 십일도를 보게 되면 지워진 돌 4개는 흰색이었고, 다른 4개는 파란색이었음을 알 수 있다. 이는 음괘 4개와 양괘 4개를 상징한다. 그리고 다시 왼쪽 십일도를 자세히 살펴보니, 정말 어디선가 많이 보던 형상이다. **영락없이 윷놀이할 때 사용하던 그 윷판이 아닌가!**

필자는 여기서 지워져 있는 여덟 개의 돌을 또한 바로 팔괘라고 본다. 그리고 이렇게 표현하는 방식이 바로 역상법(逆象法)이라고 생각한

다. 표상表象하지 않는 것으로써 표상하는 법이 바로 역상법이다.[30]

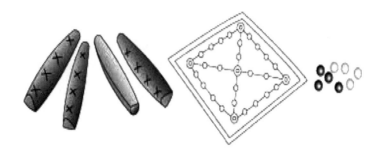

아주 먼 훗날 변변치 못한 당신들의 직계 자손들이 영악스럽기[31] 그지없는 주변의 방계족 사람들이 자행하는 온갖 풍상의 세월을 견디다 못해성스런 가르침까지 완전히 망실해버릴 것을 미리 아시고, 언제든지때가 되면 다시 복원할 수 있도록 그에 대비해 비장해두셨던 것이었으리라. 필자는 자꾸 그리 짐작이 된다. 다행스런 점은 당신의 자손들이지금 전 세계 어디로 흩어져 있든 간에 윷놀이 하나만큼은 기억하고있다는 사실이다. 거기가 만주가 되었든, 캘리포니아가 되었든, 멕시코가 되었든, 당신의 자손들은 아직도 그 한 가지만은 보존하고 있으니,이것이 어찌 하늘의 뜻이 아니겠는가.

---

30) 역상법은 필자가 임의로 만든 용어이다. 혹 다른 사례가 있는지는 따로 확인하지않았다.

31) 한 조사에 의하면, I.Q와 같은 두뇌지수를 평가했더니 한반도를 비롯한 동아시아지역이 전 세계에서 제일 지수가 높은 것으로 나타났다. 이와 비견할 수 있는지역은 이스라엘 정도였다. 동아시아인들이 유난히 두뇌 회전이 빠른 것은 어쩌면배달족의 피가 흐르고 있기 때문이 아닐까 싶다.

역易의 주인

기원전 2600년경 자부선인에 의해 만들어진 윷놀이는 이후 수차례에 걸친 우리 민족의 대이동과 함께 아메리카 대륙으로 건너간 것이 틀림없다. 왜냐하면 지금도 멕시코 등지에서 아메리카 인

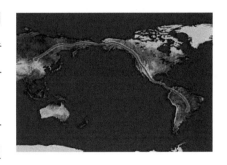

디언들이 우리와 똑같은 윷놀이를 하고 있기 때문이다. 우리 조상들의 이동 경로는 베링해협의 얼음이 녹기 이전에, 그러니까 지금으로부터 9000~12000년 전에 이미 베링해협의 빙하 위를 지나갔을 수도 있다. 그것이 아니라면 베링해협의 얼음이 녹은 이후 섬과 섬들이 줄지어 서있는 알류산 열도를 따라 태평양 바다를 배를 타고 건너 이동했던 것으로 보인다. 최근 배제대 손성태 교수가 이 사안에 대해 이미 여러 차례 강연을 한 바가 있으므로 참고하면 좋을 것이다.[32] 손 교수에 의하면 여러 차례에 걸친 민족의 대이동이 있었고, 우리 민족의 마지막 대이동은 대략 발해 말엽 서기 920년경으로 추정된다고 한다. 그리고 굳이 손 교수가 아니더라도 아메리카 대륙에는 우리 겨레의 흔적들이 아직도 도처에 남아 있다는 주장들이 활발하게 제기되고 있다. 본서에서

---

[32] 최근 배제대 손성태 교수가 불과 2주 만에 발해가 멸망한 이유를 우리 민족의 대이동에 그 원인이 있다고 주장하고 있다. 『한단고기』에 의하면 고조선 시대에 이미 1억 8천만 명에 달했다던 우리 민족이 이후 어찌하여 중원이나 이민족 세력에 밀려 한반도로 쪼그라들게 되었는지를 설명해주는 결정적인 단서를 제공할 수 있을 것으로 기대된다.

64 •

는 더 이상의 언급은 생략하지만, 앞으로 이 분야에 대한 연구가 활발하게 전개되기를 기대해본다. 놀랍게도 마야문명과 잉카문명의 주인공이 바로 우리의 핏줄이었던 것이다. 그들이 세운 피라미드 신전과 동아시아 지역에 남아있는 정체모를 피라미드들, 이들이 반드시 모종의 상관관계가 있을 것으로 보인다. 우리 겨레는 어쩌면 해가 뜨는 동쪽으로 이동해가는 것을 하나의 천명을 받드는 일로 여겼던 것일지도 모른다.

한편 조선시대 사람이었던 김문표(1568~1608)는, 천원지방(天圓地方), 즉 윷판의 둥근 외곽은 하늘을 형상하고 네모진 속은 땅을 본떴다고 보았다. 또한 말판의 안팎으로 늘어선 것들은 28수인데, 제자리에 머물고 있는 북극성 주위를 뭇 별들이 그것을 중심으로 회전하는 모습이라고 주장하였다. 지극히 올바른 해석이다. 필자는 거기에 더해 **윷가락이 4개**인 그 자체가 이미 매우 중요한 상징이라고 생각한다. 바로 십일도 제1천에서 보여주었던 석삼극을 형상화 한 것이라고 본다. 따라서 윷가락 1개는 일시무시일이고, 나머지 3개가 천·지·인의 삼극이다. 윷가락을 던지는 방식도 4개를 동시에 던져 올리는 것이 아니라, 반드시 1개와 3개를 구분해서 던져올렸을 것으로 짐작된다. 윷가락 각각에 음양이 있으므로, 이것들을 하늘 높이 던져 올리면 곧바로 팔괘 하나의 형상을 그릴 수 있게 된다. 단지 천·지·인을 상징하는 윷가락 각각의 음양만 읽어내면 그것으로 만사 오케이이다. 전혀 문제가 없다. 4개의 윷가락 중에서 괘상에 참여하지 않는 나머지 일석삼극의 중심 본체 하나는 그 팔괘의 본체를 유지시켜주는 근원이다. 태극이 중심을 잡아줌으로서 만물이 자신의 형상을 유지할 수 있게 되는 것이다. 김문표가 미처 깨닫지 못했던 부분이 바로 이 점이다. 그는 윷가락이 만들어낸 도·개·

걸·윷·모에서 팔괘를 그릴 수 있다고 주장했지만, 도·개·걸·윷·모 중에서 군이 윷의 형상만을 제외시켜야 할 타당한 이유를 제시하지 못했다. 그리하여 옹색한 가설에 그치고 말았던 것인데, 그럼에도 불구하고 우리 선조들이 윷을 던져 올려서 팔괘를 그렸을 거라고 생각했던 그의 발상만큼은 정곡을 찌르는 것이었다. 윷가락 4개에는 각각 다른 표식이 필요하다. 하늘·땅·사람에 대한 별도의 표식, 그리고 일시무시 일의 하나, 이렇게 4가지 표식이 필요하다. 그것으로 모든 것은 해결된다. 요즘에는 윷가락 4개의 뒷면에 모두 똑같은 표식이 그려져 있지만, 이는 팔괘를 뽑을 때 쓰는 방식이 아니라, 오행을 뽑을 때 쓰는 방식이었을 것이다. 똑같은 표식이 된 윷가락 4개를 던지면 음양에 따라 도·개·걸·윷·모의 오행이 나온다. 둘 중에 원하는 것을 취하면 그뿐이다. 팔괘를 원하면 윷가락 표식을 다르게 만들어 팔괘의 상을 취하고, 오행을 원하면 똑같은 표식이 된 윷가락 4개를 던져 오행의 상을 취하면 된다. 따라서 **윷가락 4개는 경문에서 나오는 일석삼극, 천일일·지일이·인일삼, 천이삼·지이삼·인이삼, 음양과 팔괘, 그리고 오행, 이 모든 것들이 형상화된 생생하게 살아있는 증거품인 셈이다.** 또한 윷가락은 한쪽이 둥그스럼하니 이는 하늘과 하도이면서 양을 상징하고, 한쪽은 평평하면서 네모지니 이는 땅과 낙서이면서 음을 상징하기도 한다. 제1권에서 필자가 하도와 낙서는 동전의 양면이라고 표현했던 바를 기억하고 있을 것이다. 그런데 배달족 현인들은 적어도 기원전 2600년에 이미 윷가락에다가 말없이 그것을 표상해놓고 있었던 것이다. 게다가 미덥지 못한 답답한 후손들이 천부경의 뜻을 제대로 이해하지 못할 것이 염려되었던 것인지, 윷판을 달리는 말까지 흑말 4개와 백말 4개로 정해놓았다.

일석삼극으로 삼태극이 된 이후, **(윷가락 4개는), 또 다시 음(흑말)과 양(백말)으로 다시 나뉘어야 함을 너무나 적나라하게 보여준 것이다. 즉 천이삼·지이삼·인이삼을 표현해놓은 것이다.** 아마 이보다 더 적나라한 표현은 불가능할 듯하다. 그런데, 이 흑말 4개와 백말 4개는 어디서 튀어나오게 된 것일까? 윷가락 4개가 갈라져서 나온 것이면, 이제 갈라진 윷가락 4개는 없어져야 하는 것 아닐까? 이 질문에 대해선 이렇게 상상해보면 어떨까 싶다. 앞에서 본 역상법의 십일도에서 튀어나온 것들이라고…. 다시 말해 3천天이라고 하는 저 높은 하늘에 걸려있던 총총한 별 8개가 어느 순간 하늘에서 흔적도 없이 사라졌다. 그들이 갈 곳이야 이제 너무도 명확하지 않은가? 하늘에서 사라졌으니, 갈 곳은 땅밖에 없을 것이다. 그들이 바로 한바탕 건곤일척의 자웅을 결하기 위해 땅으로 내려온 걸출한 영웅들이다. 그리고 말판이 바로 그들의 싸움터가 된다. 말들이 출발하는 지점도 생각해보면, 십일도의 일시무시일과 마찬가지로 맨 귀퉁이에서 시작한다. 이 또한 십일도와 윷판의 연관성을 알려준다. 이처럼 윷놀이 안에는 이미 동양의 모든 것들이 줄줄이 사탕처럼 하나로 죄다 꿰어져 있다. 공자의 표현대로 말하자면, 완전히 일이관지가 되어 있는 것이다. 윷놀이 안에서는 음·양과 천·지·인과 오행과 팔괘, 그리고 하도와 낙서, 28수, 그 어느 것 하나 전혀 모순되는 것 없이 완벽하게 조화를 이루어낸다.

지금 너무도 중요한 대목인데도 불구하고, 혹시라도 대체 지금 무슨 말을 지껄이고 있는가라고 푸념하는 독자가 있을까 염려되어 한 번 더 간략하게 정리해보기로 한다. 요점은 자부선인이 윷놀이를 만들면서 그냥 재미삼아 아무렇게나 만든 것이 아니라는 것이다. 자부선인은

『천부경』의 경문 원리를 그대로 윷놀이에 옮겨 담아놓았다는 것이
핵심 중의 핵심이다. 좀 더 구체적으로 말하자면 다음의 두 경문, 이
대목들이 바로 윷놀이의 본체를 이루는 부분들이다.

天一一 하늘 씨알 하나가 첫 번째이다.
地一二 땅 씨알 하나가 두 번째이다.
人一三 사람 씨알 하나가 세 번째이다.

　지금 이 부분에서 천지인의 세 가지에서 공통적으로 언급되는 맨
앞의 一은 모두 일시무시일의 하나를 말하는 것이다. 이것이 바로 윷놀이
에서 사용하는 윷가락 4개 중에서 가장 먼저 하늘 위로 던져지는 바로
그 윷가락 하나이다. 그리고 나머지 윷가락 3개는 석삼극을 반영한
것이고, 여기서 천일일의 윷가락 하나가 제일 먼저 하늘을 상징하고,
지일이의 윷가락 하나가 두 번째로 땅을 상징하고, 인일삼의 윷가락
하나가 세 번째로 사람을 상징한다. 이렇게 위의 세 가지 경문은 그
자체로 윷가락 4개를 고스란히 표현해준다.

天二三 하늘 (씨알 하나)가 2음과 3양으로 나뉘고
地二三 땅 (씨알 하나)가 2음과 3양으로 나뉘고
人二三 사람 (씨알 하나)가 2음과 3양으로 나뉜다.

　그리고 이 부분, 바로 여기에서 윷가락 4개가 각각 음과 양으로 나뉜다
는 것이니, 이는 윷판을 달려가는 **4개의 양말과 4개의 음말로 표상된다.**

윷가락이 각각 하나의 태극이 되어 각각 양과 음으로 분화된 형상을 표현한 것이다. 그리고 이 8개의 말은 또한 십일도에서 사라진 하늘의 별들이기도 하다. **삼천의 하늘에서 이들이 사라진 십일도의 모습을 우리는 그대로 윷판으로 사용하고 있었던 것이다.** 그리고 놀랍게도 이 8개의 말들은 동시에 복희팔괘도의 팔괘들을 상징하기도 한다. 양괘 4개와 음괘 4개로 이루어진 복희팔괘도가 바로 윷판을 달려 나가는 8개의 말들이었던 것이다. 지금 필자가 보고 있는 바, 바로 이것을 독자들도 같은 시각으로 볼 수 있기를 바란다. 윷놀이와 『천부경』은 사실 별개의 것이 아니라, 완전히 한 몸이었던 것이다.

따라서 바로 여기가 음양과 오행의 시발점이 된다. 그리고 또한 팔괘의 본원이기도 하다. 오늘날 중국인들뿐만 아니라 거기에 겨레의 변변치 못한 후손들까지도 덩달아 장단을 맞추어가며,

'음양의 기원이 어떠하고, 오행의 기원이 어떠하네.'

하면서 설왕설래, 말도 안 되는 낭설들로 서점가를 도배질 해놓고 있다. 다들 무슨 대단한 학자라도 되는 양 현학의 극치를 치닫는다. 그들은 음양오행설의 기원을 아무리 길게 잡아도 전국시대(기원전 403년~기원전 221년)를 넘어갈 수 없다고 주장한다. 그들은 또한 음양의 기원과 오행의 기원이 전혀 다르다고도 주장한다. 그러나 『천부경』의 연원을 따져보면 대략 9천 년을 거슬러 올라가니, 알고 보면 다 쓸데없는 잡소리에 지나지 않는 얘기들이다. 하도에 그려져 있는 10개의 자연수와 『한단고기』의 기록과 윷가락을 자세히 살펴보면, 그들의 주장이 얼마나 터무니없는 낭설인지가 저절로 자명해진다. 진실은 무엇일까? 전국시대와 『천부경』

의 시간차가 무려 약 7천 년이란 장구한 세월인데, 이를 어떻게 받아들이고 어떻게 해석해야 하는 것일까? 어렵게 고민할 것 없이, 그냥 그들의 고서에 기록되어 있는 바는 선진문명의 변방에 살던 그들에게 전달되어 들어가는 하나의 긴 여정을 기술한 것이라 보면 그뿐이다. 오늘날은 불과 1~2시간이면 온 천하가 다 알게 되는 세상이 되었지만, 그 옛날에는 그야말로 수천 년이란 시간이 필요했을 수 있는 것이다. 당시 우주의 본체를 설명해주는 음양오행설은 오늘날로 치자면 최신 양자론과 같은 위상을 차지하는 유일무이한 최첨단 이론이었을 것이다. 하지만 그들이 최신 이론을 전수받는 과정 중에 어찌된 일인지 『천부경』을 철저하게 무시해버리는 치명적 오류를 저질렀던 것으로 추정된다. 마치 모두들 약속이라도 한 양, 『천부경』에 대한 중국인들의 언급을 일체 찾아볼 수가 없기 때문이다. 그리고 그것이 결과적으로 이후 그들이 음양과 오행 간에 빚어진 모순점을 해결할 방도를 구비하지 못하게 된 근본 원인이 되었을 거로 추정된다. 어설프게 『천부경』을 지워버리고 그들 나름대로 구축한 음양관에 의하면 태극이 음양과 사상을 낳을 순 있어도, 오행을 낳는 다는 것은 애당초 불가능한 일에 속한다. 그들의 논리로는 도저히 이 모순을 헤쳐 나올 재간이 없을 수밖에 없으니, 오행은 본래 그렇게 나오는 것이 아니기 때문이다. 오행은 석삼극과 음양이 조화를 이루어 만들어내는 것이다. 스스로가 이해가 안 되는데, 어떻게 남들을 이해시킬 수 있을까? 상대가 하필이면 논리의 대가들이다. 고도의 논리를 추구하는 서구인들에게 어떻게 어필을 할 수 있겠는가? 논리적인 것이 아니면 아예 쳐다보지도 않는 현대인들을 어떻게 설득시킬 것인가? 딱 거기까지가 그들의 한계이다. 나름 열심히 설명은 하지만 도저히 설득은 불가능하다. 그러니 오늘날 음양오행설이 비논리적인 사생아로 취급당하면서 이 모양 이 꼴로 푸대접을 받고 있는 것이다. 애초에 이미 그의 선조들이 첫 단추를 잘못 꿰어 놓았고, 오늘날 그들이 인과응보를 받는 것이다. 음양은 어떻게 해서 겨우 어깨 너머로 훔쳤는데, 어찌된 영문인지 삼태극은 배우지 못했거나 고의적으로 무시하고 말았다. 어쩌면 일찌감치 그들의 싹수를 알아보고, 모든 걸 아전인수로 둔갑시키는 버르장머리를 고쳐놓기 위해 겨레의 삼성들이 작정하고 깔아놓은 고도의 포석일 지도 모른다. 정말 묘하고도 묘한 것은 그 오랜 세월 동안 그들에게 빼앗기지 않은 것들이 아직도 버젓이 남아서 보석처럼 빛나고 있다는 것이다. 윷놀이가 그렇고, 『천부경』이 그렇고, 『한단고기』가 그렇고…, 앞으로 소개할 것들이 수두룩하다. 그들에게 전해진 순간, 모든 것은 Made-in-China로 둔갑되어야 할 운명이었지만, 아직까지 오롯이 살아남아 있으니 그 점이 정말 눈물이 나도록 고맙다. 아직은 한낱 더러운 돼지 목에 걸린 보석의 신세를 벗어나지 못하고 있지만, 그래서 거기에선 돼지 똥이 덕지덕지 덧칠되어있고, 역겨운 오물 냄새가 진하게 풍겨 나오고 있긴 하지만, 언제가 주인들이 제 정신을 차리고 더러운 오물들을 깨끗이 씻어내 주기만 하면, 그들은 언제든지 영롱하게 빛나는 보석으로 다시 우리들 곁으로 다가와 줄 것이다. 『천부경』과 윷놀이! 지극히 단순해보이지만, 이는 성인의 경지가 아니고선 도저히 흉내를 낼 수가 없는, 우주의 이치가 고스란히 녹아들어있는 동양 정신의 결정체, 바로 그것이 분명하다! 그들의 가치와 관련해서 수피 신비주의자에 대한 일화가 시사해주는 바가 있을 것이다.

어느 날 위대한 스승이었던 던년은 깨달음의 세계를 잘 이해하지 못하고 있는 그의 제자에게 돌멩이 하나를 주면서 야채시장에 다녀오라고 하였다.[33] 그 돌멩이는 매우 크고 아름다운 것이었는데, 던년이 말하기를

"단지 돌멩이를 판다고 말하기는 하되 절대로 진짜로 팔지는 말고, 수많은 사람들이 지나가는 것을 지켜만 보아라. 그리고 그 시장에서 돌멩이 값으로 얼마나 받을 수 있는지 돌아와서 나에게 말해주어라."

고 하였다. 그 제자는 스승이 시키는 대로 시장으로 갔다. 많은 사람들이 지나다니면서 그 돌멩이를 보고,

"이거 장식용으로 참 좋겠는데…."

"우리 아이들이 가지고 놀기에 좋겠는데…."

"야채를 다듬는데 좋겠는데…."

등등 여러 가지 이유를 대면서 값을 물어왔으나 10냥 이상은 지불하려 하지 않았다. 그 제자는 돌아와서 시큰둥한 표정으로 스승에게 말하기를

"고작 10냥밖에 못 받겠어요. 사람마다 조금씩 달랐지만 2냥에서 10냥 사이였어요."

그러자 스승이 이번에는 금金 시장을 다녀오되 전번과 똑같이 절대 팔지는 말라고 하였다. 그러자 제자는 금金 시장을 다녀왔고, 이번에는 매우 즐거운 표정으로

"아, 대단한데요. 금金 시장에서는 1000냥이나 주려고 했어요. 사람마다 조금씩 반응이 달랐지만 대략 500냥에서 1000냥까지 값을 불렀어요."

그러자 또 다시 던년은 이번에는 보석상을 다녀오라고 하였다. 그의 제자는 보석상을 찾아가게 되었고, 잠시 후 믿을 수 없는 일들이 벌어지고 있었다. 보석상인들은 무려 5천 냥이나 주려고 하였던 것이다. 그러나 그가 계속 그것을 팔지 않겠다고 하니 상인들은 자꾸 값을 올려서 10만 냥, 20만 냥, 30만 냥으로 올라갔고 급기야는 50만 냥까지 치솟아버렸다. 그러나 스승이 결코 팔지 말라고 했으므로 결국 돌아오게 되었다. 그가 돌아와서 자초지종을 말하자 스승은 돌멩이를 집으며 말하였다.

"이제 너는 이 돌멩이 값이 보는 사람의 마음먹기에 달려 있다는 것을 알았을 것이다."

---

33) 『선禪』 B.S 라즈니쉬 (옮긴이 길연), 청하 1985

바로 그렇다. 한국인들은 지금 눈이 멀어 있다. 그들은 진짜 보물을 꿰뚫어 보는 진리의 눈을 잃어버린 지 이미 오래이다. 그들에게서 실체의 진위를 꿰뚫어보는 지혜의 눈을 찾아볼 수가 없다. 『한단고기』를 바로 눈앞에 갖다 들이밀어도 그 가치를 알아보지 못한다. 『천부경』을 들이밀어도, 또 『정역』을 들이밀어도, 또 윷놀이를 들이밀어도 그들은 결코 그 가치를 알아보지 못한다. 어느 날 혜자라는 자가 장자를 찾아와 이야기하기를,

"내게 아주 큰 박이 생겼는데 너무 커서 딱히 쓸모가 없더라. 그래서 그것을 깨버렸다."

라고 말했다. 그러자 장자가 말하기를

"송나라에 세탁부가 있었는데 그는 손이 안 트는 약에 대한 비방이 있어서 한 겨울에 차가운 물로 세탁을 해도 손이 트지 않았기 때문에 경쟁력이 있어서 먹고 사는 데 지장이 없었다. 그런데 어느 과객이 지나가다가 그 비방을 거금을 주고 사게 되었다. 그 과객은 오나라 왕에게 이 비방을 다시 팔려고 했는데, 그때가 마침 월나라와 수전을 하려고 준비하던 참이라, 왕이 그 과객에게 장수의 벼슬을 주었다. 그는 장수가 되자 손 안트는 약을 병사들에게 바르게 하였고 결국 전쟁에서 크게 이길 수 있었다. 오나라 왕은 그에게 상으로 땅을 하사하고 영주로 봉하였다."

라고 하였다. 지금 장자의 이 말처럼 모든 것의 가치는 그것을 바라보는 눈에 달려있는 것이다. 그러니 그 큰 박이 문제가 아니라 바로 혜자 네 놈이 문제인 것이다. 윷놀이, 그저 명절날 즐기는 놀이의 하나로 보고 있겠으나, 『천부경』과 윷놀이를 투철한 눈으로 제대로 보게 된다면

그들의 가치를 어찌 지금 이 돌멩이나 손 안트는 약에 비교할 수가 있겠는가! 그들은 모두 지금 정말 장님이 되어 있다. 심청전에 나오는 심 봉사가 눈뜨듯 그들의 눈이 번쩍하고 떠지는 날 그들은 기절초풍하게 될 것이다. 이렇게 소중한 보물들이 바로 그들 곁에 이렇게나 가까이 있었다는 것을 그제야 깨닫고는 깜짝 놀라게 될 것이다. 자신들의 무지가 얼마나 어처구니없는 것이었는지를 그제야 깨닫고 모두들 얼굴이 화끈 거리게 될 것이다.

천부경과 오행

지금까지 주로 『천부경』과 음양, 그리고 『천부경』과 팔괘의 관계를 주로 조명해보았지만, 『천부경』이 또한 오행까지 말해주고 있다는 사실을 집중적으로 살펴보기로 한다. 경문 81자 전체에서 등장하는 5라는 숫자는 단 한번, 이른바 성환오칠이라는 구절에서 등장하게 될 바로 그 5 뿐이다. 그런데 바로 그 5는 무엇을 지칭하는 것일까? 당연히 오행을 말하는 것이다.

그리고 앞에서 보았던 이 그림은 비단 팔괘만 설명하는 것이 아니라, 오행의 존재까지도 넌지시 알려주고 있다. 여기서 2음과 3양이 결혼해서 새로이 만들어지는 5라는 숫자가 중요한데, 그 5라는 숫자 자체는 이미 그 전에 1 · 2 · 3 · 4 라는 것을 그 밑에 전제로 깔고 있는 것이며, 이는 곧 1수 · 2화 · 3목 · 4금, 그리고 여기에 이어서 5토라는 숫자가 성립되는 것이니, 곧 오행의 본원이 바로 여기일 수밖에 없는 것이다. 그림에서 보면 결국 하늘 씨알도 5개이고, 땅 씨알도 5개이고, 사람 씨알도 5개이니, 결국 하늘에 오행이 있고, 땅에도 오행이 있고, 사람에도 오행이 있다는 얘기다. 그런데 이러한 필자의 주장은 과연 문헌적 근거가 있는 말일까? 놀랍게도 문헌적 근거까지도 있다. 가히 정통 주자학의 본원이라고 말할 수 있는 주돈이(1017~1073)의 『태극도설』[34]을 한번 주목해보기로 한다. 『태극도설』은 겨우 200여 자에 불과하지만 가히 일세를 풍미했던 주자학의 밑바탕이라고 일컬을 정도로 그 영향력은 어마어마하다.

"무극이면서 태극이다. 태극이 움직여 양을 낳고 움직임이 극에 달하면 다시 고요해진다. 고요해져 음을 낳고 고요함이 극에 달하면 다시 움직인다. 한번 움직이고 한번 고요한 것이 서로 그 근거가 된다. 양으로 나뉘고 음으로 나뉘어져 양의가 정립된 양이 변화하고 음이 합하여 수 · 화 · 목 · 금 · 토를 낳는다. 오기五氣가 고르게 퍼져 사시四時가 운행된다. 오행은 하나의 음양이고, 음양은 하나의 태극이다. 태극은 무극에 근본 한다. 오행은 생겨날 때에 각각 그 성품을 가진다. 무극의 진체眞體와 이오二五[35]의 정수가 묘합妙合하여 응결되어 건도乾道는 남성적인 것을 이루고, 곤도坤道는 여성적인 것을 이룬다. 이기二氣가 교감하여 만물을 화생化生한다. 만물이 끝임없이 생성되어 변화가 무궁하다. 사람만이 오행의

---

34) 『음양오행이란 무엇인가?』 시에 쏭링 (김홍경, 신하령 공역), 연암출판사 1994
35) 음양오행을 줄인 말이다.

빼어난 기운을 얻어 가장 영묘한 존재가 되었다. 형체가 이미 생기자 정신에서 지혜가 나왔다. 오성五性이 감동하여 선악이 나누어지고, 만사가 그로부터 나온다. 성인은 그것을 중정과 인의로 정리하면서도 고요한 것을 위주로 하여 인극人極을 세웠다. 그러므로 성인은 천지와 그 덕을 합하고, 일월과 그 밝음을 합하며, 사시와 그 질서를 합하고, 귀신과 그 길흉을 합한다. 군자는 그것을 닦아서 길하고, 소인은 그것을 거슬러서 흉하다. 그러므로 '하늘의 도를 세워 음과 양이라고 하고, 땅의 도를 세워 강과 유라고 하고, 사람의 도를 세워 인과 의라고 한다.'고 하였고, 또 '처음을 더듬어서 마지막으로 돌아가기 때문에 죽음과 삶의 이야기를 안다.'고 한 것이다. 크도다. 역이여! 이것이 그 지극한 것이다."

이처럼 주돈이는 태극에서 음양, 그리고 그 다음에 **음양에서 오행이 나왔음**을 분명히 말해주고 있다. 사실 태극이란 용어는 『주역』에서도 이미 언급되어 있는데 반해, 무극이란 용어는 (진희이를 거쳐) 주돈이로부터 본격적으로 회자되기 시작한 것이다. 그 정도로 주돈이는 이 바닥에서 상당한 존재감을 차지하고 있는 인물이다. 이토록 비중 있는 그가 말하기를 10 무극(無)에서 1 태극(有)으로, 태극에서 음양으로, 양이 변화하고 음이 합하여 오행을 낳는다고 말하고 있다. 무슨 말인지 잘 이해가 되지 않는다면 다시 한 번 주요 부분을 짚어보도록 한다.

"양으로 나뉘고 음으로 나뉘어져 양의가 정립된 양이 변화하고 음이 합하여 수·화·목·금·토를 낳는다."

바로 여기서 주장하는 바와 조금 전에 살펴보았던 『천부경』의 전개과정을 서로 비교해본다면, 주돈이가 무슨 말을 하고 있는지를 알아볼 수 있게 된다. 즉 오행이 어디에서 나왔는지를 말해주고 있는데, 그 '어디'에 해당하는 곳이 바로 음양이란 말이다. 조금 더 상세하게 설명하자면 여기서 음양이란 곧 2음과 3양을 말한다. 본서 제1권의 2장에서 살펴본 바 있었던 소위 **음양의 역불역**이란 개념에서 북·동·중앙의

3양과 남·서쪽의 2음으로 설명되었던 바가 바로 이것이다. 그리고 주돈이는 다음 문구에서 한 번 더 명확하게 짚어주는데 이번에는 역순으로 말해준다.

"오행은 하나의 음양이다. 음양은 하나의 태극에 근본하고, 태극은 무극에 근본 한다."

그의 『태극도설』은 너무나 유명하지만, 그에 비해 그것을 정말 속속들이 깊이 있게 이해한 사람은 그리 많지가 않을 것이라고 장담한다. 왜 그럴까? 논리적으로 모순되는 점이 있기 때문이다. 이상하게도 음양 다음에 태양·소양·태음·소음으로 구성된 사상이란 개념을 말해야 할 차례인 것 같은데, 그는 다소 엉뚱하게도 오행을 말해버리고 있기 때문이다. 따라서 의식 있는 많은 사람들은 생각했을 것이다.

'말은 되는 것 같긴 한 데, 머리로는 도저히 이해가 잘 안 되네.'

심정적으로는 이해가 되는데, 논리적으론 이해가 안 되는 것이 바로 이 부분이다. 혹 이런 의문조차 들지 않았다면, 그는 의식 있는 사람이 아니라 의식 없는 돼지(?)가 분명하다. 사람이라면 마땅히 이런 의문이 들어야만 하고, 그 이유를 알고 싶어 안달복달을 하면서 머리를 싸매야 하는 상황이다. 정말 그렇다. 도저히 머리로는 이해가 안 되는 대목이 여기 『태극도설』에 버젓이 적시되어있다.

'그 사람, 혹 미친 사람 아니었을까? 무시해버려?'

한때 필자의 머리를 지끈지끈하게 만들었던 그것, 그것이 바로 주돈이의 『태극도설』이다. 하지만 그가 차지하는 무게감에 비추어볼 때 그냥 적당히 무시해버릴 수 있는 그런 성질의 것이 결코 아니었다. 그런데 그렇게 머리 아프게 하는 바로 그 부분을 이해할 수 있도록 길을 열어주는 기상천외한 해결책이 『천부경』과 윷놀이에 있다. 필자가 『천부경』에서 유추해냈던 바로 그 그림이 지금 주돈이가 주장하는 바와 정확히 일치하는 것이 분명하다. 그가 말하기를 2음과 3양이 결혼해서 5행을 합작해낸다고 하는 것이다.

　"하늘의 음양이 곧 하늘의 오행이고, 땅의 음양이 곧 땅의 오행이고, 사람의 음양이 곧 사람의 오행이다."

　방금 이 말은 그가 빼놓은 부분을 지금 필자가 『천부경』 원리에 입각하여 덧붙여 본 것이다. 이처럼 분명히 그 분께서도 음양과 오행을 말하고 있는데, 다른 이들은 태극·음양·사상·팔괘가 되는 변화 과정, 즉 하나가 둘이 되는 일생이법이 계속 반복되는 것이라고 말해버리는 커다란 사고가 일어났다. 개념이 전해지는 과정 어딘가에서 호도된 것이 분명하다. 태극·음양·사상·팔괘로 변화하는 일련의 과정은 주돈이의 본의가 분명 아니다. 그는 음양이 사상이 되고, 사상이 팔괘가 된다고 말한 적이 없다. 『태극도설』에는 그런 이야기가 적혀 있지 않다. 따라서 그런 일련의 과정은 정통 음양오행이론에서 한참 벗어난 그릇된 관점으로 보아야 한다. 이렇게 그릇된 관점은 과연 어디서부터 기인된 것일까? 그런데 이렇게 엄청나게 큰 대형 사고를 낸 근원은 바로 그 유명한 『주역』 「계사전」이다.

　"역易에 태극이 있으니, 이것이 양의를 생하고, 양의가 사상을 생하고, 사상이 팔괘를 생하니, 팔괘가 길흉을 정하고 길흉이 대업을 생한다."

　엄밀하게 말하면, 『주역』 「계사전」의 이러한 표현이 완전히 틀린 말은 아니다. 자세히 살펴보면, 정말 엄청나게 뚫어져라 자세히 살펴보면, 하늘이 음양이 되는 과정을 양의라고 표현한 것이고, 이후에 땅이

78 •

음양이 되는 과정을 일컬어 사상이라고 표현한 것이고, 이후에 사람이 음양이 되는 과정을 일컬어 팔괘라고 표현한 것이 분명하다. 그렇지만, 이를 모르는 사람들이 보게 되면 전혀 다른 오해를 낳기 때문에 문제가 된다. 천·지·인이 먼저 셋팅되고, 그런 다음에 **하늘이 음·양을 낳고, 땅이 강·유를 낳고, 사람이 인·의를 낳는다고 표현**되어야 오해를 낳지 않는 정확한 표현이 된다.[36] 「계사전」의 이 부분은 이제 이렇게 수정되어야 마땅하다.

"일시무시일이 석삼극으로 천지인을 만들고, 그 천지인이 각각 음양의 둘을 생하니, 이것이 팔괘를 이루어 길흉을 정하고, 길흉이 대업을 생한다."

이렇게 표현되어야 비로소 팔괘를 생하는 정확한 과정이 올바르게 전달되는 동시에 음양과 오행, 팔괘와 오행이 서로 모순 없이 융합되는 길이 열린다. 더군다나, 「계사전」의 표현대로라면, 일생이법으로 분화되는 것이 어찌하여 팔괘에서 멈추어야 하는 지를 논리적으로 설명할 수 없다. 3층으로 음·양효가 중첩된 팔괘 이후에 음·양효가 4층으로 중첩된 16개의 괘상이 얼마든지 허용되고, 음·양효가 5층으로 중첩된 32개의 괘상도 얼마든지 허용된다는 말이 된다. 그런데 이는 당연히 그릇된 관점이다. 그와 같은 경우는 『천부경』 원리에 의해서 결코 허용되지 않는다. 그런데 「계사전」의 논리로는 그 그릇된 길을 막을 도리가 없다. 다시 말해 사이비 이론의 온상이 될 여지가 많다는 말이다. 근본적

---

36) 하늘이 음양을 낳고, 땅이 강유를 낳고, 사람이 인의를 낳는다. 천지인이 똑같이 양의를 낳지만, 그 양의가 음양, 강유, 인의로 구분된다고 한다. 방위로 치자면, 음양은 남북, 강유는 상하, 인의는 동서라고 보면 될 듯하다.

으로 「계사전」의 표현이 사람들로 하여금 그릇된 길로 유인하고 있는 것이다. 하지만 『천부경』이 있음으로 해서 이제 논리적 모순이 극복되었고, 이제야 『태극도설』이 비로소 제대로 빛을 발하기 시작한다. 이제는 머리로도 이해될 수 있는 길이 열렸다. 하지만 그럼에도 불구하고, 주돈이의 말처럼 음·양이 과연 어떻게 오행을 낳는지에 대한 현실적 관점으로 되돌아와 화두를 살펴보면 문제는 여전히 녹록치 않고, 여전히 골치가 아픈 상황이다.

"처음에 씨알 하나가 씨알 2개(음)와 씨알 3개(양)로 나뉘어 이것이 합해서 씨알 5개를 만드니, 5라는 숫자가 되고, 이것이 곧 오행, 즉 다섯 원소를 의미하는 것, 바로 그것이 아니었던가?"

맞는 말이다. 그런데 주돈이는 분명히 음양이 오행을 낳는다고 말했지, 씨알 하나하나가 오행을 이룬다고 말한 것이 아니다. 정말 문제는 음양이 오행을 어떻게 낳을 수 있는 것인가? 바로 이것이다. 음양이 각각 쪼개지면 반드시 사상이 되어야 마땅하다. 그렇다고 음양을 구성하는 씨알 하나하나가 마구 핵분열을 할 수는 없는 노릇이다. 아쉽게도 2음과 3양을 이루는 씨알들은 물질을 이루는 기본 단위인 원자와 같은 개념이 아니다. 따라서 2음과 3양이 쪼개져 씨알 하나하나로, 다시 말해서 5개의 씨알로 쪼개질 수는 없는 노릇이다. 혹은 이전의 상황이었던 일시무시일 1개의 씨알로 다시 되돌아갈 수도 없다. 가역반응에 속하는 것도 아니기 때문이다. 결국 음과 양으로부터 도저히 5행이란 개념이 솟아날 구멍이 잘 보이질 않는다. 그런데 이렇게 막다른 골목에 다다랐을 때와 같은 한계 상황을 극복할 수 있게 해주는 유일한 방안이 바로 윷놀이에서 사용하는 윷가락에서 제시된다. 윷가락 하나하나는 누가 보더라도 분명 음과 양으로 구성되어 있다. 그렇게 음양으로 구성된 윷가락 4개가 도·개·걸·윷·모, 5가지 경우의 수를 명명백백하게 만들어낸다. 주돈이가 말한 그대로 정말로 **음양이 오행을 낳고 있는 것이다.** 주돈이가 생략해놓았던 부분이 바로 일시무시일과 석삼극에 대한 표현이었던 것이다. 이를 생략해놓았기 때문에 뒷사람들이 머리가 지끈지끈 거릴 수밖에 없었던 것이다. 『주역』도 마찬가지이다. 「계사전」만 놓고 보면, 도저히 오행이 설명이 되지를 않는다. 그런데 「설괘전」에 난데없이 천·지·인의 삼재를 적시하고 있고, 바로 거기에 『주역』이 『천부경』원리와 모순 없이 공존할 수 있게 해주는 고리가 묘하게 숨어 있었던 것이다. 아무튼 결론적으로 말할 수 있는 바는 이 모든 것들 위에 군림하면서 이 모든 것들을 아무런 모순 없이 하나로 통합해낼 수 있는 유일한 길이 바로 『천부경』과 윷놀이, 바로 그곳에 있다는 것이다. 지금까지의 이 모든 것, 이 보다 더 명확한 증거가 다시 또 필요할까? 『천부경』은 음양과 오행의 본원이자, 팔괘의 본원이고, 『주역』과 『태극도설』의 본원이기도 한 것이다.

2와 3의 논란

그리고 짚고 넘어가야할 것이 한 가지 더 있는데, 근래 들어 부쩍 뿌리를 자각하는 일들이 더욱 잦아지고 있고 이는 아주 바람직한 일이다. 그러나 그러다보니 여기저기에서 여러 부작용들이 생겨나고 있는데, 그중의 하나가 바로 『천부경』의 3진법 논란이다. 혹자들이 주역의 2진법과 비교해, 우리 겨레는 3진법을 창안했다고 자랑스럽게 주장하는 것을

간혹 보았을 것이다. 그런데 3진법이란 것이 과연 2진법보다 우월하기는
한 것일까? 그럼 3진법보다 4진법, 4진법보다는 5진법이 더 우수하다는
의미? 그와 같은 유아적인 논리로 따지다보면 결국 10진법, 12진법,
60진법으로 귀결되고 말 것인데, 이런 유치한 논쟁들로 아까운 시간들을
허비하고 있는 작금의 상황들이 참으로 안타까울 따름이다. 씨알 하나가
셋으로 분화된다고 했다. 어디에서? 『천부경』에서⋯. 그리고 태극은
양의로 분화한다고 했다. 어디에서? 『주역』에서⋯. 그럼 대체 2로 분화
하는 것이 맞는가? 3으로 분화한다는 것이 맞는가? 어느 쪽이 맞는
건가? 이러한 모순을 극복할 수 있는 뾰족한 방법이 뭐 없을까? 문제를
풀기 위해서는 먼저 질문 자체가 올바른 것인지를 확인해 볼 필요가
있다. 정녕 2와 3이 모순되고 있는 것인가? 지금 그렇다고 고개를 끄덕
끄덕거리는 이들은 기초가 너무 허약한 것은 아닌지에 대해 한번쯤
반성해볼 필요가 있을 것 같다. 가령 그들의 주장과 같이 셋으로 분화한다
는 『천부경』이 이겼다고 치자. 그럼 『주역』은 폐기해야 되는 것일까?
실제로 이렇게 주장하는 작자들도 있다. 정말 어처구니없기가 짝이
없을 정도이다. 대체 『주역』을 알고서 하는 말인지, 그리고 『천부경』은
제대로 파악하고서 하는 말인지⋯, 대체 『주역』의 역사가 지금 몇 천
년인데, 그런 망발들이 감히 튀어나올 수 있는 건지⋯. 그 무모함에
저절로 혀가 내둘러진다. 지네나 잉어 같은 미물조차도 천년을 묵으면
승천하는 용이 된다고들 하지 않는가? 2와 3의 모순을 찾기 전에, 질문
자체를 다시 검토해볼 필요가 있다. 질문을 이렇게 바꾸어보는 것이다.
『천부경』은 정말 3진법을 말하고 있는 것일까? 따지고 보면, 『천부경』에
서 나오는 이 부분, 그러니까 석삼극, 그리고 이어지는 천일일, 천이삼.

바로 이 부분에서 사람들의 오해가 발생된 것이다. 그들이 보았을 때, 『천부경』 창안자는 느닷없이 3진법을 쓰기 시작한 것이다. 천이삼이 나왔으니, 다음에는 반드시 천삼삼이 있을 것이고, 천일일과 천이삼 사이에는 천일이, 천일삼, 천이일, 천이이 등등이 생략된 거라고 본 것이다. 그리고 그들은 이런 식으로 표현한 3진법을 일컬어 '천부경식 3진법'이라고 주장하기 시작했다. 과연 그들의 말처럼 『천부경』은 정녕 3진법을 적어놓았을까? 『천부경』을 한 번 뜯어보기로 하자.

<ruby>一<rt>일</rt>始<rt>시</rt>無<rt>무</rt>始<rt>시</rt>一<rt>일</rt></ruby> 하나의 씨알[37]이 시작되는데, 그 시작된 하나의 씨알이 없다.

<ruby>析<rt>석</rt>三<rt>삼</rt>極<rt>극</rt>無<rt>무</rt>盡<rt>진</rt>本<rt>본</rt></ruby> 쪼개어져서 세 개가 되는데 근본을 다함이 없다.

이렇게 하나가 셋으로 쪼개지는 원리, 우리 선조들은 태양 속에 들어있는 삼족오 그림으로써 이것을 눈으로 보이는 형상으로 형상화해서 표현하였다. 나중에 자세하게 다루게 될 것이다.

<ruby>天<rt>천</rt>一<rt>일</rt>一<rt>일</rt></ruby> 하늘 씨알 하나가 첫 번째이다.

<ruby>地<rt>지</rt>一<rt>일</rt>二<rt>이</rt></ruby> 땅 씨알 하나가 두 번째이다.

<ruby>人<rt>인</rt>一<rt>일</rt>三<rt>삼</rt></ruby> 사람 씨알 하나가 세 번째이다.

최초의 씨알 하나가 셋으로 쪼개지는 양상을 설명하고 있다. 앞에서 석삼극의 원리를 좀 더 자세히 부연 설명해주는 대목이다. 최초의 씨알

---

37) 한 일(一)자를 하나의 씨알이라고 번역하였다.

하나가 세 가지로 나뉜다고 말했고, 그 순서로써 하늘이 가장 먼저 나오고, 땅이 나오고, 그리고 난 다음에 세 번째로 사람과 같은 생명체들이 나온다는 지극히 상식에 가까운 수준의 설명이 이어지고 있는 것이다. 셋으로 나뉘는 과정에 단지 선후의 순서가 있다는 점을 강조해서 설명해 준 것뿐이다. 하늘과 땅조차 없는데, 생명체가 앞서서 나올 수는 없는 노릇이 아니겠는가? 그리고 이어지는 문장, 일적십거무궤화삼. 이 부분에 3진법 숫자가 들어있는가? 그렇지 않다. 여기서 등장하는 1과 10,그리고 3과 같은 숫자들은 모두 명백하게 10진법의 숫자들이다. 그리고 또 이어지는 문제의 부분, 천이삼. 이 부분은 음양병립을 설명한 것이고, 선조들은 달 속에 들어있는 두꺼비가 태양 속에 들어있는 삼족오의 배필로 병립하는 그림으로써 이것을 표상하였다. 고구려의 고분들 속에는 무수히 많게 이 그림들이 그려져 있다. 온통 삼족오와 두꺼비 그림들이다. 그들은 그들의 마지막 영원의 잠자리에서조차도 『천부경』과 함께 하고 싶었던 것이다. 그것이 그들의 마지막 간절한 소망이었다. 수십 년간의 생애를 함께 했던 그 모든 익숙한 것들과의 이별을 뒤로하고 이제 미지의 두려운 곳으로 여행을 떠나야 하는 망자가 기댈 곳은 오직 『천부경』, 그것밖에 없었던 것이다. 『천부경』 속에 그들의 희망과 마음의 위안이 들어있었기 때문일 것이다. 오직 그 속에서만 그들은 안심하고 영면을 취할 수 있었기 때문일 것이다.

天_천**二**_이**三**_삼 하늘 씨알 하나가 2음과 3양으로 나뉘고

地_지**二**_이**三**_삼 땅 씨알 하나가 2음과 3양으로 나뉘고

人_인**二**_이**三**_삼 사람 씨알 하나가 2음과 3양으로 나뉜다.

지금까지 필자가 설명한 부분 중, 대체 어느 곳에 3진법이 들어있다는 것일까? 소위 2음과 3양이 나뉜다는 이 부분에서, 2와 3이라고 하는 요소들이 3진법 숫자들일까? 결코 아니다. 이들은 모두 10진법의 숫자들이고, 10진법에서 2와 3이 각각 음양을 대표하는 최소 작용수인 것이다. 다른 부분들도 자세히 살펴보자. 대삼합육이라는 문구에서 6이라는 숫자는 3진법 숫자가 아니다. 이어지는 생칠팔구? 이 또한 3진법 숫자가 아니다. 운삼사? 이것도 아니다. 이어지는 성환오칠에서 나오는 5와 7이라는 숫자도 3진법이 아니다. 이들은 모두 10진법 숫자들이다. 심지어 맨 앞부분에 나왔던 석삼극 구절의 3이라는 숫자도 10진법에서의 숫자 3을 의미한다. 대체 경문 어느 곳, 어느 구절에 3진법이 들어있다는 말인가? 필자가 잘못 본 것일까? 삼족오와 두꺼비는 『천부경』과 전혀 관계가 없는 것들일까? 필자가 해석을 잘못한 것일까? 아니다. 결코 그런 것이 아니다. 『천부경』은 3진법을 적어놓은 것이 아니다. 그들이 오해한 것이다. 천일이, 천일삼, 천이일, 천이이, 천이삼, 지삼삼, 인삼삼, 이런 것들은 그들이 환상 속에서 허깨비를 본 것이다. 그들이 잘못 본 하나의 신기루에 불과한 것들이다. 애초에 『천부경』은 3진법을 논한 적이 단 한 번도 없었다. 단지 하나와 셋을 논했을 뿐인데, 그들이 이 부분을 침소봉대해서 3진법 이론에다가 죄다 끼워 맞춰놓은 것이다. 이토록 허점이 많은 그들의 논리가 아직도 버젓이 시중의 서점가를 떠돌고, 인터넷을 물들이고, 또 세상 사람들이 이런 것들에 현혹되고…, 참으로 이해하기 어렵고 안타까운 일이다. 그리고 석삼극의 3과 일생이 법의 2가 모순되는 것일까? 『천부경』과 윷놀이 안에서 3과 2, 그 사이에 어떤 모순이 있을까? 천·지·인으로 분화하는 석삼극 원리와 음·양으로 분화하는 일생이법 원리가 서로 완벽하게 조화를 이루어내고 있다. 더 이상의 무슨 말이 더 필요할까? 3양과 2음은 서로 뗄 수가 없는 불가분의 짝이니, 『천부경』은 3과 2를 모두 말하고 있는 것이다. 사람들이 흔히 착각하는 것 중의 하나가 바로 주역이 0과 1로 이루어지는 2분법 체계로 인식한다는 사실이다. 그러나 알고 보면 0과 1이 아니라 2음과 3양으로 이루어진 음양론이었던 것이고, 더 나아가 천지인 삼위가 합해서 만들어지는 6음과 9양의 음양론이었던 것이다. 그것이 서양의 2진법 체계와 그 결과가 놀라울 정도로 유사한 것이었기에 빚어진 하나의 해프닝에 불과하다. 그리고 최근에 불거지고 있는 소위 남방의 2수론 문화니, 북방의 3수론 문화니 하는 것들도 모두 부질없는 허상을 보고 있는 것이다. 천부경이 나타난 이래 2음과 3양은 결코 서로 뗄 수가 없는 하나의 짝이었던 것이고, 2음과 3양 중에서 단지 무엇을 더 앞세웠느냐 하는 점에서만 약간의 차이를 보이는 것이다. 이는 물질보다 정신이 고귀하다고 생각하고 정신을 추구하던 고대 서양인들과 고귀한 정신보다는 유용한 물질 쪽에 관심을 기울이던 근대 서양인들의 차이와 완전히 유사하다. 똑같은 하나의 사상체계 안에서 단지 어느 쪽에 더 관심을 두느냐는 점에서만 차이를 보이는 것뿐이라는 것이다.

2 대삼합육

소위 대삼합육이란 용어는 경문 81자를 통틀어 가장 핵심적인 메시지

가 들어있다. 이렇게 중요한 데도 종래의 해설서들을 보면 이 용어를
풀이할 때 보통 천·지·인의 1 + 2 + 3 = 6 이라고 설명하고 말아버린다.
물론 잘못된 설명은 아니다. 그런데 그렇게 설명하고 말아버리면, 그
뒤에 남는 것이 별로 없게 된다는 것이 문제이다. 그 뒤에 곧바로 이어지
는 7·8·9의 의미가 도통 뭔지를 알 수가 없게 된다. 이 또한 잘못된
첫 단추가 그 원인이라 해야 할 것이다. 알고 보면 이 문구에『천부경』의
핵심이 비장되어 있는데, 그 좋은 비경을 구경도 못하고 그냥 설렁설렁
지나간 꼴이 된다. 비유컨대 모처럼 큰 맘 먹고 좋은 여행을 갔다가
삼류 여행사의 횡포로 좋은 구경을 망치는 경우라고나 할까?

천부경 코드

거기서 멈추지 말고 반드시 한 발짝 더 나아가야 한다. 필자는 대삼합육
에 대해 다음과 같이 대략 두 가지 해설을 덧붙이고 싶다.

大三合六 (첫 번째 풀이는) 6에서 세 가지가 크게 합한다. 그리고 (두
번째 풀이는) 처음부터 6까지 크게 합한다.

설명에 앞서 무엇보다도 먼저 한
가지 부언해두고 싶은 것은 놀랍게
도 대삼합육이란 개념을 표상하는
실체적 물상이 존재한다는 사실이
다. 정말 놀랍게도 매우 좋은 상징

이 실존하고 있고, 지금부터 그것을 소개해보려고 한다. 눈을 들어 북쪽 밤하늘을 올려다보자. 북반구에 사는 지구인이라면 누구나 친숙하게 여기는 바로 그 별자리, 북두칠성이다. 머리 부분과 자리 부분을 합친 7개의 별이다. 그 7개의 별 중에서 제일 첫 머리에 있는 별을 제1성이라고 부르고, 순서대로 번호를 붙여서 자루 맨 끝에 있는 별을 제7성이라고 부른다. 제1성부터 순서대로 천추성 · 천선성 · 천기성 ·

천권성 · 옥형성 · 개양성 · 요광성으로 불린다. 여기서는 그중 **제6성인 개양성(開陽星)**에 초점을 맞추기로 한다. 개양성은 양을 연다는 의미를 갖고 있다. 양(陽)을 연다? 아마도 양기를 열어, 양기를 방출한다는 뜻을 그렇게 표현한 것으로 보인다. 그런데 이 별은 단성

이 아니라 이중성(二重星)이라는 내용으로 모 방송국에서 특집 다큐멘터리를 진행했던 것이 기억난다. 실제로 제6성인 개양성은 서구에선 미자르(Mizar)라 불렸던 별이고, 단일한 별이 아니라 이중성에 해당한다. 눈 좋은 사람에겐 그와 나란히 늘어선 별 하나, 이를 동양에선 좌보(左輔)라고 불렀고, 서구에서는 알코르(Alcor)라고 불렀다. 고대 로마에서는 장교 지망생을 평가하는 하나의 방법으로 이 알코르라는 별을 볼 수 있는지를 따져서 판단하기도 했다. 알코르를 볼 수 있으면 합격이고, 볼 수 없으면 불합격이었다. 그러나 이는 서구인들의 시력일 뿐이고, 우리 선조들은 이들보다 시력이 훨씬 좋았던 것 같다. 아마 지금의 몽고인들만큼 좋았던 것으로 보인다. 시야가 탁 트인 곳에서 사는 현대

몽고인들의 시력을 측정해보면 2.0이 아니라 무려 6.0까지 나온다니
말이다. 그래서 우리 선조들은 개양
성 근처에서 별 하나를 더 찾을 수
있어야 했다. 실제로 지금도 천체
망원경으로 관측해보면 그림과 같
이 개양성 옆에 알코르 외에도 별
하나가 더 반짝반짝 빛나고 있다.

정밀 분광기를 동원해야 관측이 될 수 있을 정도로 찾기가 어려운
별이 실제로 하나 더 개양성 근처에 있는 것이다. 그리고 그 별의 이름은
우필(右弼)[38]이었다! 좌보와 우필은 이름 그대로 개양성을 좌우에서
보필한다는 의미를 갖고 있다. 이렇게 찾기도 어려운 별을 굳이 개양성
근처에서 찾아내야만 했던 그 이유가 대체 무엇이었을까? 그 이유는
『천부경』의 철학이 아니라면 도저히 상상조차 어려운 일이었을 것이다.
개양성 근처에서 놀랍게도 경문에서 말하는 대삼합이 실제로 실현되고
있는 것이다. 개양성·좌보·우필이 바로 대삼합의 당사자들이다. 여기
서 **합合**이라는 글자는 앞서 보았던 석삼극의 **석析**자와 완전히 대대관계
를 이루는 글자이다. 석삼극에서 셋으로 갈라졌던 삼극이 이제 개양성
자리에서 삼위일체를 이루는 것을 상징한다. 이렇게 해서 북두구성이
북두칠성과 그 의미가 완전히 같아지게 된다. 북쪽 하늘에 남다르게
떠있는 이 7개의 별 (때로는 7성으로 보고 때로는 9성으로 보기도 하는), 이

---

38) 우필의 정확한 위치는 문헌에 없다. 지금 표시한 것은 필자의 추정이다. 고대에는
우필이라는 별을 실제로 보는 사람은 장수한다는 속설이 있기도 했다고 한다.
굉장히 작은 별이었을 것으로 추정되는 우필까지 볼 수 있을 정도로 밝은 시력을
가졌다면, 아마도 신체적으로 건강할 확률이 높았을 것이다.

제6장: 천부경 ● 89

천체의 구조물을 철학적 상징체로 이해하게 만들어주는 유일한 사용
설명서 같은 것이 바로 『천부경』이다. 경문 도입부에 있었던 용어 석삼
극, 그로 인해 1개가 3개가 되었었다. 그리고 이제 대삼합으로 삼위일체
로 되돌아가는 이 문제의 핵심코드를 겨레의 삼성三聖들께선 북두칠성
의 개양성으로 해결을 보았던 것이다. 굳이 맨눈으로는 잘 보이지도
않는 별까지 들먹여가면서 제6성인 개양성이 바로 삼위일체의 형상을
갖도록 표상해놓았던 것이다.

그런데 하필이면 어찌하여 제6성인 개양성39)이었을까? 코드 하나를
더 붙어 놓았다. **대삼합육**, 이왕이면 6에 해당되면 더 좋았다. 『천부경』에
비장된 핵심코드는 사실 6이라고 해도 과언이 아닐 정도이다. 개양성·
좌보·우필, 이들의 삼위일체는 곧 다시 말해서 천2·지2·인2의 삼위일
체라고도 생각할 수 있다. 또한 동시에 천1·지2·인3의 삼위일체로
생각할 수도 있다. 그렇게 하여, 그 어렵던 『천부경』의 코드들을 개양성
하나로 말끔하게 해결을 보았던 것이니, 탄복할 수밖에 없는 놀라운
지혜가 아닐 수 없다. 또한 여기에는 남두육성이란 별자리를 지명하는
비장의 이미지까지 들어있고, 그리고 그 속에서 놀라운 동서양의 예언들

---

39) 여기에 대한 또 다른 가능성 하나를 소개한다. 제7성인 요광성을 오히려 맨 처음의
제1성으로 보는 관법을 생각해볼 수 있다. 십일도에서 처음과 마지막이 따로
정해진 것이 없듯이 북두칠성도 사실 어느 쪽이 반드시 처음이어야 한다고 정해진
것은 없었을 것이다. 이런 열린 마음으로 북두칠성을 바라보면, 요광성이 오히려
일시무시일의 하나가 되고, 제2성인 개양성에서 석삼극이 이루어진다고 볼 수도
있다. 바로 이것이 어쩌면 공교롭게도 제6성에서 대삼합이 이루어지는 이치일
수도 있다. 석삼극이 된 자리에서 대삼합도 이루어져야 한다고 보았을 가능성이
있다는 것이다.

이 하나가 되어 만난다. 나중에 따로 조명해보기로 한다. 옛날 중국의 도가에서도 『천부경』의 영향을 받아, 북두칠성을 일곱 현자와 두 명의 은자가 주관하는 칠현이은(七賢二隱)의 별이라 상상했다. 그들은 보이지 않는 두 별의 가세가 있어야 만이 완벽한 우주질서를 표상한다고 보았다. 보이는 현상의 세계가 전부가 아니라는 것이다. 보이지 않는 차원에서 작용하는 그 무언가의 존재까지 정확히 인식할 때 비로소 우주 질서를 올바로 포착할 수 있다는 것이 그들 도가의 생각이었다. 오늘날 물리학자들도 이와 똑같은 생각들을 하고 있으니 참으로 아이러니 하지 않을 수 없다. 암흑 물질과 암흑에너지를 비롯하여 미립자들의 세계에서 벌어지는 각종 보이지 않는 작용들이 더욱 중요시되고 있는 기이한 현상들이 벌어지고 있다. 그런데 이와 같은 도가의 생각은 그들 스스로가 만들어낸 자작품이었을까? 필자의 생각은 전혀 그렇지가 않다고 본다. 그들의 그런 생각의 그 밑바탕, 그 근저에는 반드시 『천부경』이 자리하고 있었을 것이다. 모름지기 중국의 도가 사상가들은 아마도 『천부경』 창안자를 깊이 존경하고 있었을 것이다. 그 유명한 노자의 『도덕경』 81장도 따지고 보면 『천부경』 81자의 오마쥬[40]인 셈이 아니겠는가!

---

40) 존경의 표시로 다른 작품의 주요 장면이나 대사를 인용하는 것을 말한다. 프랑스어로 존경, 경의를 뜻하는 말이다. 영향을 받은 작품의 특정 장면을 자신의 작품에 응용하거나 존경하는 감독의 장면을 자신의 작품 속에 삽입하여 존경을 표한다. 예를 들면, 미국 영화감독 알프레드 히치콕의 영향을 받은 브라이언 드 팔마는 히치콕의 영화를 참고하여 그에 대한 존경을 표현하였다. 브라이언 드 팔마는 히치콕의 스릴러 영화 《사이코 Psycho》(1960)에 등장하는 욕실의 샤워 살인 장면을 《드레스드 투 킬 Dressed To Kill》(1980)에서 그대로 오마쥬하였다.

6六에서 크게 합함

누가 말했던가? 사람은 도구의 동물이라고…. 도구를 사용했기 때문에 동물 중에서 최고로 영리한 영장류가 될 수 있었다고…. 맞는 말이다. 모름지기 사람이라면 도구를 사용할 줄 알아야 한다. 도구를 사용할 줄 모르면, 개나 돼지와 그다지 차이가 없었을 지도 모른다. 마샬 맥루한이란 이가 다음과 같이 말했다.

"우리는 도구를 만들었고, 도구는 다시 우리를 만든다."

가령 자동차 바퀴를 분해해야 하는데, 렌치나 스패너 같은 도구가 없다면 과연 분해가 가능할까? 생각만 해두 아찔해진다. 『천부경』도 마찬가지이다. 동양 정신의 결정체라고 일컬어질 정도로 고도의 철학을 함축하고 있다는 경전을 풀이하는데, 감히 아무런 도구도 없이 맨 몸으로 덤벼드신다? 그야말로 미친 짓이다. 알아보는 사람이 없으니 다행히 망신을 면하는 것이지, (알아보는 사람이 있다면) 백주 대낮에 어리석고 미친놈이라는 소리를 면할 수 없을 것이다. 『천부경』을 풀기 위해선 반드시 도구들이 필요하다. 도구가 아니라, 도구들이 필요하다. 필자가 이제 그 시연을 해보일 것이다. '『천부경』은 이렇게 푸는 것이다.'라고 말이다. 이미 십일도 · 윷놀이 · 북두칠성 등을 유용하게 사용해왔지만, 이것만 가지고도 아직 역부족이다. 동원 가능한 연장들을 모두 총동원해야만 비로소 제대로 된 풀이가 가능해진다. 그래서 이번에는 소위 천부팔괘라는 것을 사용해보려고 한다.

천부팔괘(天符八卦) 배열의 차서도								
1	2	3	4	5	6	7	8	9
☷	☵	☳	☶	☲	☴	☶	☱	☰

아주 먼 오랜 옛날, 호랑이가 담배피던(?) 시절부터 위에 보이는 도표와 같은 팔괘 배열이 하나 전해져 내려오고 있다. 그러나 그 누구도 이것의 유래와 용처, 그리고 그 원리를 속 시원하게 설명해주질 못한다. 그것이 중요하지 않으면, 뭐 그러거나 말거나, 대수롭지 않게 넘어가면 그만인데, 문제는 이놈의 것이 워낙 중요하다는 것이다. 그렇다보니 또 그렇게 슬그머니 지나칠 수도 없는 노릇이다. 흔히 이 팔괘 배열을 대정수 배열이라고 부른다. 사용 설명서가 사라진 고성능 전자제품이라고 비유하면 이해가 쉬울까? 필자는 이를 천부팔괘라고 부르고자 한다. 그 이유도 이제 곧 드러나게 될 것이다. 이제 이 천부팔괘와 더불어 『천부경』의 상관관계를 살펴보기로 한다. 앞에서 이미 우리는 북두칠성에는 일련번호들이 정해져 있다는 것을 알았다. 그리 어렵지 않으니 이해했다고 믿고 계속 진행하기로 한다. 그런데 때마침 천부팔괘에도 숫자들이 하나씩 배정되어 있다. 따라서 서로 짝 짓기를 하는 데는 전혀 무리가 없어 보인다. 북두칠성의 제6 번 별, 개양성의 좌우에는 좌 보와 우필이라는 별들이 제8, 제9성으로 암암리에 포진하고 있다는 점만 주의하면 이

젠 만사 오케이라 해도 좋을 듯하다. 뭐 그리 어렵지가 않다. 그렇게 해서 나온 것이 위의 그림이다. 멋진 그림이 하나 등장했으니, 이제 이를 음미해 볼 차례이다. 우선 간괘(☶)가 제일 먼저 등장하는데, 이것의 상징은 소남, 그러니까 작은 남자라는 의미이다. 필자는 우선 이를 작은 아이, 굉장히 작은 갓난아이라고 번역하고자 한다. 북극성에서

일시무시일로 시작된 씨알 하나가 하늘나라에서 최초로 이승으로 오는 배를 타고서 도착하는 부분이 바로 이 간괘의 자리이다. 이제 갓 태어났으니 당연히 작은 아이가 아니겠는가? 그놈이 태어나서 작은 방안에서 자라난다. 틈만 나면 엄마의 젖을 먹고, 그리고는 이내 새근새근 잘도 잔다. 기저귀만 잘 갈아주고, 때마다 젖만 잘 물려주면, 나머지는 새근새근 잠자는 것이 주요 일과이다. 그리고 이따금씩 기분이 좋아질 때면 생글생글 한번씩 씩 웃어준다. 이 웃는 모습에 힘들어하던 엄마와 아빠가 자지러진다. 바로 태괘의 때를 지날 때다. 태괘(☱)의 상징은 작은 방이기도 하고, 웃는 모습이기도 하다. 때로는 깜짝깜짝 놀라는, 이른바 경기하는 아이도 있는데, 이 또한 태괘의 상징이기도 한다. 작은 방, 즐거움, 놀람, 이 모두가 태괘가 상징하는 바이다. 다음은 무럭무럭 자라서 달이 가고 해가 간다. 여기서 달이라 함은 감괘(☵)를 의미한다. 나중에 정역을 설명하면서 신물이 날 정도로 다루게 되니, 여기에선 가볍게 지나치기로 한다. 감괘(☵)가 달이니, 이괘(☲)는 해가 된다. 이렇게 감괘와 이괘를 달이 가고, 해가 간다고 간단하게 정리했다.

다음에 등장하는 녀석은 진괘(☳)이다. 다 큰 청년이 되어서 제법 늠름한 형상을 갖추게 되었다. 결혼할 때가 된 것이다. 5라는 숫자는 결혼을 의미한다고 피타고라스가 목구멍에 피가 터지도록 오래전부터 외쳐오던 바이다.[41] 그러니 이 또한 믿어도 좋을 것이다.

그리고 다음은 이제 드디어 제6번째 별, 개양성에 배당된 손괘(☴)이다. 손괘의 형상은 대삼합육, 즉 남자와 여자가 결혼해서 아이를 갖게 된다는 것을 상징한다. 태극하도에서 살펴보았던 바와 같이 양 1과, 음 2가 태극하도의 중심에서 만나고, 그렇게 해서 음과 양의 합작으로 나오는 새로운 어린 사람이 바로 3이다. 이렇게 해서 간단하게 6이 된다. 아버지와 어머니가 그 아이를 좌우에서 보필해주고 있는 형상이다. 하늘 건괘(☰)는 아버지이고, 땅 곤괘(☷)는 어머니이니, 부모의 극진한 보살핌을 받는 아이를 말하는 것이다. 손괘(☴)는 또한 바람이기도 하다. 그런데 여기서 등장하는 바람? 이 또한 의미심장하기 그지없다. 바람은 바로 풍이족, 우리 겨레의 이름이다. 우리 겨레를 부르는 이름의 뿌리가 바로 이 자리에 있다. 그리고 좌우에서 호위하듯이 하늘과 땅이 풍이족을 보필해주고 있는 형상이다. 지금 이렇게 말하는 필자의 말이

41) 고대로부터 우리 겨레는 5월 5일 단오날이 되면, 남자는 씨름을 하고, 여자는 그네타기를 하는 풍습이 있었다. 결혼을 의미하는 숫자 5가 둘이나 겹치는 날을 그냥 넘어 갔을 리가 만무했을 것이다. 이날 남자들은 씨름을 겨루면서 남자 중의 남자를 뽑았고, 여자들은 그네타기를 하면서 여자 중의 여자를 뽑았다. 여자들의 놀이 그네타기라는 이름자체에서 그네라는 것도 나그네라는 말에서 나왔다고 보기도 한다. 나그네란 것은 남자를 뜻한다. 다시 말해서 소위 그네타기 놀이란 남자 중의 남자를 상으로 타는 여자 중의 여자를 뽑는 놀이가 아니었겠는가! 그리고 보면, 씨름이란 말에도 의미가 있을 것 같다. 여기서 씨름은 아마도 씨 좋은 남자를 겨룬다는 의미가 아닌가 싶다.

지나치게 과장해서 아무렇게나 갖다 붙이는 것으로 느껴질 수도 있을 것이다. 하지만 우리 겨레는 오래전부터 자신들이 바로 천신의 직계자손이라는 자부심과, 항상 천신과 지신이 자신들을 돌보아 준다고 하는 믿음을 가지고 있었다. 그렇기에 전 세계 그 어느 인종의 사람들과 만나더라도 항상 당당할 수가 있었고, 이렇게 당당한 우리 조상들의 자부심을 다른 인종들도 인정하지 않을 수 없었다. 실제로 『삼국유사』에 한민족(韓民族)은 천신天神의 피를 받은 천손天孫이라는 기록이 남아있다. 중국의 고서 『산해경(山海經)』에도

"한민족(韓民族)은 천신의 양육을 받는다."

는 기록이 있다. 그 뿐만이 아니다. 중국의 다른 고서 『독단(獨斷)』이란 책에도

"한민족(韓民族)은 천신天神과 지신地神의 피를 받았다."

고 적혀있다. 후한의 채옹[42]은 다음과 같은 말도 했다.

"천자라는 말은 동이에서 시작되었는데, 그 풍속이 하늘을 아버지로, 땅을 어머니로 해서 태어났기 때문에 **하늘의 자손**이라고 한 것이다.(天子之各號 始於東夷 其俗 父天母地 故曰天子)"

고 기록되어 있는데, 이렇게 말할 수 있는 근거가 과연 무엇일까? 필자는 그렇게 말할 수 있는 원천적 뿌리가 지금 『천부경』과 북두칠성에서 재발견되고 있다고 믿고 있다. 『천부경』과 북두칠성에 의하면, 풍이족 사람들은 확실히 하늘과 땅의 각별한 보살핌을 받고 있는 것이 확실하다.

---

42) 채옹(蔡邕, 132~192)은 후한 말기의 학자. 자는 백개(伯喈). 연주(兗州) 진류군(陳留郡) 어현(圉縣) 사람이다. 학문과 글씨에 명성이 높았다. 서예의 기법인 영자팔법의 고안자라고도 알려져 있다. 훗날 서진 초의 명장 양호(羊祜)의 외할아버지이기도 하다. 또 방계 증손자로 채표(蔡豹, 字士宣) 등이 있다.

스스로 자부심을 갖고, 줏대를 세우고, 당당한 얼굴로 전 세계를 누비고
다닐 자격이 충분히 있는 사람들이다. 어쩌다가 오늘날 자신들의 자랑스
러운 근본을 깡그리 망각하게 된 건지, 그 긴 풍상의 시간들과 그 속에
절절하게 녹아들어있을 한 서린 사연들이 원망스럽기만 하지만, 사실은
저 하늘의 북두칠성이 단 한 순간도 빼놓지 않고 매순간 우리들에게
당신들은 천손의 자손이고, 하늘과 땅이 당신들을 영원히 보살펴주고
있다는 것을 말없이 얘기해주고 있었다. 왜 그럴까? 어찌하여 북두칠성
이 유독 풍이족에게만 이렇게 속삭이고 있었던 것일까? 거기에는 이유가
있다. 대삼합육 자리는 지구와 인류 전체의 미래를 짊어지고 있는 자리이
기 때문이다. 대삼합육에서 6이란 숫자는, 또한 하늘의 음2, 땅의 음2,
그리고 사람의 음2, 이렇게 천·지·인의 음2가 크게 합해져 큰 음이
되는 6이기도 하다. 이것이 의미하는 바는 의외로 매우 중대하다. 6이란
숫자는 주역에서 9라는 숫자와 음양의 대대관계를 이루는 매우 중요한
지위를 차지하는 숫자이다. 한마디로 『주역』이라 함은 음6과 양9가
그려나가는 하모니라고 정의할 수 있을 정도이다. 일음일양지위도라는
말이 『역경』에 적혀있으니 말이다. 한번 음했다가 한번 양하는 것을
일컬어 도道라고 한다. 이것이 일음일양지위도의 뜻이다. 쉽게 말해서
한번 6이었다가 한번 9인 것이 도인 것이다. 도라는 것도 이렇게 알고
보면 참 쉬운 것이다. 그리고 지금까지의 선천이 양이 주관한 9의 시대였
다면, 이제 곧 머지않아 들이닥칠 후천은 바로 6이 주관하는 음의 시대이
다. 한번 9했으니, 다음번은 반드시 6해야 하는 것이 자연의 이치이다.
따라서 나중에 알게 되겠지만, 『정역』에서 낙서 6궁의 자리를 차지하게
되는 진괘(☳)가 바로 후천의 핵심 팔괘가 된다. 진괘는 본래 용이란

동물을 상징한다. 여기서 6과 진괘가 합해서 여섯 마리의 용이라는 이미지를 만들어 낸다. 『주역』에서 으뜸이 되는 건괘(☰)가 표상하는 시승육룡(時昇六龍), 바로 그 육룡이 바야흐로 때를 만나 승천하는 자리가 바로 이 자리인 것이다. 이처럼 『주역』으로 보아도 6은 후천을 주관하는 것이고, 『정역』으로 보아도 6은 후천의 중요한 동량이 되는 위치이니, 어찌 하늘과 땅이 그 자리를 잠시라도 소홀히 할 수 있었겠는가! 혹여나 자빠질까, 혹여나 부서질까, 노심초사 애지중지해가며 하늘과 땅이 합심하여 밤낮으로 소중하게 쉬쉬하며 감추고 감추었던 보물같은 자리가 바로 이 자리이니, 『천부경』의 핵심이요, 북두칠성의 핵심이, 바로 여기, 바로 이 자리인 것이다.

손괘(☴)는 아이를 낳게 되고, 이렇게 얻게 된 새 아이는 다시 간괘(☶)이다. 처음 북극성에서 나온 간괘(☶)는 바로 자신이었고, 그 자신이 장성해서 낳게 되는 아이는 제7번째의 별에 배당된 간괘(☶)이다. 그리고 8번째의 곤괘(☷)는 땅이면서 엄마이기도 하고, 열심히 일하는 것을 의미하기도 한다. 9번째의 건괘(☰)는 하늘이면서 아빠이기도 하고, 높은 자리를 의미하기도 한다. 놀라운 한 가족의 역사가 『천부경』 속에 담겨 있었던 것일까? 가장 작은 간괘(☶)에서 가장 큰 건괘(☰)로 끝난다. 그리고 무엇보다도 대삼합육 자리, 세 가지가 크게 합하는 자리에서 손괘(☴)를 보필하는 팔괘들이 바로 건괘와 곤괘인 것을 절대 놓치지 말아야 한다. 앞에서 설명한 바와 같이 천·지·인의 대삼합이 지금 팔괘를 통해서 실제로 실현된 것이다. 건괘는 하늘이고, 곤괘는 땅이다. 이들이 6의 자리에 있는 손괘를 좌우에서 보필한다. 여기서 손괘는 바로 풍이족 사람일 것이다. 음양이 합일해서 만들어낸 새로운 씨알 하나. 북두칠성 6번째 자리에서 바로 천·지·인의 대삼합이 형성되는 것이다.

6六까지 크게 합함

이번에는 두 번째 풀이이다. 이를 이해하기 위해서 먼저 알아야 할 것이 하나 있다. 다음에 보이는 십일도에서 천정의 눈금 이외에 오른쪽 축의 숫자를 알아야 한다고 했었지만 이제 또 한 가지, 이번에는 대각선의 숫자를 알아야 한다. 사람들이 중요한 이 수리 개념을 몰랐기 때문에 『천부경』을 깊숙하게 이해할 수가 없었던 것이다. 그리고 이런 방식의 수리 개념은 놀랍게도 『정역』 「십일일언」에서 등장한다. 이 상황을 뭐라고 이야기해야 할까? 『정역』으로 『천부경』을 풀이한다고나 할까? 『정역』과 『천부경』이 상기의 수리 개념으로 서로 긴밀한 관계를 맺고 있다. 앞으로 다루게 될 『정역』, 그것을 풀이하면서 사용하게 될 도구가 지금 『천부경』을 풀이하면서 사용하는 도구와 서로 완전히 일치한다. 어찌하여 이런 일이 일어나는지 그것은 잘 모르겠다. 서로가 긴밀하게 연결되지 않고는 도저히 일어날 수 없는 일이라 생각될 뿐이다. 그림에 표시된 대각선 숫자들을 중심으로 파란색 고리로 연결된 돌들의 총 숫자를 세어볼 필요가 있다. 가령 10이란

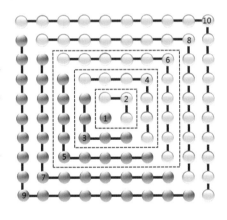

숫자는 총 19개의 돌들이 서로 파란색 고리로 연결되어 있고, 그 한 가운데에 10이 위치하고 있음을 볼 수 있다. 이를 가운데 중中이란 글자를 사용하여 19의 中이라고 표현하기로 한다. 다시 말해서 19의 중은 10이라고 표현하는 것이다. 그렇게 하면 이제 다음과 같이 정리할 수 있게 된다.

> 1은 1의 중中이고, 2는 3의 중中이고,
> 3은 5의 중中이고, 4는 7의 중中이고,
> 5는 9의 중中이고, 6은 11의 중中이고,
> 7은 13의 중中이고, 8은 15의 중中이고,
> 9은 17의 중中이고, 10은 19의 중中이다.

이와 똑같은 의미의 문장이 『정역』에서 다시 한 번 더 소개될 예정이다. 이 개념도 필자가 임의대로 막 지어낸 것이 아니라, 그 문헌적 근거가 분명히 있다는 것이다. 그런데 이 개념을 모르면, 놀랍게도 『천부경』의 비의를 풀어낼 수가 없다. 물론 『정역』도 마찬가지이다. 그동안 대삼합 육이란 구절을 거의 모든 『천부경』 해설자들이 천·지·인, 즉 1·2·3 이 합한다고 해설하고 말아 버렸다. 하지만 놓치지 말아야 할 것이 대삼합에는 제1천·제2천·제3천을 크게 합한다는 의미도 있다는 점이다. 앞에서 제2천까지 언급하였고, 지금 대삼합이라는 구절에서 제3천을 언급하고 있는 중이다. 앞 페이지 빨간색 네모의 안쪽을 잘 살펴보면 쉽게 이해가 갈 것이다.

> (1의 중)인 1과 (3의 중)인 2가 제1천이고,
> (5의 중)인 3과 (7의 중)인 4가 제2천이고,
> (9의 중)인 5와 (11의 중)인 6이 제3천이다.

그렇다면 대삼합육에서, 대삼합이란 용어 뒤에 붙어있는 6이란 것은 또 무엇인가? <u>무無에서 시작한 처음부터 제6의 자리까지 크게 합한다는 의미</u>라는 말이다. 좀 더 자세히 설명하면 지금까지 천부경은 무無에서 일시무시일로 하나의 씨알이 나오고, 이것이 석삼극이 되면서 제1천이 만들어졌고 무궤화삼을 거쳐 제2천으로 팽창하였고, 이제 제3천까지 팽창하게 되었으니, 지금까지 행해진 그 모든 것들을 모두 다 크게 합하라고 『천부경』은 말해주고 있다. 경문이 시키는 그대로 해보자.

무극 + 제1천 + 제2천 + 제3천
$$= [10] + [1 + 2] + [3 + 4] + [5 + 6]$$
$$= [19中] + [1中 + 3中] + [5中 + 7中] + [9中 + 11中]$$
$$\rightarrow 55 \ (여기서, 55는 하도의 수)$$

여기까지가 바로 대삼합육이다. 이처럼 지금까지 등장한 삼천參天의 수를 모두 합하고 보면 놀랍게도 하도의 숫자 55가 나온다. 따지고 보면, 하도란 것이 본래 하늘을 상징하는 것이 아니던가! 하도가 하늘이고, 하도가 또한 삼천대계였던 것이다. 삼천대계라는 말은 흔히 많이들 들어보았겠지만, 여기서 언급되는 삼천이란 것이 곧 하도였다는 것은 아마 이 세상 그 누구도 몰랐을 것이다. 그리고 경문에서 그 다음에 이어지는 문구는 생칠팔구이다. 흔히들 삼천양지라는 말을 많이 들었을 것이다. 하늘이 셋이고, 땅이 둘이라는 의미가 바로 삼천양지인데, 이제 곧 삼천양지, 그 본체를 보게 될 것이다.

生七八九 7·8·9를 낳는다.

제6장: 천부경 • 101

앞의 문장과 합해서 읽어보면 대삼합육이 7 · 8 · 9를 낳는다고 한다. 삼천대계 하도의 숫자 55가 생한다는 7 · 8 · 9는 대체 무엇일까?

7 + 8 + 9 = [13의 中] + [15의 中] + [17의 中]
     → **45** (여기서, 45는 낙서의 수)

이번에는 놀랍게도 낙서의 숫자가 나온다. 따라서 대삼합육, 그리고 생칠팔구라는 것은 하도가 낙서를 생한다는 의미이고, 삼천의 하늘이 땅을 생한다는 뜻이고, 삼천이 양지를 생한다는 뜻이 된다. 지금 『천부경』 은 대우주의 시공간 전체가 열리는 것을 논하고 있는 것이다. 그리고 이렇게 되면 『천무경』 창안자는 이미 하도와 낙서를 너무나 잘 알고 있었던 셈이 된다. 그렇다면 『천부경』 창안 당시인 9천 년 전에 이미 하도와 낙서가 있었다는 말이 되는데…. 지금까지 우리가 흔히 알고 있던 상식 아닌 상식으로 보면 하도는 복희가 다스리던 시절에 하수에서 용마가 등에 지고 나온 것이고, 낙서는 우왕이 치수할 때 낙수라는 강가에서 거북이가 등짝에 지고 나왔던 그것, 바로 그것이 아니었던가? 여기서 고대사의 진실이 요동치지 않을 수 없게 된다. 고대사 진실에 대해서는 따로 살펴보기로 하고, 지금 소위 7 · 8 · 9란 것을 생하면서 어찌하여 유독 10을 빼놓았을까? 이것을 생각해 볼 필요가 있다. 10이라 는 것은 무극을 말하는 것이고, 보이지 않는 무형의 것을 상징한다. 우리의 오감으로 볼 수 있는 것이 아니라는 말이다. 따라서 7 · 8 · 9를 생하면서 10무극의 일은 논외의 것으로 빼놓은 것이다. 그리고 바로 이것이 천부경 경문이 가로 × 세로 = 9 × 9 = 81자의 형태로 구성된 이유이기도 하다. 글로 표현할 수 있는 것은 9에서 그친다는 의미와

더불어 10이란 것은 글로 표현할 수 있는 것이 아니라는 것을 동시에
알려주고 있다.

8개의 문門

이번에는 8개의 문을 열어볼 차례이다. 고대로부터 전해지는 여덟
개의 괘상들에 대응되어 있는 여덟 개의 문들을 북두칠성에 대입해서
색다른 해석을 시도해보도록 할 것이다. 일반적으로 동양 역학에서는
생문·상문·두문·경문(景門)·사문·경문(驚門)·개문·휴문. 이상
의 여덟 개의 문이란 용어를 사용한다. 기문둔갑이라는 술수학에서
매우 중요시 하는 용어들이다. 그것을 정리해보면 아래 도표와 같다.

천부팔괘의 차서도에 팔문을 대입								
1	2	3	4	5	6	7	8	9
☷	☳	☶	☵	☲	☴	☳	☶	☰
생문 生門	경문 驚門	휴문 休門	경문 景門	상문 傷門	두문 杜門	생문 生門	사문 死門	개문 開門

그리고 이렇게 배당된 팔문들을 북두칠성에 직접 표기를 해보는 것이다.
태괘의 경문은 이괘의 경문과 발음이 같으므로 편의상 말이란 동물이
잘 놀란다는 점을 감안해서, 말문이라고 부르기로 한다.

이제부터 북두칠성에 감추어져 있던 여덟 개의 문을 하나씩 열어 볼 것이다. 먼저 북극성으로부터 없음에서 시작된 씨알 하나가 최초로 북두칠성에 안착하는 부분이 바로 간괘의 생문자리이다. 마치 일종의 안테나 역할을 한다고 보아야 할 듯. 여기서 간괘에 배당된 생문이란 것은 용어 그대로 새로 태어나는 것을 의미한다. 간괘와 합쳐서 풀이하면, 작은 갓난아이가 태어난 것이다. 생문이니, 즉 태어나는 문이 열리는 것이니, 갓난아이가 이곳에서 태어난다. 그 다음 순서에 있는 태괘의 말문은 이미 설명한 바와 같다. 즐거운 한때를 보내는 아이의 모습이고, 가끔 잘 놀라기도 한다. 감괘와 이괘의 자리에선 휴문과 경문이 열린다. 휴문은 쉰다는 뜻이고, 경문은 경치를 즐긴다는 의미이다. 물론 가끔 공부도 하면서. 달이 가고 해가 가는 동안 충분히 쉬면서 수학여행도 가고 충분히 놀기도 하면서 무럭무럭 자라나는 모습이다. 그리고 다음 순서인 진괘의 상문은 움직이고, 사냥하고, 매우 활동적으로 움직이는 모습이다. 잠시도 가만히 있지를 않는다. 갓난아이가 건장한 모습으로 성장한 것이고, 이제 5라는 숫자가 암시하는 바와 같이 결혼 적령기의

청년이기도 하다. 다음 손괘의 두문? 두문은 두문불출을 의미한다. 대삼합육과 의미를 합해서 보면, 이제 하나의 새로운 씨알을 품은 임산부에 해당한다. 당연히 돌아다니면 안 되고, 말 그대로 두문불출해야 한다. 그리고 7번째의 간괘는 다시 생문이다. 여기서 아이를 낳는 것이다.

그리고 이제 8번째 곤괘의 사문이 의미하는 것이 무엇인가? 놀랍게도 죽음을 의미한다. 죽어서 육신이 땅에 묻히는 것이다. 그리고 이어지는 마지막 9번째의 건괘는 개문이다. 하늘의 문이 열린다. 바로 이 자리에서 죽은 사람의 영혼은 다시 하늘로 돌아가는 것이다. 여기서의 하늘은 최초의 출발점이었던 바로 북극성, 그곳으로 다시 돌아가는 것을 의미한다. 대삼합육에서 최고의 전성기를 구가하던 젊은이는 결국 새로운 생명을 이 땅위에 흔적으로 남겨놓고 다시 하늘나라로 되돌아간다. 그리고『천부경』의 마지막 최종문구, 일종무종일이 완료된다. 이처럼 북두칠성 안에는 하나의 생명체가 이 땅위에 당도했다가, 다시 원래의 곳으로 되돌아간다는 우리의 인생사가 고스란히 녹아들어 있었던 셈인가?『천부경』이 이야기해주는 바에 의하면 생사의 모든 과정, 그것은 생문에서 태어나서 사문에서

죽고, 다시 개문, 즉 하늘 문을 열고 돌아가는 과정을 하나하나 밟아나가는 것이 우리들이 살아가는 모습이다. 이처럼 우리의 조상들은 북두칠성이 생과 사를 주관하는 별자리로 인식하고 있었다. 그들의 삶이란 북두칠성에서 시작되어 북두칠성으로 끝나는 것이었다. 아주 오랜 옛날부터

밤하늘의 북두칠성을 향해 맑은 물 한 그릇 떠놓고 두 손을 모았다. 누구나 전설의 고향과 같은 드라마에서 이런 장면을 본 기억이 있을 것이다.

"비나이다. 비나이다. 칠성님께 비나이다. 이 가엾은 저희를 불쌍히 여기시고 부디 떡두꺼비 같은 아들 하나만 점지해 주십시오."

천하의 제갈량도 중국의 통일을 기원하며 자신의 수명 연장을 허락해 달라고 북두칠성에게 제사를 올렸다. 당시 북두칠성 중에서 제7번째 파군성이 사람의 수명을 관장한다고 널리 알려져 있었기 때문이다. 모든 인간은 북두칠성을 통해 세상으로 나왔다가, 다시 북두칠성을 통해 돌아가는 존재였고, 이러한 삶과 죽음의 끝없는 순환이 북두칠성이란 존재에 의해 서로 하나의 고리로 잇대어 있는 것이었다. 만겁의 세월 동안 이러한 인식이 동아시아를 관통해왔을 것이다. 자신의 꼬리를 입으로 물고 있는 뱀, 우로보로스(Uroboros)가 상징하듯, 우주는 삶과 죽음의 끝없는 순환 고리를 이루며 돌고 도는 것이었고, 여기서 북두칠성은 끝없이 이어지는 생사의 고리를 관장하는 생명의 우주 센터였다. 그리고 또 한 가지, 『천부경』을 풀어주는 열쇠가 바로 천부팔괘와 팔문이라는 사실이다. 알고 보면 이들도 또한 『천부경』의 역사와 함께 해온 바로 우리 선조들의 작품들이었다. 우리는 너무도 많은 것들을 새까맣게 까먹은 민족이었던 것이다. 주인인 우리가 깡그리 까먹었는데, 대체 그 누가 있어 그것을 우리에게 알려줄 수 있었겠는가? 먼 옛날에 있었지만 지금은 모두 사라져서 전해지지 않고 있다는 연산역…. 지금 전해지고 있는 주역은 건괘를 수괘로 삼고 있지만, 연산역은 간괘를 수괘로 삼았다고 한다. 그것의 흔적이 바로 천부팔괘이고 팔문이 아닐까? 또한 이렇게

도 말할 수 있을 것 같다. 천부팔괘와 팔문을 이해하는 유일한 코드는 바로 『천부경』이고 북두칠성이다. 이를 이해하게 되면 고대사의 많은 부분들이 저절로 실타래가 풀리게 된다. 유물 발굴이나 서적들을 고증하는 것이 역사 연구의 전부가 아닐 수도 있다. 상수학의 정

확한 의미를 깨우칠 수 있어야 낫 놓고 기역자도 못 알아보는 우를 범하지 않을 수 있을 것이다. 『천부경』을 놓고도 진위논쟁이 벌어지고, 고인돌에 뚫려있는 북두칠성을 뻔히 보면서도 그 의미를 제대로 파악하지 못하고, 단지 천문 관측의 증거라고 말하니, 이것이 작금의 현실이다. 천문관측은 무슨 ×풀 뜯어먹는 소리, 고대인들의 삶과 죽음을 지배하는 그들의 종교이자, 경전이었던 것이다!

신인神人의 길

우리 선조들이 북두칠성을 어떤 시각으로 바라보았는지를 제대로 이해하기만 해도 우리의 고대사를 풀 수 있는 지름길이 열릴 것이다. 또한 유한하면서 허점투성이의 존재인 사람이 무한하면서도 완벽한 존재인 신으로 격상될 수 있는 비밀이 열릴 수도 있다. 다음의 구절은 『한단고기』「태백일사」[삼신오제본기]에 나오는 말이다.

"천해·금악·삼위·태백은 본디 구한에 속한 것이며 9황의 64민은 모두 그의 후예이다. …(중략) 장구한 세월 뒤에 한인이 나타나서 9황 64민의 추대를 받아 안파견이 되었다. 그를 거발한이라고도 하였다. 안파견이라 함은 하늘을 계승하

여 아버지가 되었다는 뜻이고, 거발한이라 함은 천·지·인을 하나로 정한다는 뜻이다. 이로부터 한인의 형제 아홉 사람은 나라를 나누어 다스렸고, 이를 9황 64민이라 하였다."

바로 이 구절에 하늘을 계승하여 사람이 하나님 아버지가 될 수 있는 지극히 신묘한 길을 알려주는 내용이 숨어 있다. 이것이 무슨 말일까? 어떻게 해서 이런 엄청난 결론에 도달할 수 있다는 것일까? 대삼합육이란 용어가 지칭하는 가장 직설적인 상징은 뭐니 뭐니 해도 바로 큰 사람, 대인大人이다. 하늘·땅과 하나가 된 대인, 천지와 합일을 이룬 신인을 말한다. 어떻게 해서 그런 결론에 도달하는지 살펴보기로 한다. 『천부경』에서 사용되는 상수학식 문법을 이해하면 그만이다. 대삼합육은 1(천) + 2(지) + 3(인)의 삼재가 합한 수라는 것쯤은 누구나 알 수 있는 기본적인 사항이다. 그리고 여기서 1과 2는 태극하도에서 언급되었던 바로 그

1수水와 2화火이기 도 하다. 1수는 또한 1태극이기도 하다. 진종자, 진아의 씨 앗, 그것이 바로 1이 다. 대삼합육을 이루는 (천1 + 지2 + 인3)에서 가장 중요한 부분이 바로 1이다. 여기서의 1이 사람의 육신을 의미하는 씨알 하나가 아니라, 사람을 거듭 태어나게 하는 근본 마음, 근본 태양을 의미하는 정신의 씨알, 2화로 점화된 씨알이면 이야기는 완전히 달라진다. 그렇게 되면 북두칠성이 펼쳐주는 다음 무대에 등장하는 7간괘는 갓난아이의 육체적

탄생을 의미하는 것이 아니라 인간 정신의 새로운 탄생을 의미한다. 육신의 탄생 대신에 새로운 정신의 탄생, 쉬운 말로 거듭난 정신, 즉 붓다의 탄생을 의미하는 것이니, 이를 일러 제2의 탄생이라 한다. 그리고 이어지는 무대 8곤괘는 육신을 초월하는 것을 말한다. 자신의 육신만이 나라고 생각하는 정신병에서 완전히 벗어나서 육신에 갇힌 작은 나를 죽이고, 나없는 나를 이루는 것이다. 사실 바로 이것이 『천부경』이 진정으로 전하고자 하는 가장 중요한 하늘 소식이었을 것이다. 그리고 이어지는 무대 9건괘는 하늘의 문을 여는 대인이 되는 것을 의미한다. 거발한, 발이 큰 사람을 의미하는 것이 아니라, 거대하게 밝은 씨알을 품은 사람, 하늘의 마음을 품은 왕이란 뜻이다. 이제 그의 영혼 깊은 곳에는 하늘 중심, 바로 북극성이 자리하게 되는 것이다.[43] 하늘이 이 땅위에 임한 것이니, 그야말로 하늘 아버지와 동격이 되는 순간이다. 그리고 이러한 기적의 첫 번째 단추를 연 이가 바로 우리의 국조 한인 천제, 안파견 혹은 거발한 그 분이었던 것이다. 『한단고기』「삼성기전(상)」에 나오는 이 대목이 바로 그 일을 정확히 말해주고 있다.

> "우리 한의 건국은 세상에서 가장 오래된 옛날이었는데, 한 신이 계셔서 시베리아의 하늘에서 홀로 변하여 신이 되었다. 밝은 빛은 우주를 비추고, 큰 교화는 만물을 낳았다. 동남동녀 800이 흑수백산의 땅에 내려왔는데, 이에 한인은 감군으로 계시면서 … (중략)… 한국이라 하고 그를 가리켜 천제 한인이라 하였다.

---

43) 그가 시베리아의 하늘에서 홀로 변하여 신이 되었다는 언급은 바로 북극성의 기운을 받고 태어났다는 의미이다. 한인 천제의 이러한 점을 본받아 후세의 임금들이 용이 새겨진 흑색 곤룡포를 입고, 흑색 면류관을 썼다. 조선 시대의 임금들도 이러한 복장을 갖추었다. 검은색은 오행으로 북쪽을 상징하는 색깔이다. 임금이 북극 우주에 있는 북극성의 정기를 받고 있음을 나타낸 것이다.

또한 안파견이라고도 하였다."

이 구절에 의하면 한인 천제는 동남동녀 800명을 인솔하였다. 이들이 바로 풍이족 사람들이다. 우리 겨레의 뿌리를 찾다보면 결국은 풍이족에 이르게 된다. 그러면 풍이라는 말은 또 어디에서 나온 것인가? 이 또한 『천부경』에 잘 나타나 있다. 인류 최초의 경전 『천부경』에서 나오는 대삼합육의 표상은 바로 북두칠성에서 제6번째의 별을 말한다. 이미 앞에서 충분히 살펴본 바이다. 북두칠성에서 가장 중요한 대목이 바로 제6번째의 별에 있다. 그리고 거기에 배당된 팔괘가 바로 바람을 뜻하는 손괘이다. 풍이에서 나오는 바람 풍자는 바로 북두칠성에서 제6번째의 별을 가리키는 것이다. 앞에서 이미 언급했던 신라의 최치원이 말한 풍류도라는 것도 사실 바로 북두칠성의 제6번째별, 그리고 『천부경』의 도를 말한 것이고, 진흥왕[44]이 언급한 풍월도란 것도 바로 그것을 가리킨 다. 『삼국유사』권3 「미륵선화(彌勒仙花) · 미시랑(未尸郞) · 진자사(眞慈 師)조」에 다음과 같은 구절이 있다.

"왕이 나라를 흥하게 하려면 반드시 **풍월도**를 진흥시켜야 한다고 생각하고, 다시 영을 내려 양가 남자 중에서 덕행이 있는 자를 뽑아 화랑이라 고치고 비로소 설원랑을 받들어 국선을 삼으니 이것이 화랑국선의 시초이다··(王又念欲興 邦國須先**風月道**更下令選良家男子有德行者改爲花娘始奉薛原郎爲國仙此花郎國仙之 始…)"

앞의 그림에서 팔괘조차도 이미 건괘(1)와 곤괘(2)이다. 하늘 · 땅과 합일이 되는 사람에 해당하는 팔괘는 손괘(3)이다. 이러한 조합을 쉬운

---

44) 진흥왕 (540~576)

말로 번역하면, 천지와 합일을 이룬 풍이족 사람이 된다. 후천을 열어
제치는 위대한 신인, 그 신인은 바로 풍이족 출신이어야 하는 것이다.
위대한 신인의 길, 진종자의 소식이 『천부경』에 들어있다는 주장을
무슨 근거로 할 수 있는 것일까? 감히 이렇게 엄청난 말을 내뱉을
수 있게 해주는 다른 문헌적 근거가 있기는 한 것일까? 『한단고기』에서
그 근거들을 찾아볼 수 있다. 「삼한관광본기」에 다음과 같은 구절이
있다.

"그때에 유의자가 묘향산에 숨어 살았으니, 그의 학문은 자부선생으로부터 나온
것이다. 지나가 웅씨군을 알현하니 웅씨군은 나를 위해 도를 말하라고 청했다.
유의자가 대답해 가로대, '도의 큰 원천은 삼신에게서 나오나니 도란 도라고
할 것도 없으며 그 나타나는 것도 없는 것입니다.…(중략)…하늘에는 기틀이
있으니 내 마음의 기틀에서 볼 수가 있고, 땅에는 모양이 있으니 내 몸이 모양에서
볼 수가 있으며, 사물에는 주관함이 있으니 내 기氣의 주관함에서 알 수가 있음이
라, 이에 하나를 잡아도 셋을 포함함이며, 셋을 모으면 하나로 돌아감인 것입니다.
일신이 내려옴은 사물을 다스림이니 바로 천일天一이 물을 낳은 이치요, 성품이
광명에 통함은 삶의 다스림이니 바로 지이地二가 불을 낳은 이치요, 세상에서
교화를 펌은 마음을 다스림이니 바로 인삼人三이 나무를 낳은 이치인 것입니다.
대개 큰 시작이 있었을 때에 산신님은 삼계를 만드셨으니 물은 하늘을 본뜨고
불을 땅을 본떴으며, 나무는 사람을 본뜬 것입니다. 무릇 나무라는 것은 땅에
뿌리를 두고 하늘을 향하였으니 역시 사람도 땅을 밟고 서서 능히 하늘을 대신함이
다.'라고 말했다."

그리고 『한단고기』의 「단군세기」에는 또 이런 구절이 나온다.

"무릇 사람의 성품이란 것은 신의 뿌리이다. 그렇지만 신이 성품에 그 뿌리를
둔다고 해서 성품이 바로 신 그대로가 되는 것은 아니다. 기가 밝게 빛나며

어둡고 더럽지 않을 때에 비로소 참된 성품이라고 한다. 이로써 신은 기를 떠날 수 없는 것이며, 기도 또한 신을 떠날 수 없는 것이다. 내 스스로가 갖추고 있는 신의 성품과 기가 잘 조화되어 합쳐진 후에 스스로의 성품이나 삶을 알 수 있는 것이리라. 성품은 삶을 떠나서 있을 수 없고 삶도 성품을 떠나 있을 수 없는 것이니, 스스로의 성품과 삶이 잘 어울린 뒤에야, 이 몸이 신의 성품에서 비롯된 것도 아니고, 기운 넘치는 삶에서 비롯된 것도 아님을 알 수 있는 것이다. 그렇기 때문에 그 성품을 깨닫게 됨은 천신과 그 뿌리를 같이 함이고, 그 삶이 세상에 나는 것은 자연과 그 기운을 같이 함이며, 그 정신이 끝없이 이어진다는 것은 모든 목숨 있는 것들과 그 업을 같이하는 것이다. 하나를 알아 셋을 품고, 셋을 모아 하나로 돌아간다는 말은 바로 이런 뜻이다. 따라서 굳은 마음이 바뀌지 않을 때 참된 나라고 하며, 신통하며 무엇으로든 바뀔 수 있을 때 신이라고 하나니, 참된 나는 신이 머무르는 바른 곳이다. 이 참된 근원을 알고 올바르게 수련한다면 좋은 징조는 스스로 몰려오고 밝은 빛이 항상 비추리라. 바로 하늘과 사람이 잘 어울렸을 때 이로부터 세 가지 신의 성품을 배워 계율로써 맹세한다면 비로소 하나라는 것에 돌아올 수 있는 것이다. 따라서 성품과 정신이 잘 어울려서 빈틈이 없으면 세 가지 신이 하나인 상제와 같아서 우주만물과도 잘 어울리고, 마음과 기와 몸도 있는 듯 없는 듯 자취도 없이 오랫동안 존재하게 된다. 감식·촉이 자연스럽게 잘 어울리면 그것이 바로 하늘님 그대로인 셈이니, 이 세상 어디에나 두루 그 덕을 베풀어서 함께 즐거우며, 천·지·인과 더불어 끝없이 스스로 변화하는 것이라. 이런 까닭에 가르침을 세우고자 한다면 모름지기 먼저 자기 스스로를 바르게 하고, 그 모습을 뒤집어 바꾸려 한다면 모름지기 먼저 모습 없는 것에서부터 바꾸어 나가야 할 것이다. 이것이 바로 나를 알아나가는 단 하나의 길이다."

그리고 『한단고기』「태백일사」[소도경전본훈]에는 다음과 같은 구절이 있다.

"삼일신고는 본디 신시개천의 시대에 나와서 책으로 이루어진 것이니, 대저 하나를 잡아 셋을 포함하고, 셋을 모아 하나로 돌아옴의 뜻으로 근본을 삼는다.

5장으로 나뉘는데,… (중략)… 제3장에서는 '천궁은 진아眞我의 거처하는 곳이라, 만 가지 착함을 스스로 갖추어 영원토록 쾌락이 있으리라.'고 하였다. 제4장에서는 '세계의 뭇별은 해에 속해 있으니, 모든 백성들과 큰 인물들이 여기에서 태어난다.'고 하였다. 제5장에서는 '사람 · 물건은 같이 삼신에게서 나와 하나의 참으로 돌아가나니 이를 대아大我라고 한다.'고 하였다."

우리의 고대사를 적어놓은 『한단고기』에 이렇게 풍부하게 진종자에 대한 소식들이 남아있게 된 이유가 무엇일까? 우리 민족에게 『천부경』과 같은 만물의 근본을 알려주는 경전이 샘물과도 같은 역할을 하고 있었기 때문에 가능한 일이 아니었겠는가! 이 모든 것들이 바로 필자가 말한 바, 『천부경』이 진성에 대한 소식, 즉 진종자의 소식을 말하고 있다는 것에 대한 문헌적 근거들이다. 그냥 멋대로 끼워 맞추는 것이 아니라는 말이다. 세상 사람들은 석가모니가 깨달음을 얻어 불교를 창건하기 이전에는 자성에 대한 소식이 전무했을 것이라고 생각하기 쉽지만, 사실은 석가모니 이전에 이미 우리나라에 하늘님이 있었고 신국이 있었고 신시가 있었으며 자성에 대한 소식까지도 이렇게 버젓이 살아서 숨 쉬고 있었던 것이다. 고대사에서 흥미로운 점은 여기서 그치지 않는다. 흥미진진한 이야기들이 무궁무진하다. 한인 천제 이후 한웅의 시대가 열리는 순간을 잠시 살펴보도록 하자.

"한국의 말기에 안파견이 밑으로 삼위태백을 내려다보며 '모두 가히 홍익인간 할 곳이로다.'하며, 누구를 시킬 것인가를 물으니, 오가가 모두 대답하기를, '서자 한웅이 있어 용맹함과 어진 지혜를 함께 갖추었으며, 일찍이 홍익인간의 이념으로서 세상을 바꿀 뜻이 있사오니, 그를 태백산에 보내시어 다스리게 함이 좋겠습니다.' 하니, 마침내 천부인 3개를 내려주시고, 이에 말씀을 내려, '사람과 물건의 할 바가 다 이루어졌도다. 그대 수고로움을 아끼지 말고, 무리 3000을 이끌고 가 하늘의 뜻을 열고, 가르침을 세워 세상에 있으면서, 잘 다스려 만세의 자손들에게 큰 모범이 될 지어다.' 라 하셨다."

이 구절은『한단고기』「삼성기전(하)」[45]에 나오는 말이다. 여기서 등장하는 천부인 3개란 것이 대체 무엇일까? 이 또한 지금까지 살펴본 『천부경』에 아주 생생하게 잘 나와 있다. 여기서 말하는 천부인은 바로 해·달·북두칠성, 이 세 가지를 새긴 거울을 말한다. 이 거울을 일컬어 지금까지도 무당들은 명두明斗라고 부른다. 여기서 소위 명두란 글자를 해체해보면 日(해), 月(달), 斗(북두칠성)이 되므로 정확히 일맥상통함을 알 수 있다. 천부인 3개를 좀 더 뜯어보면, 달과 해는 각각 음양을 나타내고, 북두칠성은 오행을 비롯한『천부경』이 표상하고자 하는 모든 것들이 그 안에 다 들어 있었다. 심지어는 해와 달도 북두칠성의 지휘를 받고 있다고 보았으니, 오직 하나만 거론한다면 당연히 북두칠성이었다. 이렇게 우리 겨레의 코드를 딱 하나만 꼽으라면 북두칠성, 세 가지를 꼽으라면 해·달·북두칠성인 것이다. 해·달·북두칠성을 삼신이라고도 했고 천부인이라고도 했다. 우리 선조들은 또 북두칠성의 형상을 본 딴 뱀 사巳[46]자를 매우 중요한 상징으로 삼았다. 북두칠성의 모습이

---

45) 「삼성기」는 신라 승려인 안함로가 쓴 것을 상권으로 삼고, 행적이 확실치 않은 원동중이 쓴 것을 하권으로 하여, 그 둘을 하나로 합친 것이다. 주로 한인 시대와 한웅시대의 이야기를 담고 있다. 계연수가『한단고기』를 엮을 때, 그 속에 포함되었다.
46) 한국을 세운 한인천제가 풍이족이었고, 풍이족 사람들은 뱀을 신성시하였다. 뱀을 巳자로 표현하였다. 한인천제의 이름을 안파견安巴堅이라고 하는데, 여기서 파巴라는 글자도 巳에다가 점을 하나 찍어 용을 의미하는 문자였다. 일신강충이 이루어진 뱀이란 뜻으로 보인다. 복희도 또한 풍씨로 알려져 있다. 복희의 후예들도 풍산에 흩어져 살면서 성을 풍씨라 하였는데 후에 패·관·임·기·포·이·사·팽의 여덟 성씨로 갈라졌다.

114 •

마치 巳자의 글자 형상과 비슷한 것으로 인식했고, 사람이 뱀에서 탄생했다고 믿었다. 여기서 말하는 뱀은 단순한 뱀이 아니라 영혼의 뱀, 바로 인간의 원초적 생명 에너지 쿤달리니를 지칭하는 것일 게다. 巳라는 글자 이외에 己라는 글자도 마찬가지로 북두칠성의 형상으로 인식했다.

그래서 巳는 12지지 중에서 6번째 자리를 차지하게 되었고, 己도 또한 10천간 중에서 6번째 자리를 차지하였다. 이 모두가 북두칠성에서 6번째 자리가 가장 중요한 핵심임을 암시해주는 증거들이다. 또 巳는 오행으로는 2화火라고 본다.

여기서 오행으로 2화란 것도 의미심장한 뜻이 들어 있다. 제1권의 3장에서 백장선사가 불 꺼진 아궁이에서 잿더미를 후후 불어가며 찾으려고 했던 바로 그 불씨를 의미한다. 육신의 탄생은 해亥이지만, 정신의 탄생이자 거듭남의 기적은 사巳에서 이루어진다. 12지지 중에서 제일 중요한 지위에 있는 것들이 바로 해수와 사화이다. 우주의 중심인 자미가 인궁에 있는 현숙한 부인 천부의 자궁에 처음 잉태된 이후 10달을 채우고, 마침내 이 땅 위에 처음 모습을 드러내는 자리가 바로 해궁의 자리이다.[47] 해亥에서 제1 육신의 삶이 출발한다.[48] 그리고 12지지에서

47) 인월에 잉태되는 태아가 해월에 출산하는 것이다. 자미두수의 배성원리를 연구해 보면, 인월에 자미가 천부의 자궁에 잉태되어, 달이 차오르듯이 묘월 태음 자리에서 배가 부풀어 오르기 시작하고, 7개월째에 해당하는 申월에 칠살의 위험을 넘기고, 10개월째에 해당하는 해월에 금까마귀 태양이 나오는 이치로 배성이 되어 있다.
48) 『한단고기』 「태백일사」 「신시본기」에 다음과 같은 언급이 있다. " 『대변경』에서

그와 정반대편에 위치하고 있는 사巳에서는 육신만이 자기 자신이라는 미망을 벗어던지고 제2의 삶, 정신의 삶, 거듭남의 삶이 출발한다. 바로 사巳의 자리에서부터 비로소 오래된 사찰의 담벼락에서 흔히 볼 수 있는 십우도(十牛圖)가 그 의미를 갖게 된다. 처음으로 소를 보게 되는 것을 십우도에선 견우見牛라고 지칭한다. 십우도의 10개 그림 중에서 3번째에 해당한다. 대부분의 중생들은 죽을 때까지 이 3번째 그림을 보지 못하고, 끝없는 윤회의 세계를 헤맨다. 선사들이 말했던 것처럼 사람들은 스스로 소를 타고 있으면서도 결코 소를 보지 못한다. 그러나 이제 불 꺼진 아궁이에서 이 불씨를 찾아낸 순간부터 진정한 구도자의 삶이 시작된다. 이제 불성의 씨앗과 처음 조우하였으니 붓다의 가능성이 빛을 발하기 시작한다. 아~아 마침내 붓다의 길이 보이기 시작한다. 노자의 도道가 바로 이것이다. 그리고 己는 오행으로 10토이다. 마침내 10 무극을 완성한 진인을 상징한다. 己에 이르러 끝없는 무상삼매에 들었으니, 후천을 리드해나가는 미래의 붓다, 미륵불이 된 것이다. 이것이 己 10토의 의미이다. 이처럼 『천부경』, 북두칠성, 10천간, 12지지, 백장선사의 불씨, 십우도, 이 모든 것들이 한 목소리를 낸다.

말한다. 복희는 신시로부터 나와 우사가 되었다. 신룡의 변화를 보고 괘도를 그리고 신시의 계해를 바꾸어 갑자를 처음으로 하였다." 이 말은 배달국에서 60갑자의 운행 순서가 복희씨 이전에는 계해로부터 시작해서 운행되었으나, 나중에 복희씨에 의해 갑자에서 시작하는 것으로 조정되었고 오늘날까지 그 전통이 이어지고 있음을 말한다.

육六과 구九

어린 아기들이 말을 배울 때 보면, 가장 손쉽게 체득하는 것이 어른들이 무심코 사용하는 욕지거리들이다. 가르쳐주지도 않았는데, 어느 틈엔가 스스로 체득하여 어른들의 흉내를 내고 있다. 그래서 아이들 앞에서는 욕지거리도 마음대로 할 수가 없다. 6과 9, 상수학이 뭔지도 잘 모르고 전혀 관심도 없는 이들이 6과 9가 무엇을 의미하는지는 귀신같이 눈치를 챈다. 딱 숫자의 모양새만 보고도 알아보는 것이 마치 신안이 열리기라도 한 듯하다. 『천부경』을 보유한 민족의 천손들이라 그런 것인가? 이런 것들은 이미 선천적으로 체득이 되는가보다. 6이란 숫자는 천2·지2·인2가 세 가지 음들이 합쳐져 천·지·인이 삼위일체가 된 대삼합육, 큰 음을 상징한다. 마찬가지로 9란 숫자는 천3·지3·인3의 세 가지 양들이 합쳐져 천·지·인이 삼위일체가 된 큰 양을 상징한다. 대삼합구란 말이 연상될 정도이다. 일시무시일의 하나가 석삼극으로 천·지·인을 만들었다. 이것이 제1천이었고, 그 다음으로 제2천과 제3천이 열릴 차례이다. 지금부터 우리는 제2천과 제3천에서 무슨 일들이 벌어지는지를 알아볼 것이다. 지금 보이는 십일도는 제2천까지 열린 상황을 이미지화 해놓은 것이다. 여기서 파란색 돌의 개수가 6개이고, 흰색 돌의 개수가 9개이다. 그리고 일시무시일의 하나가 그 사이에 중심을 잡고 있다. 이제 이 상황을 눈치 챌 수 있을

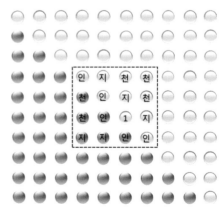

것이다. 6과 9, 이 둘이 오붓한 공간에서 단 둘이 만났는데, 아무런 일도 생기지 않는다는 것은 오히려 불가능한 일에 속한다. 이렇게 9와 6이 만난다는 것은 건괘와 곤괘가 만나는 것이고, 하늘과 땅이 만나는 것이다. 이는 경방의 납갑을 이용해서 간단히 10천간으로 치환될 수 있다. 경방의 납갑으로 건괘는 갑이고, 곤괘는 을이다. 다시 말해서 갑돌이와 을순이가 만나는 것이다. 갑은 홍국수로 1이다. 을은 홍국수로 2이다. 6과 9의 만남이란 곧 갑과 을이 만나는 것이고, 이는 다시 1과 2가 만난 것이기도 하다. 그런데 이 장면, 어디서 많이 보던 광경이다. 데자뷔[49] 현상인가? 어디서 보았던 것일까? 제1권의 3장에서 복희와 여와이 만남, 즉 태극하도에서 1과 2기 만났던 비로 그 장면이다. 심은 먹지 상에서 돋보기의 초점과 햇빛이 만나서 마침내 불꽃이 일어나던 그 장면, 바로 그것을 떠올려야 한다. 그리고 이어서 잠자고 있던 태극하도 중앙의 5와 10이 발동한다고 했었다. 그때 5와 10의 수리적 의미에 대해서는 자세한 설명을 빼놓았었다. 이제 말하려고 한다. 5와 10이 무엇인지에 대해서…. 여기서 5는 2음과 3양의 합이다. 남자와 여자가 합한 결혼의 숫자이다. 남녀가 결합한 것을 의미한다. 탄트라, 인도의 그것을 떠올리면 된다. 인도 요가 수행자들이 깨달음을 얻기 위해 행했다는 하나의 수행법이 바로 탄트라였다. 그리고 10은 무념무상의 경지에서만 느낄 수 있다는 삼매경의 희열, 좀 더 쉽게 말하자면 오르가즘을 말한다. 그런데 지금 그 일이 또 다시 벌어지고 있다. 이번에는 6과

---

49) 데자뷔는 프랑스어로 "이미 본" 이란 뜻으로 처음 경험하는 것인데도 불구하고, 과거에 이미 이와 같은 경험을 경험했던 것 같은 기시감이 일어나는 것을 일컫는 말이다.

9가 합해서 15가 되는데, 공교롭게도 또 다시 태극하도 중앙의 숫자 10과 5가 합해서 나오는 15와 값이 똑같아졌다. 동기감응이 일어나는 것일까? 제3장에서는 태극하도를 중심으로 풀이를 했었지만, 이번에는 십일도를 중심으로 풀이를 해보도록 한다. 같은 장면을 똑같은 배우들이 연기하면 재방송 보는 것 같아서 재미가 반감될 것이다. 같은 장면이라도 다른 배우들이 연기를 해주면 색다른 맛이 느껴질 수도 있을 것이다. 과연 십일도에서 1과 2의 만남이란 또 어떤 것일까? 먼저 십일도에서 1과 2를 찾아야 한다. 거기서 1은 1의 중이고, 2는 3의 중이다. 1에 그려진 팔괘는 간괘(☶)이다. 그리고 2에 그려진 팔괘는 태괘(☱)이다. 이 둘이 합해서, 놀랍게도 택산함괘(䷞)가 발동한다. 택산함괘의 효사 하나하나를 읽어가다 보면 어느 새 성과 속의 구별이 무상해짐을 느끼지 않을 수 없게 된다. 아~ 어떤 것이 성스럽고, 어떤 것이 속된 것이란 말인가? 지금 이 순간 십일도를 바라보고 있노라면, 소년과 소녀의 만남을 축복이라도 하듯이 해(☲)와 달(☵)조차 말없이 그들을 비춰주고 있다. 이처럼 태극하도에서 벌어졌던 그 일이 십일도에서도 똑같이

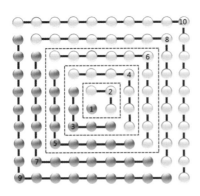
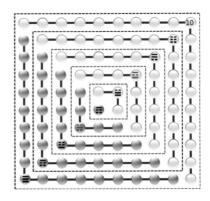

표현되고 있음을 알게 되었을 것이다. 그리고 십일도는 태극하도에서는 볼 수 없었던 또 다른 메시지를 우리에게 알려주고 있기도 하다. 다음의 십일도에서 빨간색 라인 하나하나는 바로 제1천·제2천·제3천을 구별해주는 경계선이다. 이 중에서 제1천은 다른 말로 상천上天이 된다. 상천은 우리 몸으로 말하자면 머리에 해당한다. 그리고 상천의 상황을 가만히 들여다보노라면, 어느새 자신도 모르게 곧바로 백두산이라는 이미지가 떠오르게 될 수밖에 없게 된다. 백두산에서 백은 흰색을 말한다. 태괘(☱)가 금오행에 속하니, 색깔로 말하자면 하얀 색이다. 그리고 상천에서 머리라는 뜻이 나온다. 마지막으로 간괘(☶)에서 산이 나온다. 이 세 가지를 합하면 글자 그대로 흰 머리의 산이 되니, 백두산이 되는 것이다. 또 백두산에는 우리들이 이미 잘 알고 있는 바와 같이 천지가 있다. 산위에 천지天池라고 하는 큰 호수가 있으니, 이 또한 간괘(☶)와 태괘(☱)의 조합이다. 영락없이 백두산인 것이다. 한편 백두산과 관련해서 문헌에 전해지는 바로는 『한단고기』「태백일사」[삼신오제본기]에 다음과 같은 구절이 나온다.

"삼신산을 천하의 '뿌리산'이라 한다. 삼신三神으로 이름 삼음은 대저 상제 이래로 삼신이 이곳에 내려와 노니시고, 삼계를 널리 감화하심을 믿기 때문이라. 360만의 큰 둘레의 하늘은 그 체가 불생불멸이시며 그 쓰임이 무궁무진이나, 그의 법식과 이치는 때가 있으며 장소가 있으니, 신의 지극히 자상하고 지극히 현명하여 여의자재 하심은 끝내 이를 알 수가 없다. 그를 맞이함에는 흡사 눈앞에 보이는 듯이 하고, 그 바치는 일은 문득 들리는 바 있는 것 같이하고, 그 찬탄함에는 기꺼이 하사 받음이 있는 듯하고, 그 서약함에는 숙연하여 얻는 것이 있는 듯이 하며, 물건을 바칠 때에도 마음을 다하여 정성을 바침이니, 이렇게 만세인민이 인식 추앙하여 모두가 다 기쁘게 믿는 것이다. 삼신산의 어떤 설에서 '삼三은 신神이 되고, 신은 또 백白으로 되며, 백은 신이 되고, 신은 고高가 되고, 고는 바로 두頭가 된다. 때문에 또 백두산이라고 부르기도 한다.'하고, 또 말하기를 '개마 또는 해마리의 전음이다.'라고 했다. 고어에서는 흰 것을 해라 하고, 두를 마리라고 하니, 백두산의 이름도 역시 이에서 생긴 것이다."

라고 하여, 백두산의 본래 유래가 삼신산에 있음을 알려주고 있다. 그러면 이 삼신은 또 어디서 나온 것일까? 이 또한 십일도의 상천에 고스란히 담겨 있다. 상천, 즉 제1천의 상象이 바로 일석삼극, 하나에서 천·지·인으로 분화한 세 개가 바로 그것이다. 여기서 천지인이 바로 삼극三極이고, 삼신三神인 것이다. 이처럼 우리 겨레의 뿌리가 되는 성스런 산, 백두산이 바로 천부경·십일도·천부팔괘에 그 근거를 두고 있었던 것이다. 결국 천간·지지·자연수·하도·십일도·천부경·팔괘, 그리고 심지어는 북두칠성과 백두산까지도… 이 모든 것들이 사실은 하나로 연결되어 있다. 잊지 말아야 할 것은 그 중심에는 언제나 『천부경』이 자리하고 있다는 사실이다. 한편, 이렇게 큰 음과 큰 양이 만나서 씨알 하나를 잉태하게 되는데, 그 씨알이 바로 그림에서 1이라 표시해놓은 중심이다. 이 1태극이 작동하는 무대는 바로 복희팔괘도이다. 이 1태극이 여태껏 쿨쿨 잠만 자고 있던 복희팔괘도를 마침내 깨우는 것이다. 그 작동법은 이미 앞에서 충분히 살펴보았기 때문에 추가적인 설명은 생략하기로 하고, 정 궁금하다면 제1권의 4장으로 다시 돌아가 살펴보기로 한다.

남두육성과 궁수자리

2011년 1월 15일경에 미국, 영국을 비롯한 전 세계 언론에는 새로운 별자리에 대한 기사가 크게 화제가 되었다. 고대 바빌로니아에서 결정된 후 3천 년산 바뀌지 않았던 12개의 별자리에 '뱀주인자리'가 새로 추가되었다고 한다.

"지구의 자전축 변화로 기존 12개 별자리에 새로운 별자리인 '뱀주인자리'가 추가됐다."

이번 별자리 변화는 미국 미네아 폴리스 대학에서 천문학을 가르치는 파르케 쿤켈 교수에 의해 제안됐다. 쿤켈 교수는

"지구와 태양의 위치 이동으로 별자리의 변화까지 가져왔다."

고 설명했다. '뱀주인자리'는 뱀을 들고 있는 형상의 별자리로서 언뜻 뱀 주인이란용어 자체가 풍기는 이미지가 뱀과 상당히 우호적인 관계에 있는 것으로 비춰질 수 있지만, 이는 우리말로 번역하는 과정에서 생긴 오해에 불과하다. 실제로는 우리말로 적나라하게 표현한다면 '땅꾼자리'라고 불러야 한다. 뱀을 잡아서 그것으로 생계를 연명해가는 땅꾼 말이다. 이 별자리는 오리온자리 반대편에 위치하며 여름날 저녁 하늘에서 주로 볼 수 있다. 한편 이번 소동은 2천여 년 전부터 제기된 문제라며

파크 컨클 교수는

"보도에 대한 반응이 실로 놀라울 정도이지만 오래 전부터 과학자들이 설명해오던 것을 말한 것일 뿐 사실 진짜로 큰일 난 것은 아니다." 라고 주장했다. 뉴욕 헤이든 천체과학관의 천문학자 조 라오는 우리가 알고 있는 한 이 문제를 처음으로 제기한 이는 기원전 280년 그리스의 천문학자 아리스타쿠스라고 주장한다. 황도 12궁을 정립한 고대 바빌로니아인들이 13이라는 숫자를 좋아하지 않아 12개의 별자리로 정립한 거라는 것이다. 이렇게 별 것이 아니라는 반응부터 시작해서, 자신의 운명 변화에 대한 관심, 그리고 종말의 징조라고 하는 반응에 이르기까지 다양한 반응들이 있지만, 13번째 별자리의 등장이 과연 길조일까? 흉조일까? 그리고 땅꾼자리 별자리는 어떤 의미를 갖는 것일까? 1982년 로마의 국립 중앙도서관에서 한 권의 낡은 책이 발견됐다. 그리고 이 책 안에는 80장의 수채화들이 그려져 있었다. 이 책 내용이 노스트라다무스의 예언서인 '제세기'의 내용과 무척 흡사하다는 것이 알려지면서 전 세계 사람들의 이목을 집중시켰다. 이후 많은 연구가들은 이 책을 '노스트라다무스가 남긴 그림 예언'이 확실하다고 주장했다. 1629년에 제작되었을 것으로 추정된 이 예언의 그림책은 베르베리니 추기경에게 전달되어 상자 속에 넣어졌다가 봉인이 된 채 오랜 시간동안 빛을 보지 못한 채로 있었다. 그러다가 20세기 후반에야 비로소 세상에 공개된 것이다. 그림들에 실린 주요 내용 중의 하나가 별자리에 관한 것, 그리고 종말의 시기에 관한 것이다. 예언에 의하면 하나님의 진노가 시작되면 모든 것이 붕괴되는 대참사의 시기가 도래한다고 한다. 이번에 황도 12궁 사이로 새로 끼어든 땅꾼자리의 좌우에는 원래 궁수자리와 전갈자

리가 자리하고 있다. 궁수자
리는 그림과 같이 우리 은하의
중심 근처에 있는 별자리이고,
궁수자리의 화살은 공교롭게
도 암흑의 균열이라 불리는 우
리 은하의 중심을 겨누고 있
다. 비밀의 별자리라고 불리
는 땅꾼자리는 서양수리학에

서 가장 불길한 숫자로 여기는 13번째 자리에 해당한다. 이 성좌의
위치는 종말에 관한 중요한 실마리를 품고 있다고 보는데, 비로 그
별자리가 3천 년 만에 당당하게 황도 12궁 안으로 입성하게 된 것이다.
흥미로운 점 중 하나는 예언자 노스트라다무스 자신이 바로 13번째
별자리의 소유자였다고 한다. 그의 예언에 의하면 땅꾼자리가 암흑
시기의 도래를 표상하게 될 것이라고 했는데, 그 말이 맞는다면 놀랍게도
그 시기의 시작점이 바로 2011년 1월경인 셈이다. 그러면 땅꾼자리가
다시 물러나는 시기는 또 언제일까? 암흑이 완전히 걷히는 미래의
어느 시점일 것이다. 그리고 또 하나의 놀라운 점은 서양의 궁수자리가
바로 동양의 남두육성이라는 점이다. 그림을 보면 궁수자리의 활시위
부위에 남두육성이 표시되어 있다. 남두육성도 6개의 별이 마치 또
하나의 북두칠성인 것처럼 국자 모양의 형상을 하고 있다. 이 남두육성[50]

---

50) 천부경에서 6이란 의미가 너무나 중요하기 때문에 북두칠성 외에 6개의 별로
　　구성된 또 다른 별자리가 필요하게 되었고, 그것을 북쪽 하늘과 대대관계에 있는
　　남쪽 하늘에서 발견하게 된 것이 바로 남두육성일 것이다.

의 표상이 바로 『천부경』(북두칠성)에서 6의 자리와 관련된다. 이 남두육성과 음양의 대대관계에 있는 것이 『천부경』에서 9에 해당하는 북두구성이다. 두 개의 별은 잘 보이지 않으므로 흔히 북두칠성이라고 부르고 있을 뿐이다. 『천부경』에서 6은 여와이고, 9는 복희이기도 하다. 여기서 6을 여와라고 부르는 점도 의미심장한 부분이 있다. 여와라는 발음은 기독

교에서 유일신으로 받드는 여호와를 연상시키기에 충분하다. 실제로 두 고유명사의 상관관계를 연구하는 사람들도 있다. 따라서 궁수자리와 땅꾼자리의 일전은 여호와와 13의 사투라고 해석할 수 있는 것이다. 땅꾼자리가 여름날 저녁에 보인다는 것에도 모종의 함의가 숨어있다. 바로 춘하의 선천과 추동의 후천이 교차되는 선후천 전환기에 등장한다는 의미를 그 속에 담고 있는 것이다. 그리고 땅꾼이 나타나면 가장 두려워하는 것이 무엇일까? 바로 뱀들이다. 뱀들이 가장 두려워할 수밖에 없는 것이 바로 땅꾼이다. 그러므로 이것은 우리 겨레가 삼천을 호위하라고 둘러싸든 4마리의 뱀들 청룡·백호·주작·현무가 이제 땅꾼자리에 의해 완전히 끝장이 날 수도 있다는 의미까지도 그 속에 함축하고 있는 것이다(4마리 뱀들에 대한 설명은 나중에…). 궁수자리가 맡은 바 소임을 완수하지 못하면 결국 그렇게 될 수도 있다. 남두육성이 맡은 바 임무를 완수하지 못하면 결국 그렇게 될 수도 있다. 과연 땅꾼자리에 의해 28수, 즉 네 마리의 뱀들이 끝장이 난다는 것이 대체 무엇을

뜻하는 것일까? 지금은 이 무시무시한 함의가 도저히 상상이 잘 안될 것이다. 그 의미는 이제 『정역』에서 적나라하게 밝혀지게 된다.

  앞에서 설명하기를 『천부경』에선 대삼합육을 가장 중요시 여긴다고 하였다. 대삼합육에서 나오는 6이 바로 남두육성을 표상한다. 바로 이 자리에서 삼위일체의 합일이 이루어지고, 그때부터 새로운 삶이 시작된다. '거듭 남'의 비밀이 여기에 있는 것이다. 다행인 점은 서양의 예언은 암울함 일색인데, 『천부경』은 삶의 희망을 말해주고 있다. 동양에서 남두육성 자체가 생과 사 중에서 생을 주관하고 있으며, 후천을 주도해가는 주인을 상징한다. 『천부경』을 잘 들여다보면, 일시무시일 1에서 처음의 시작이 있었고, 대삼합육 6에서 삼위일체에 의한 '거듭 남'이 있으니, 1수에서 생해서 6수에서 이루는 『주역』 생성生成의 이치가 고스란히 반영되어 있음을 알 수 있다. 우리 조상들은 사람이 태어나는 것은 북두구성과 남두육성의 결합에 의한 것이라고 여겼다. 여기서 북두구성은 남신이고 남두육성은 여신을 상징한다. 남두육성을 '삼신할미'라고 부르기도 하였다. 자식을 바라는 인간의 정성이 북두구성에 응하면 새로 태어날 영혼은 하나의 씨앗이 되어 남두육성으로 길을 잡고, 거기서 삼신할머니께 엉덩이를 찰싹 얻어맞고 어머니의 자궁 안으로 들어가니, 이때 아기 엉덩이에 생긴 멍 자국이 바로 몽고반점이라고 본 것이다.

  옛날 중국 위나라에 자손이 귀했던 한 농부가 아이가 없어 전전긍긍하다가 간신히 한 아들을 두었다. 그러던 어느 날 관로라고 하는 관상의 대가가 밭에서 농부와 그의 아들이 밭에서 땀을 뻘뻘 흘리며 일하고 있는 모습을 우연히 지나다가 보게 되었다.

"이 아이의 얼굴을 보니 19살 때까지 밖에는 살 수가 없구나."
라고 말하는 것이 아닌가. 이에 깜짝 놀란 농부는 통곡하며 울다가
"어떻게 하면 아들의 수명을 연장할 수 있습니까?"
라며 지푸라기라도 잡는 심정으로 간곡히 물어 보았다. 이에 관로가 말하기를
"모월모일모시, 마을 저쪽 보리밭 뽕나무 아래 그늘진 곳에서 바둑을 두고 있는
두 사람의 노인이 있는데, 그 노인들에게 아들로 하여금 술과 음식을 대접하게
하면 된다."
라고 하였다. 농부는 그의 말대로 아들에게 술과 음식을 장만하여 그 곳으로
가보게 하였다. 아들이 가서 보니 과연 두 사람의 노인이 바둑을 두고 있었다.
그런데 두 노인은 농부의 아들이 옆에 와 있는 줄도 모르고 바둑을 정신없이
두었는데, 그러는 와중에 농부의 아들이 건네준 술을 무심코 받아 마시고 말았다.
그 중 얼굴이 푸른 북쪽에 자리 잡은 노인이 정신을 차리고서는 크게 꾸짖었다.
이에 남쪽에 자리 잡은 노인이 북쪽의 노인을 달래면서 이미 술과 음식을 얻어먹었
으니 어쩔 수 없게 되었다고 하면서 명부를 꺼내들었다. 그리고는 농부의 아들의
수명이었던 십구十九를 거꾸로 뒤집어 구십九十으로 고쳐 주었다. 이 말을 전해들
은 농부는 크게 기뻐하며 관로에게 가서 감사를 드리니, 그가 말하기를
"북쪽의 노인이 북두의 신이고 남쪽의 노인이 남두의 신이다."
라고 말하고 나서 그 자리를 떴다. 그 후 농부의 아들은 과연 구십九十까지
장수하였으며, 자손을 다섯이나 두면서 가문의 대代를 이을 수 있었다.

이 이야기에 나오는 두 노인이 북두칠성과 남두육성의 신령이다.
남두의 신은 삶을 관장하여 탄생일을 기록하고, 북두의 신은 죽음을
관장하여 사망일을 기록한다고 보았다. 둘이 나란히 생사의 끈을 쥐고
있지만 북두의 신이 좀 더 끗발이 셌다고 보았는지, 정안수를 떠놓고
항상 북두칠성에게 소원을 빌었다. 북두칠성에는 『천부경』의 원리가
고스란히 담겨 있었기 때문이었을 것이다. 그리고 이 이야기 속에 등장하
는 10과 9라는 숫자에도 상당히 의미심장한 내용이 들어 있다. 앞에

나오는 숫자 十九는 바로 선천을 말하고, 뒤에 나오는 九十은 바로 후천을 상징한다. 그리고 여기서의 10은 하도를 상징하고, 9는 낙서를 상징한다. 선천은 낙서를 체로 삼고 하도를 용하지만, 후천은 하도를 체로 삼고 낙서를 용하는 비결을 이야기 속에 은밀히 감추어 두었는데, 나중에 『정역』에서 다시 다루게 될 내용이다.

3 천부경과 시간

지금까지는 차례대로 삼천參天이 열리고, 삼천이 다시 양지兩地를 생하는 것까지 이어졌으니, 이는 우주의 시공간 중에서도 주로 공간이 펼쳐지는 과정이었다. 그리고 이제 이어질 스토리들은 주로 시간에 관한 것이 될 것이다. 경문에는 우주의 시간에 대해 설명하면서, 그 흔하디흔한 해나 달, 북두칠성, 28수와 같은 단어들을 단 하나도 사용하지 않는다. 그러면서도 놀랍게도 이 모두를 표상해낸다.

運三四成環五七 해와 달이 운행하고, 다섯 개의 일곱이 고리를 이룬다.
<small>운 삼 사 성 환 오 칠</small>

경문 중의 '운삼사' 부분에서 해와 달의 운행에 관한 표상이 나오고, '성환오칠'에서 북두칠성과 28수가 나온다. 자전축인 북극성의 주위를 도는 북두칠성과 사방의 청룡·주작·백호·현무가 모두 5개의 7을 이루니 이들이 바로 북두칠성이고 28수이다. 더욱 놀라운 것은 고대의

사서에 회자되는 천부인이란 것의 정체이다. 『한단고기』에는 한인이 천부인을 주면서 한웅이 배달나라를 건국하도록 하명하는 장면이 등장한다. 여기서 한인이 내린 천부인이란 것이 바로 해·달·북두칠성을 새겨놓은 거울이었다. 그리고 **천부인은** 『천부경』 경문 중에서도 특히 **운삼사와 성환오칠의 핵심들을 실체화 한 것**이 분명하다. 한웅은 자신이 받은 거울에 『천부경』의 뜻을 잊지 않기 위해 나름대로 부호화해서 경문을 적어놓았을 것으로 추측된다. 아직 녹도문이라는 최초의 문자가 나오기 전의 일이기 때문이다. 『천부경』이 풀어내는 시간의 의미, 9천 년 전의 고대인들이 바라본 시간이란 개념이 어떤 것이었는지를 음미해 보도록 한다.

운삼사

운삼사를 간단하게 풀이하면 3·4가 운행한다는 의미이다. 이것은 대체 무슨 뜻을 담고 있을까? 이것을 푸는 열쇠는 3·4의 의미가 무엇이냐에 달려있다고 해도 과언이 아니다.

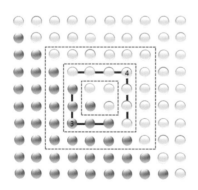
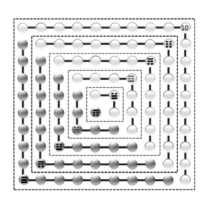

먼저 왼쪽 십일도에서 3·4를 자세히 살펴보면, 이들 숫자들은 제2천에 속해있다. 이를 일컬어 우리 선조들은 중천中天이라고 표현한 것이다. 어찌하여 중천일까? 제1천·제2천·제3천, 이렇게 세 개의 하늘 중에서 제2천은 제1천과 제3천의 가운데에 위치하고 있기 때문에 중천이라 한 것이다. 제1천이 상천이고, 제2천이 중천이고, 제3천이 하천일 것이다. 우리들이 흔히 사용하는 소위 중천이란 용어는 바로 여기에서 유래된 말임이 명확하다. 그러면 중천에 속한 3·4는 또 무엇일까? 이들 3·4라는 숫자에 천부팔괘를 대입한 오른쪽 십일도를 자세히 살펴보면, 3은 감괘(☵)이고, 4는 이괘(☲)에 해당한다는 것을 어렵지 않게 알 수 있다. 여기서 감괘(☵)는 달이고, 이괘(☲)는 해이다. 따라서 운삼사라는 말은 중천에 떠 있는 해와 달의 운행을 의미한다. 또한 본서 제2권의 마지막 장에 자미두수에 숨겨져 있는 원리들이 소개되는데, 바로 그 자미두수에서 태양과 태음을 중천의 별이라고 보고 있다. 지구가 해의 주변을 한 바퀴를 돌면 일 년이 지난 것이고, 달이 지구의 주위를 한 바퀴를 돌면 한 달이 지난 것이다. 시간의 프레임, 시간의 뼈대가 바로 해와 달이다. 만약 지구가 해와 달이 없는 행성, 즉 우주 공간을 정처 없이 떠도는 떠돌이 행성이었다면, 시간의 뼈대를 세울 길이 없었을 것이고, 9천 년 전에도 이미 이 사실을 잘 알고 있었던 것이다.

성환오칠

이제 다음은 성환오칠이다. 이것은 또 무엇을 뜻하는 것일까? 풀이를 해보자면 5·7이 고리를 이룬다는 의미가 된다. 그러면 5·7이 또 무엇인가? 필자는 여기서 5·7을 대략 두 가지로 풀이한다. 첫 번째 풀이는 다섯 가지의 7성이라고 풀이한다. 좀 더 쉽게 말하자면, 중앙의 북두칠성을 비롯하여 청룡·주작·백호·현무로 이루어진 5개의 칠성이 고리를 이어서 오행이 완성된다. 이처럼 하늘이 먼저 오행을 갖추고, 하늘을 본받아 땅이 오행을 갖추고, 하늘과 땅을 본받아 사람이 오행의 덕, 즉 인의예지신을 갖추는 것을 의미한다.

그리고 두 번째 풀이는 사람으로 치자면 5장과 7규가 서로 고리를 이루는 것이고, 하늘로 치자면 북두오성과 북두칠성이 고리를 이루는 것이고, 땅으로 치자면 5대륙 7대양이 고리를 이루는 것을 의미한다. 상기 두 가지의 풀이 중에서 필자는 첫 번째 풀이를 보다 더 정답에 접근한 것으로 판단하고 있다. 두 번째 풀이가 비록 나름대로 재미있는 부분들이 있기는 하지만, 중요한 부분에서 결함을 보이고 있기 때문이다. 그것은 바로 일시무시일의 하나가 빠져 있다는 것이다. 그에 비해 첫 번째 풀이에는 일시무시일의 하나가 생생하게 살아 있다.

제1천 04개의 돌 ⇨ 일시무시일(북극성) + 3개의 돌(三星)
제2천 16개의 돌 ⇨ 일시무시일(북극성) + 6(남두육성) + 9(북두구성)
제3천 36개의 돌 ⇨ 일시무시일(북극성) + 5가지 종류의 7성

따라서 첫 번째 풀이에 주안점을 두고 먼저 설명할 것이고, 두 번째

풀이는 참고 할 수 있도록 나중에 설명이 될 것이다. 그전에 먼저 천부경
과 오행에 대한 이야기를 언급할 필요가 있다. 성환오칠이 바로 오행론의
본고장이기 때문이다.

음양오행설의 기원

앞에서도 잠시 언급했지만 소위 전문적인 학자라는 작자들은 오행이
론은 아무리 길게 잡아도 전국시대를 넘어서지 못한다고 주장한다.
한마디로 귀신 씨 나락 까먹고 있는 소리를 하고 있는 것이다. 그들의
연구란 것은 누구나 쉽게 짐작할 수 있듯이 지금까지 전해지고 있는
고서적에 대한 서지학(書誌學)적인 연구가 거의 전부라고 말해야 할
것이다. 사실 이와 같은 연구 방식에는 학자 자신들도 어쩌지 못하는
뚜렷한 한계가 태생적으로 존재할 수밖에 없다. 바로 고서적의 유무이
다. 서적이 남아 있어야 이러쿵저러쿵 연구가 가능해진다는 그 한계에서
벗어날 길이 없다. 물론 그런 증거물들이 풍부하게 남아 있다면야 그보다
좋은 일은 없을 것이다. 그러나 그것이 어디 그리 쉬운 일이겠는가?
이런저런 이유를 둘러대면서 책이란 책은 모조리 불살라버리는 위대한
(?) 전통을 가졌던 문화권에서 이는 불행히도 그리 좋은 성과를 기대하기
가 어려운 상황일거라는 것은 누가보아도 자명한 일에 속한다. 더군다나
대나무나 종이로 만들어진 것이 훼손되지 않고 수천 년을 보존한다는
것이 그게 어디 가능한 일이겠는가? 그럼에도 불구하고 전문가 행세하는
자들은 제 눈에 제 손을 얹어놓고 그 구멍 속으로만 하늘을 보려고
한다. 누가보아도 스스로가 겸손해야하는 환경임이 분명한데도 불구하

고, 오히려 자신들이 제 맘대로 정해놓은 콩알만 한 손바닥 구멍에서 본 그 하늘이 마치 세상의 전부인양 큰 소리를 치고 있다.

　그러나 이러한 저간의 사정도 『한단고기』를 중심으로 고대의 상황을 살펴보면, 상황이 완전히 달라진다. 『한단고기』에는 오행과 관련된 일들이 풍부하게 발견되는데, 주로 나라의 조직 구조를 오가五家의 형태로 나눈다거나, 하늘의 28수를 동서남북에 배치한다거나, 역법에 오행의 이치를 담아놓은 칠성력을 사용한다는 등의 다양한 형태로 오행의 흔적들이 남아 있음을 찾아볼 수 있다. 그러다가 급기야는 제1대 단군왕검이 다스리던 시대에 중국에 홍수가 나서 태자 부루를 파견하여 홍수를 막을 수 있게 도와주게 되는데, 이때에 오행치수라는 개념이 역사의 전면에 등장하게 된다. 당시 꽤 오랜 기간 중국에 일어났던 그 큰 홍수를 오행의 이치를 바탕으로 극복했다는 것이다. 이것이 오행의 흔적이 아니고 다른 또 무엇이란 말인가? 마음 같아선 시중에 널린 쓰레기 같은 책들을 모두 죄다 수거해버리고 싶은 심정이 들지 않을 수가 없게 된다. 『한단고기』「소도경전본훈제5」에는 다음과 같은 기록이 있다.

　"자부선인은 발귀리 선인의 후손이다. 태어나면서 신명하여 도를 얻어, 일찍이 해와 달을 측정하여 이를 정리하고 다음으로 오행의 수리를 따져서 칠정운천도를 저작하니, 이것이 칠성력의 시작이다. 뒤에 창기소가 또 그 법을 부연하여 이로써 오행치수의 법을 밝혔다. 이 역시 신시황부神市黃部의 중경中經으로부터 나온 것이다. 우나라 사공 우는 회계산에 이르러 조선으로부터 가르침을 받고 자허선인을 통해 창수사자 부루를 뵙기를 청하여 황제중경을 받으니 바로 신시황부의 중경이다. 우가 이를 취하여 쓰니 치수에 공이 있었다."

    지금 기록에서 등장하는 자부선인은 배달국 제14대 자우지 한웅이
다스리던 시절에 배달국의 국사였다.[51] 지금으로부터 약 4700년 전의
일이다. 전국시대 운운이 어디 가당키나 한 말이겠는가? 또한 이 기록에
서 오행의 수리를 따져서 나온 칠성력이라는 역법이 등장한다. 칠성력이
과연 무엇일까?『한단고기』「태백일사」[신시본기]에는 다음과 같은
기록이 있다.

"신시의 세에 칠회제신의 책력이 있었다. 첫날엔 천신에 제사지내고, 둘째 날엔
월신에 제사지내고, 셋째 날에는 수신에 제하고, 넷째 날에는 화신에 제사지내고,
다섯째 날에는 목신에 제하고, 여섯째 날에는 금신에 제사지내고, 일곱째 날에는
토신에 제사지냈다. 대저 책력을 만듦은 이에서 비롯됨이라. 그렇지만 옛날엔
계해를 썼나니, 단군 구을이 처음으로 갑자甲子를 써서 10월을 상달이라 하고,
이를 한 해의 시작이라 했다. 육계六癸는 신시 씨에 의하여 신지에 명하여 제정한
것으로 계癸를 처음 시작이라 한다. 계癸는 계啓요, 해亥[52]는 핵核이니 일출의
뿌리이다. 그러므로 계를 소라라 하고, 갑을 청차라 하고, 을을 적강이라
하고, 병을 중림이라 하고, 정을 해익이라 했고, 무를 중황이라 하고, 기를 열호수
라 하고, 경을 임수라 하고, 신을 강진이라 하고, 임을 유부라 했다. 해를
지우리 자를 효양, 축을 가다 인을 만량 묘를 신택백, 진을 밀다 사를 비돈
오를 융비, 미를 순방 신을 명조 유를 운두 술을 개복이라고 한다.[53]"

<hr>

51) 자우지 한웅 (기원전 2707년~기원전 2598년)
52) 亥의 지장간은 무갑임이다. 여기서 무는 5, 갑은 3, 임은 1이다. 이 안에 삼족오의
    의미가 모두 들어 있다. 1은 까마귀, 3은 세 개의 다리, 5는 태양계의 중심인
    태양이다. 亥가 바로 금오이고, 삼족오이다. 발음도 태양을 부르는 해와 일치한다.
    자미두수 기본도에서도 해의 자리에 태양이라는 별을 배성한다.
53)『한단고기』「삼·성기전 하편」에 10천간 12지지의 기원에 관한 기록이 있다.
    "반고라는 자가 있어, 괴상한 술법을 즐기며 길을 나눠 살기를 청하매 이를 허락하였
    다. 마침내 재물과 보물을 꾸리고 10천간 12지지의 신장들을 이끌고 공공·유소·유
    묘·유수와 함께 삼위산의 라림동굴에 이르러 군주가 되니 이를 제견이라 하고

라고 하여, 칠성력이 천·월·수·화·목·금·토의 순으로 진행되는 7일을 한 주기로 하는 순환체계였음을 짐작할 수 있다. 오늘날 우리가 사용하고 있는 월·화·수·목·금·토·일의 기원이 어쩌면 4700년 전의 자부선인일지도 모른다. 이 순환체계가 돌고 돌아서, 즉 다시 말해서, 기독교를 신봉하는 문화권에서 7일 주기가 채택되었다가, 결국 서양문물과 함께 오늘날 거의 전 세계가 사용하는 상황이 된 것일 수도 있다는 말이다. 이러한 칠성력에 대한 기록은 그 후에도 계속 발견된다. 『한단고기』「단군세기」에는 또 다음과 같은 기록이 있다.

"기원전 2229년, 임자년. 그 때 신지 귀기가 칠회력과 구정도를 만들어 바쳤다."

여기서 알 수 있는 한 가지는 칠성력 안에 분명하게 오행의 개념이 들어가 있다는 사실이다. 칠성력 자체가 해와 달, 그리고 오성의 구성이었기 때문이다. 우리는 앞에서 윷놀이를 통해, 석삼극을 형상하는 4개의 윷가락이 각각 음양을 가짐으로써, 도·개·걸·윷·모 오행의 상象이 나온다는 것을 고찰했던 바 있다. 그런데 북두칠성과 오행의 관계에서 약간 모호한 부분이 있었는데, 『한단고기』의 여러 기록들에서 북두칠성의 7이란 숫자와 오행의 5라는 숫자의 상관관계를 능히 짐작할 수 있게 되었다. 7이란 수는 또한 음양의 2와 오행 5의 결합체이기도 함이 분명하다. 북두칠성의 7이라는 숫자에서 해와 달을 뺀 나머지 5라는 수를 곧 오행의 수로 인식했었던 것이다. 따라서 우리의 조상들이 북두칠성을 어떻게 생각하고 있었는지를 더욱 명확하게 엿볼 수 있게 되었다.

그를 반고가한이라 했다."

배달족은 확실히 북두칠성에다 해와 달의 음양과 오행을 모두 투영해놓고, 이를 생생하게 살아 움직이는 신물로 인식했었음이 분명하다. 결국 그들에게 있어서 수만 가지 우주질서를 모두 표상한 것이 바로 북두칠성이었다. 결국 이렇게도 말할 수가 있을 것이다. **북두칠성을 우주론의 기본 뼈대가 되는 "음양오행"을 주재하는 하나의 거대한 우주의 중심 센터로 인식했었다!** 여기서 말하는 음양陰陽이란 두말할 것도 없이 해와 달을 말하는 것이고, 해와 달로 인해 한 해와 한 달이라는 시간의 골격이 만들어지는 것이었다. 뿐만 아니라 북두칠성 자체가 이미 매일매일 북극성 주위를 한 바퀴를 돌면서 매 시간을 알려주는 커다란 시계이자, 또한 12달에 대한 또 하나의 지표 역할을 해주는 거대한 달력이었다. 이 거대한 하늘 시계들에 대해선 별도로 다시 자세히 다루기로 한다. 배달국의 책력은 그 후에도 발전을 거듭하여 마침내 60갑자를 책력에 도입하기에 이른다. 『한단고기』「단군세기」에 다음과 같은 기록이 있다.

> "제5대 단군 구을 재위 시, 기원전 2096년, 을축년. 처음으로 육십갑자를 사용하여 책력을 만들었다. 기원전 2092년, 기사년에는 인도 사람이 표류하여 동쪽 바닷가에 도착하였다."

지금까지도 우리는 60갑자를 책력에 적용해서 사용하고 있으니, 이는 대략 4100년 이상을 지속해 온 우리 겨레의 뿌리 깊은 문화유산이라 할 수 있을 것 같다. 기록에 인도 사람이 표류했다는 사실이 이채롭다. 그 머나먼 인도에서 어떻게 배를 타고 동아시아까지 오게 되었을까? 당시의 배 만드는 기술이 상당했었던 것으로 짐작된다. 고대사를 읽다보면, 중국 측 기록들은 하나같이 전설을 말하고 있음을 알 수 있게 된다. 그러한 경향은 그 시간을 거슬러 올라갈수록 더욱 심화된다. 결국 사람의

기록이 아니라, 괴상망측한 괴물들의 전설이 되어 버린다. 이것저것이
뒤죽박죽이 되어 결국은 그 무엇 하나 분명해지는 것이 없게 된다.
그들은 상고사를 가능한 한 희미한 것으로 만들어버리기 위해 무던히도
애를 쓰고 있는 듯하다. 그와 같은 인상을 지울 수가 없다. 그런데
『한단고기』를 읽다보면 놀라운 일이 일어난다. 중국인들과 동 시대의
기록을 다루고 있는 것 같은데도, 여기서는 사람의 역사가 되어 있음을
알 수 있게 된다. 전설이 아니라 역사로 탈바꿈한다. 상황이 이런데도
『한단고기』는 어찌 제대로 된 평가를 받지 못하고 있는 것일까? 왜
그런 것일까? 이와 비슷한 사례가 서양의 수학사에도 있었다. 분명히
잘못된 것인지를 알면서도 그것을 고치지 못한다. 삼차방정식의 해법은
바로 이탈리아의 수학자이자 물리학자인 타르탈리아(1499~1557)가 발견
했는데, 카르다노(1501~1576)가 발견한 것으로 잘못 알려져 있다.

타르탈리아는 이탈리아어로 '말더듬이'라는 뜻이다. 타르탈리아의 본명은 니콜
라 폰타나(Nicola Fontana)이다. 그는 이탈리아 볼레시아에서 태어났다. 어린
시절 타르탈리아는 프랑스 병사의 칼에 혀를 다쳐 생명이 위독했으나 어머니의
극진한 간호로 겨우 목숨을 건졌다. 그 후, 타르탈리아는 평생 말을 더듬게
되었지만, 그는 어머니의 사랑을 잊지 않기 위해 말더듬이라는 사실을 오히려
자랑스럽게 여겨 타르탈리아라는 이름을 사용했다. 타르탈리아와 카르다노가
살았던 당시 수학자들은 서로 문제를 내고 겨루는 공개 토론이 유행했었다.
어느 날 타르탈리아는 삼차방정식의 해법을 알아냈다고 주장했는데, 그의 주장이
틀렸다는 것을 증명할 수 있다고 믿었던 다른 수학자들은 공개적으로 문제
풀이를 하는 시합을 제안하여 타르탈리아에게 도전을 했다. 시합 결과 타르탈리아
는 자신이 발견한 해법을 이용해서 어려운 삼차방정식을 풀어냈다. 당시 밀라노
대학의 교수였던 카르다노도 삼차방정식의 해법을 연구하고 있었지만 성공하지
못한 터라 이 소식을 들은 카르다노는 타르탈리아에게 편지를 보내서 자신이

쓰고 있던 책에 타르탈리아의 이름으로 그 해법을 공개해도 좋은지 물었다. 이에 타르탈리아는 공개하지 않는다는 조건으로 카르다노에게 그 해법을 알려 주었다. 타르탈리아와의 약속을 지키기 위해 카르다노는 그 후로 몇 년 동안 자신만의 독창적인 삼차방정식의 해법을 연구하여 발표하려고 했으나 뜻을 이루지 못했다. 결국 카르다노는 타르탈리아와의 약속을 어기고 1545년 그의 저서 「위대한 예술, 대수학의 규칙에 대해」에 삼차방정식의 해법을 발표하였다. 또한 이 책에는 사차방정식의 해법도 실렸는데 이것도 카르다노의 제자인 페라리 (1522~1565)에 의하여 발견된 것이었다. 카르다노는 나중에 점성술에 빠져서 스스로 자기가 죽을 날을 예언했는데, 그 날이 돼도 죽지를 않자 자신의 예언을 실현시키기 위해 자살하였다. 이 사건은 두고두고 수학사의 야비한 일화로 전해지고 있지만, 한번 잘못 인식된 것을 바꾸는 것은 쉽지가 않아서 결국 오늘날까지도 삼차방정식의 해법을 '카르다노의 공식'이라고 부르고 있다.

한편 고대 사회에서 오행의 쓰임새는 책력과 같은 시간적인 지표로만 사용되었던 것이 아니라, 그밖에도 여러 방면에 적용되고 있음을 알 수 있는데, 가령 사회의 조직 체계를 나누는데도 적용되었다. 『한단고기』 「단군세기」에는 다음과 같은 구절이 나온다.

"이에 천하의 땅을 새로 갈라서 삼한으로 나누어 다스렸으니 삼한은 모두 오가五家 64족을 포함하였다."

여기서 오가는 다섯 가지의 동물을 상징으로 삼고 있는 다섯 부족을 말한다. 앞서 윷놀이에서도 도·개·걸·윷·모의 다섯 동물이 나오는 데, 지금 여기서 말하는 오가에서도 다섯 동물이 다시 나온다. 윷놀이에서 한역이 나왔음은 이미 앞에서 언급했던 바이고, 지금 인용한 이 구절들에서 거론되는 숫자들을 보노라면, 하나같이 모두 동양의 역易에 등장하는 숫자들임을 알 수 있다. 석삼극의 3, 오행의 5, 한역 64괘의

64…. 이로 미루어보아 가히 역易의 본고장이 어디였는지를 능히 짐작하고도 남음이 있다 할 것이다. 하지만 뭐니 뭐니 해도 상고사의 오행에 관한 기록 중에서 단연 최고의 백미는 바로 앞서 살펴보았던 오행치수법이라고 할 수 있다. 『한단고기』중에서 또 다른 부분 「단군세기」에 다음과 같이 적혀있다.

> "오행치수의 법과 황제중경이란 책은 태자 부루에게 나와서 우 사공에게 전해진 것이다. 뒤에 다시 기자의 홍범을 주나라 왕에게 말했다 함은 역시 황제중경과 오행치수설인 것이니, 대저 그 학문의 근본은 신시의 구정과 균전으로부터 전해진 법일지라."

여기서 부루 태자가 우에게 전해주었다는 『황제중경』이라는 책이 나중에 주나라 기자가 말했다는 『홍범구주』의 본원임을 밝혀주고 있으니, 오행의 본원이 배달족이었다는 사실을 분명히 전해주고 있다. 지금까지는 주로 기록들을 통해서 오행의 흔적들을 살펴보았으나, 이제 『천부경』경문을 통해 오행을 추론해볼 차례이다. 『천부경』에서 오행이란 말이 과연 등장할까? 경문을 통틀어 5라는 숫자는 오직 단 한번 성환오칠이라는 구절에 등장한다.

성환오칠이 무슨 뜻일까? 성환오칠이란 5개의 7이 고리를 이룬다는 뜻이다. 우리 선조들은 북극성 주위를 맴도는 북두칠성 뱀 한 마리만 가지고는 성에 차지 않았는지, 동서남북의 황도대를 지나는 28개의 항성을 28수라 하여, 그중 7개를 하나로 묶어서 1마리의 뱀으로 삼았다. 그리고 동서남북 삼천의 바깥쪽 온 하늘을 4마리의 뱀들로 둘러싸버렸다. 위에 보이는 십일도에서 빨간색 라인, 여기까지가 우리 선조들이

생각했던 삼천參天의 영역이었
다. 그 주위를 4마리의 뱀들이
마치 수호신처럼 옹위하고 있는
형국이다. 청룡·백호·주작·
현무, 그들이 고분 벽화에 그려
져 있는 모습을 자세히 살펴보
면 단순한 거북이와 호랑이가
아님을 금방 알 수 있다. 모두

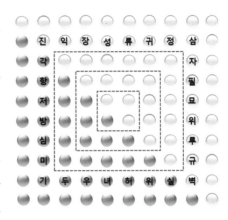

하나같이 뱀들이 칭칭 감고 있는 모습들이다. 한마디로 말해 동쪽에
있는 뱀이 청룡, 서쪽에 있는 뱀이 배호, 남쪽에 있는 뱀이 주작, 북쪽에
있는 뱀이 현무였다. 그림과 같이 하늘의 적도 부근에 있는 항성들을
28개의 구역으로 구분하여 28수라고 불렀는데, 여기서 '수'라는 글자는

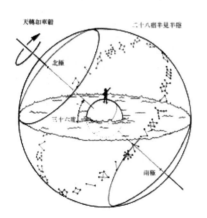

'머무른다.'는 뜻이었다. 머무른다?
누가 머무른다는 것일까? 달이었
다. 달이 지구 주위를 공전하면서
28수를 하루에 하나씩 지나가게 되
는데, 28개를 모두 지나면 한 달이
가고 새로운 달이 나타나는 것이었
다. 사실 28개의 별이 아니라 28개의
구역이라고 보아야 한다. 하나의 별
이 아니라 여러 개 별들의 조합이라고 보아야하기 때문이다. 그중에서
대표적인 것을 수宿라고 하였고, 28수의 대표적인 별을 거성距星이라
하였다. 28수는 아래와 같이 7개씩 묶어 동서남북의 네 방향에 분속시켰

다. 가령 청룡은 춘분날 초저녁부터 동쪽 하늘을 보고 있노라면 청룡의 뿔에 해당한다는 각角을 필두로 해서 시간이 지남에 따라 점차적으로 각·항·저·방·심·미·기의 별들이 차례대로 꼬리에 꼬리를 물고 동쪽 하늘 높이 솟구쳐 올라가는 장관이 연출되는 것을 구경할 수 있었다. 말 그대로 청룡이 승천하는 장면을 별들이 연출해내는 거대한 우주 쇼라고 할만하다.

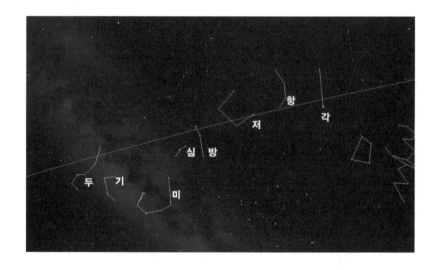

그리고 시간이 흘러 하짓날 초저녁이 되면 이번에는 동쪽 지평선 위쪽으로 북방 현무인 두·우·여·허·위·실·벽이 떠오른다. 추분일 초저녁 동쪽 지평선엔 서방 백호인 규·루·위·묘·필·자·삼이 떠오른다. 그리고 동짓날 동쪽 지평선 위로는 남방 주작인 정·귀·류·성·장·익·진이 차례대로 떠오른다.

동방 청룡 - 각角·항亢·저氐·방房·심心·미尾·기箕 ⇨ **목木** 오행 주재

북방 현무 - 두斗·우牛·여女·허虛·위危·실室·벽壁 ⇨ **수水** 오행 주재

서방 백호 - 규奎·루婁·위胃·묘昴·필畢·자觜·삼參 ⇨ **금金** 오행 주재

남방 주작 - 정井·귀鬼·류柳·성星·장張·익翼·진軫 ⇨ **화火** 오행 주재

　이렇게 해서 비로소 하늘의 북쪽, 하늘의 남쪽, 하늘의 동쪽, 하늘의 서쪽을 구분할 수 있게 되었다. 중앙의  토土 오행이 빠져 있는데, 이는 북극성 주위를 보좌하고 있는 북두칠성의 몫이 었을 것이다. 그런데 그림을 보면 현무 가 남쪽에 그려져 있고, 주작이 북쪽에 그려져 있다. 하늘을 올려다보면서 그 려 놓은 이미지를 바닥 쪽으로 뒤집어

내려놓았기 때문이다. 따라서 그 그림을 북쪽을 등뒤에 놓고 선채로 다시 하늘을 향해 번쩍 뒤집어 들어 올리면 이번에는 현무가 누가보아도 북쪽 하늘로 옮겨진다. 현무는 북쪽 하늘을 지키는 뱀이 맞다. 풍이족의 뱀을 신성시하는 사상이 만들어낸 이 사신도 문화는 동아시아에 대유행 을 하게 된다. 이 문화는 오랜 기간 중국 등지에 광범위하게 퍼지게 되는데, 요즘은 주객이 완전히 전도되어 오히려 중국인들이 만든 거라는 설이 정설처럼 되어 있다. 이 또한 우리들의 그 잘난 학자들이 고분 등에 남아있는 유물만 가지고 내린 판단이다.54) 우리 측 기록『한단고기』

---

54) 고증학자들은 28수가 지금으로부터 약 3000년 전 주나라 초기에 형성되었을 것으로 추정하고 있다. 1978년 중국 호북성 수현 증후을(曾侯乙)의 무덤에서 출토된 칠기 상자 뚜껑에 두(斗)라는 글자와 그 주위에 28수의 이름이 씌어 있으며, 양 끝에 용과 호랑이 그림이 그려져 있었다. 또 연대에 해당하는 문자도 씌어 있는데, 분석 결과 기원전 433년에 해당하였다. 늦어도 춘추 말기엔 형성되었음이 분명하고,

「태백일사」 [삼신오제본기]에는 다음과 같은 기록이 있다.

"인류의 조상을 나반이라 한다. 처음 아만과 서로 만난 곳을 '아이사타'라 한다. 또 '사타려아'라고도 한다. 어느 날 꿈에 신의 계시를 받아 스스로 혼례를 이루었으니, 정안수를 떠놓고 하늘에 알린 후 돌아가며 술을 마셨는데, 산남의 주작이 날아와서 즐기고, 수북의 신구가 상서를 나타내고, 곡서엔 백호가 산모퉁이를 지키고, 계동엔 창룡이 하늘로 승천하고, 가운데 황웅이 있었다. 천해·금악·삼위·태백은 본디 구한에 속한 것이며 구황의 64민은 모두 그 후예이다. 그러나 일산일수가 각각 한나라가 되매 사람들도 역시 서로 따라가 경계를 나누니 경계에 따라서 나라를 달리하게 되었다."

인류 최초의 조상 때에 이미 사신·황웅이 함께 했다고 알려준다. 여기서 황웅이란 북두칠성을 말하는 것으로 보인다. 북극성의 지휘를 받는 중앙의 북두칠성이 명령을 하달하면, 네 방위에 있는 뱀들이 동서남북 각자의 위치에서 그 명령을 실행하는 대리인으로 보았던 것 같다. 말하자면 지방수령 정도 된다고 보면 어떨까?

한편 이웃나라 중국인들처럼 배달족 한웅들이나 조선의 단군들은 어찌하여 고분과 같은 웅장한 건축물들을 많이 남겨놓지 않았을까? 여기에는 대략 두 가지의 이유를 거론할 수 있을 것 같다. 그 하나는 배달국이나 고조선의 정확한 위치가 어디였을까? 설마 아직도 우리 민족의 역사는 한반도에 국한되어 왔다는 식민지사관을 신봉하는 강단 사학자들의 그 말도 안 되는 헛소리를 믿고 있는 것은 아닐 것이라

한대(漢代)에 이르면 하늘을 둘러싼 28수를 네 방향에 분속시켜 배치한 사신(四神)을 무덤의 벽화에 장식한 사례들이 많이 나타난다.

믿어 의심치 않는다. 그냥 제 밥그릇만 지키기 위해 개가 짖고 있는 소리라고 무시해버리면 그만이다. 그리고 또 다른 하나는 한웅들이나 단군들은 대대로 다른 족속들의 왕들과는 철학 수준과 의식의 수준이 완전히 다른 사람들이었을지도 모른다는 점이다. 그들은 소박한 삶을 원했고, 웅장하고 화려한 건축물을 그다지 좋아하지 않았을 수도 있다. 자칫 백성들의 삶을 번거롭게 만들고 궁핍하게 만들 수 있는 국가적인 대규모 건설 사업을 최대한 자제하였고, 지도자들의 이러한 정신을 본받은 백성들 또한 화려한 기와집이 아니라 강가에 소박하게 지은 초가집에서 마음 편하고 행복하게 사는 것을 기꺼워했을지도 모른다. 그 증거가 될 만한 기록이 있으니, 『논어』「자한편」에 이런 이야기가 나온다. 공자 말년에 구이에 가서 살고 싶다고 여러 번 이야기 했다고 한다.

공자가 구이에 가서 살고 싶어 했다. (子欲居九夷)
혹자가 말하길 누추한 곳에서 어쩌시려고 그럽니까? (或曰 陋如之何)
공자 왈, 군자가 살고 있는데 어찌 누추하겠느냐. (子曰 君子居之何陋之有)

이 짧은 대화에서 당시 구이의 상황을 엿볼 수 있다. 당시 조선인들은 확실히 공자가 살던 곳보다는 소박하게 살았을 것으로 추측된다. 그들의 눈으로 볼 때, 소박한 삶이 누추한 것으로 비쳐졌을 것이다. 이처럼 우리 선조들이 비록 겉으로는 소박하게 살았을지는 모르겠지만, 참된 도가 살아 숨 쉬는 진정한 군자의 나라였을 것이다. 그렇다고 당시의 조선이 작은 나라였을까? 엄청나게 큰 나라였다. 『한단고기』「단군세기」에 제14대 단군 고불 제위 때의 일을 알려주는 기록이 있다.

"기원전 1716년, 을유년. 이 해에 큰 가뭄이 있었다. 단제께서 몸소 하늘에 기도하여 강우를 빌었다. '하늘이 크다고 하지만 백성이 없으면 무엇에게 베풀 것이며 비는 기름지다 하나 곡식이 없으면 어찌 귀하리오. 백성이 하늘처럼 여기는 것이 곡식이며, 하늘이 마음처럼 여기는 것은 사람이니, 하늘과 사람은 일체일진대 하늘은 어찌하여 백성을 버리시는가? 이제 비는 곡식을 기름지게 할지며 때 맞춰 구제하게 하소서.'라고 하니, 말을 끝내자 큰 비가 수천 리에 삼대처럼 내렸다. 기원전 1680년, 신유년 9월. 말라 죽었던 나무에 새싹이 나고, 오색의 큰 닭이 성의 동쪽, 자촌의 집에서 태어나니 이를 본 사람들이 알아보고는 봉황이라 하였다. 기원전 1666년, 을해년. 관리를 사방에 보내 호구를 조사하여, 계산하게 하니 총계 1억8천만 명이었다."

지금으로부터 약 3680년 전의 인구가 2억에 육박하고 있을 정도로 엄청난 대국이었다. 그리고 인구조사를 실시한 최초의 나라가 바로 우리나라였다. 이 정도 대국이라면 거둬들인 세금도 엄청났을 것 같은데, 세금이 어느 정도였을까? 『한단고기』 「단군세기」에 기록이 있다.

"제8대 단군 우서한 재위 시, 기원전 1993년, 무신년, 20분의 1을 세금으로 내는 법을 정하여 널리 쓰이게 하며, 있는 곳과 없는 곳이 서로 부족한 것을 보충하도록 하였다."

세율이 고작 5% 정도밖에 되지 않았음을 알 수 있다. 그런데 그 뒤 약 330년이 지난 뒤에는 그것도 너무 많다고 보았는지, 다시 4분의 1수준으로 경감해준다.

"제15대 단군 대음 재위 시절 기원전 1661년, 경진년, 은나라 왕 소갑이 사신을 보내 화친을 구했다. 이 해에 세법을 80분의 1로 정하였다."

라고 기록하고 있다. 나라 살림이 이러했으니, 당시 주변국들에서 군자의 나라라고 칭송이 자자했던 것이 아니었을까? 이러한 저간의 속 깊은 사정도 모르고, 군자의 나라에서 화려하고도 장엄한 유물이나 유적이 나오기를 바란다? 어쩌면 그 자체가 무리일 수도 있을 것이다. 그렇다면 이렇게 동아시아를 리드하며 호령하던 웅대한 나라가 이후 왜 그렇게 작고 초라한 지경으로 추락하게 된 것일까? 필자는 아메리카 대륙이 그 원인이 아닌가하고 상상을 해보게 된다. 역사책에 적혀 있지 않은 몇 차례의 민족 대이동이 동아시아 지역에 힘의 공백을 초래했던 것일지도 모른다. 이제 바야흐로 때가 되었으니 이에 대한 새로운 연구 결과들이 계속해서 속속 나오리라 믿는다.

북두칠성과 시간

북두칠성은 이른바 주극성(週極星)이다. 여기서 말하는 주극성이란 사시사철 온 밤을 밝히며 지지 않는 별을 일컫는다. 북극성과 북쪽 지평선을 반지름 삼아 천구에 가상의 원을 그리면 이 안에 들어오는 별들이 북극성을 중 심으로 일주하는 주극성이 된 다. 이 범위 안의 별들은 절대 지평선 아래로 내려가지 않는 다. 중국에서는 이런 별들을

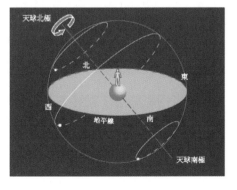

자미원(紫微垣)이라 칭했다. 북두칠성도 자미원에 속하는 별자리다. 고대인들은 밤이 되면 어김없이 북극성 주변을 도는 북두칠성을 볼

수 있었다. 심지어 고대의 어느 시기에는 북극성이 아예 보이지 않는 기간이 존재하기도 했었다. 실제로 한반도에서 발견되는 수많은 고인돌에는 북극성의 변동 상황이 시대별로 고스란히 남아 있다. 이집트인들이 용자리 알파성을 북극성으로 그렸던 것과 마찬가지로 한반도의 고인돌에도 용자리 알파성을 그린 자국이 남아 있다. 또 어떤 시기에는 북극성이 아예 없었던 때에 대한 고인돌 자국이 남아 있기도 하다. 북극성이 없던 시기, 하늘 중심이 없던 시기? 이를 우리 선조들은 어떻게 받아들였을까? 그리고 이는 『천부경』 원리에 위배되는 것이었을까? 그렇지가 않았다. 일시무시일의 하나가 뜻하는 바는

"하나가 시작하지만 시작된 하나가 없다."

라는 뜻을 가지고 있다. 즉 있지만 없고, 없지만 있기도 하는 그것이 바로 일시무시일의 하나이다. 고로 아마도 전혀 개의치 않았을 것이라 믿는다. 바둑판과 윷판의 중간점 천원 자리가 바로 그런 자리이다. 없으면서도 있고, 있으면서도 없는 자리라는 뜻이다. 바로 여기에 동양의 정점이 있다. 이 하나만 온전히 알면 더 이상 알아야 할 것이 없는 자리가 바로 이 자리이다.

그런데 북극성이 없는 그때에도 북두칠성만큼은 변함없이 가상의 천극을 중심으로 끊임없이 회전하고 있었다. 우리 선조들은 이렇게 쉼 없이 하늘을 맴도는 이 북두칠성을 우주 질서의 주재자라 여겼다. 그리고 이는 우리 선조들을 하나의 모범으로 삼아 본받고자 했던 중국인들도 상황은 마찬가지였다. 진·한시대의 사람들은 이 수레에 탑승한 천자를 상상했다. 여기서 언급되는 천자라는 용어도 우리 선조들의 개념을 그대로 모방한 것임은 두말할 필요조차 없을 것이다. 그들에게

천자는 곧 세상의 어지러운 질서
를 바로잡는 존재였다. 북두칠성
이 하늘을 주유하며 사시와 오행
의 질서를 반듯하게 하듯이, 천자
는 사방의 영토를 순행하며 국가

의 질서를 반듯하게 만드는 사람이라 여겼다. 중국을 최초로 통일한
진시황은 특히 하늘에 관심이 많은 사람이었다. 그는 밤만 되면 나름
하늘과 교감하기 위해 남들이 이해할 수 없는 기행들을 서슴지 않았다.
직접 거울을 들고 별들을 하나하나 비춰가며 스스로 별들과 소통하고자
했다. 그에게 있어서 자신은 바로 북극성의 화신이었고, 북두칠성은
자신의 통치행위를 구현하는 핵심 수뇌부를 상징하는 표상이었다. 적어
도 진시황의 이러한 생각만큼은 뒤를 이어 들어선 한대漢代에도 고스란
히 승계되었다. 한나라 때에도 북두칠성은 천자의 통치행위를 상징하는
별이었다. 중원 통일의 꿈을 이룬 뒤 강력한 중앙 집권 국가의 기틀을
마련하기 위해 고심하던 당시의 시대적 배경이 크게 작용했던 것일까?
사마천[55]의 얘기를 들어보자. 그는 『천관서』에다가

　"북두칠성은 이른바 선기옥형(璇璣玉衡)으로 칠정七政을 다스림을 일컫는다."

---

55) 사마천(司馬遷, 기원전 145년?－기원전 86년?). 전한(前漢)시대의 역사가. 자는
　　자장(子長)이며, 아버지인 사마담(司馬談)의 관직이었던 태사령(太史令) 벼슬을
　　물려받았다. 태사공(太史公)이라고 불리기도 했다. 이릉(李陵) 장군이 흉노와의
　　전쟁에서 중과부적으로 진 사건에서 이릉을 변호하다 한 무제(武帝)의 노여움을
　　사서 궁형(宮刑)을 받게 되었다. 사마천은 《사기(史記)》의 저자로서 중국 '역사의
　　아버지'라고 일컬어진다.

고 기록하고 있다. 여기서 선기옥형이란 아름다운 옥구슬로 된 저울대라는 뜻이다. 사마천은 이 저울의 용도가 하늘의 기틀을 세우는 것이라고 말한다. 즉 해와 달과 오성五星, 즉 음양과 오행을 모두 주재한다는 것이다. 사마천에 의하면 심지어 해와 달까지도 모두 북두칠성의 주재하에 놓인 신분에 불과하다. 자연 현상과 정치질서를 아우르는 우주질서의 총체가 모두 북두칠성 안에 있다고 본 것이다. 이처럼 조금은 의외로 느껴질 정도의 이러한 사마천의 하늘 관점은 과연 그의 머리에서 나온 자작품이었을까? 앞장에서 『천부경』을 설명하면서 북두칠성의 위상에 대해 언급한 내용과 지금 사마천의 북두칠성에 대한 인식이 서로 완전히 일치하고 있다는 점을 놓쳐선 안 된다. 어찌해서 이런 일이 일어난 것일까? 그가 어떻게 『천부경』 철학을 알고 있는 것처럼 말하고 있는 것인가? 당시의 중국인이 어떻게 북두칠성에 대한 이런 인식을 갖게 되었는지를 알기 위해서는 시계 바늘을 거꾸로 돌려 볼 필요가 있다. 그 안에 숨겨진 고대사의 진실이 담겨져 있다. 어디까지 올라가보아야 할까? 기원전 2267년, 그러니까 그 해는 육십갑자로 갑술년에 해당된다. 너무 오랜 옛날 옛적의 일이라 제대로 된 기록이 남아 있을 리가 만무할 것 같은데, 어찌된 일인지 홍수를 극복하는 당시의 일만큼은 수천 년이 지난 오늘날까지도 제법 풍성한 기록들이 남아 전해져 오고 있다. 흔치 않은 아주 예외적인 상황이라 할 수 있을 것이다. 중국 역사상 가장 태평성대였다고 칭해지는 요순시대가 바로 그때의 일이다. 중국 측 기록에 전해지는 당시의 정황은 대략 이러하다.

당시 중국 대륙에 오랜 기간 대홍수가 일어났다. 그로인한 사람들의 피해는 이루 말할 수 없는 것이었다. 이것이 어쩌면 성경에서 말하는 노아의 홍수에 관한 동아시아 버전일 지도 모른다. 이때 당시 요라는 왕은 대홍수를 막는 데에 온힘을 쏟았으나 쉬운 일이 아니었다. 곤이란 사람으로 하여금 9년 동안이나 치수를 총괄토록 했으나 실패하였고, 요의 뒤를 이어 왕이 된 순은 결국 곤을 우산(羽山)[56]에서 극형에 처했다. 그리고 순은 곤의 아들이었던 우[57]에게 아버지를 대신하여 계속 치수의 임무를 맡도록 하였다. 우는 전욱의 증손이자 곤(鯀)의 아들로 하후씨(夏后氏) 부락의 장長이었다. 그는 총명하고 부지런하며 공손했다. 뿐만 아니라 신용을 중시하고 매사에 솔선수범하는 모습을 보였다. 그는 치수에 실패한 부친의 교훈을 거울삼아 철저한 현지 조사를 거쳐 강바닥에 쌓인 토사를 제거하는 방법을 취했다. 직접 공사현장을 감독하면서 동분서주하였고, 그 결과 13년 만에 홍수의 피해를 극복할 수 있었다. 이 13년 동안에 세 번이나 자신의 집 앞을 지나갔지만 한 번도 집에 들어간 적이 없었다. 첫 번째 집 앞을 지날 때 그는 아기를 낳기 위해 몸부림치는 아내의 신음소리와 갓난아기의 울음소리를 들었다. 그의 부하는 집안으로 들어가 보기를 권했지만 그는 시간을 지체하다 치수를 그르치게 될까 염려하여 들어가지 않았다. 두 번째 집 앞을 지날 때는 그의 아들이 아내의 품에 안겨 그에게 손짓을 하며 부르고 있었다. 하지만 그는 손으로만 응답하고 그냥 지나갔다. 세 번째 집 앞을 지날 때는 그의 아들이 달려와 그를 끌고 집으로 들어가려 하였지만, 그는 치수가 아직 완전히 끝나지 않아 집에 들어갈 시간이 없다고 하면서 그냥 지나갔다. 이러한 자세와 성과로 우는 마침내 많은 사람들의 인심을 얻어 염황부락연맹의 후계자로 추대되었다. 순이 죽은 후 그가 왕위를 계승하였다.

하지만 이것만이 기록에 남아있는 전부가 아니다. 이와는 별도로 또 다른 버전이 전해져 오고 있다.

---

56) 강소성(江蘇省) 동해현(東海縣) 서북 90리
57) 성(姓)이 사(姒), 이름이 문명(文命)이며, 대우(大禹), 하우(夏禹), 융우(戎禹), 제우(帝禹) 등으로도 불린다. 생몰연대는 미상이며, 순의 선양(禪讓)을 받아 왕위를 계승하여 하왕조의 기초를 세운 인물이라고 알려져 있다. 8년간 재위하다가 과로로 죽었다고 한다. 또 다른 기록에는 100세까지 살다가 회계산(會稽山: 지금의 절강성 소흥현〈紹興縣〉 경내)에 묻혔다고도 한다.

곤과 우는 동일한 방법으로 치수를 하여 두 사람 모두 괄목할 만한 성과를 거두었다. 때문에 후세 사람들은 곤과 우의 신위를 함께 모셔두고 3대를 함께 제사지냈다. 치수 방면에선 두 사람의 역량이나 성과에 큰 차이가 없었다. 그런데도 곤이 죽임을 당한 것은 정치적인 이유에 기인한다. 당시 요순堯舜 시대는 부계씨족사회의 말기였다. 당시의 상황 하에서 요와 순은 보수 세력의 대표였고, 곤은 신흥세력의 대표였다. 곤의 행위들은 씨족사회의 전통과 제도를 파괴하는 것으로 비추어졌으며, 특히 "선양禪讓"이라는 전통을 위협하면서 요의 왕위 찬탈을 기도하는 것으로 인식되기에 이르렀다. 이에 요는 극도로 분노하여 순에게 왕위를 물려주었고, 순은 곤을 사형에 처했다. 아들 우는 아버지의 죽음을 뼈아픈 교훈으로 삼아 조심스럽게 처신했다. 그는 매사에 공손하고 신중하면서 순의 명령을 잘 이행하여 마침내 그의 신임을 얻을 수 있었다. 이에 순은 왕위를 그에게 선양하였다. 우는 부락연맹의 장이 된 후에도 여전히 직무에 충실하면서 근검절약을 생활화했다. 그는 농사를 중시하여 관개수로 정비에 힘을 쏟았다. 그의 세력도 황하유역에서 장강유역으로까지 점차 확대되었다. 그는 양적陽翟[58]에서 살았다. 당시에 이미 군대, 관리, 형벌, 감옥 등을 구비하고 있었다. 우는 대홍수를 이겨낸 일을 기념하기 위해 당시 구주九州에서 생산되는 청동으로 9개의 솥鼎을 만들고 그 위에 구주를 대표하는 기이한 동물들을 주조하여 국가의 상징으로 삼았다. 우는 만년에 이르러 각 부락장들의 의견을 수렴하여 고요皐陶를 그의 후계자로 내정하였으나 불행히 고요가 요절하자, 고요의 아들 백익伯益을 후계자로 삼았다. 우는 왕위에 오른 지 8년째에 각 부락의 장들을 묘산崗山[59]으로 불러 모았다. 모두들 예정된 시간에 도착하여 우에게 각자 예물을 바쳤다. 우는 부하에게 명령하여 예물의 수를 확실히 세도록 하였다. 이때부터 후세 사람들은 묘산을 '회계산(會稽山)'이라 부르게 되었다. 이 집회에서 남방의 방풍씨부락(防風氏部落)[60]의 장長이 늦게 도착하였다. 우가 크게 진노해 있는데 눈치 없게도 방풍 씨는 자신의 힘만 믿고 다른 사람을 괴롭히기까지 하는지라 그를 끌어내려

---

58) 지금의 하남성 우현(禹縣)
59) 지금의 절강성 소흥현 경내
60) 지금의 절강성 덕청현(德淸縣)

죄상을 낱낱이 열거한 후 사형에 처했다. 집회가 끝난 후 우는 과로한 탓에 앓아눕고 말았지만 여전히 병을 무릅쓰고 업무를 보다가, 이 해 8월 회계산에서 지병으로 세상을 떠났다. 신하들은 평소 검소했던 그의 생활신조에 따라 단지 3벌의 옷과 3촌寸의 박관薄棺으로 그를 장사지내고 회계산에 안장하였다.

우왕과 관련된 여타 다른 기록들을 살펴보면,『송미자세가』「홍범구주편」에, 우가 치수를 맡으니 하늘이 우에게 홍범구주 등을 내리어 치수에 성공하게 되었다고 적고 있다.『오월춘추』「월왕무여외전」에는, 우가 꿈에 붉게 수놓은 옷을 입은 남자를 보았는데, 그 남자가

"나는 현이玄夷의 창수사자[61]니라."

라고 말했다고 기록하고 있다. 이어서

"이후 우는 3달 동안 목욕재계를 한 후 산에 올라 금간옥서를 얻었으니 그것이 치수법을 적은 요결이었다."

라고 전하고 있다. 여기까지는 대략 중국 측 버전이고, 한국 측 버전이 따로 있다. 그것이 바로『한단고기』이다. 기원전 2333년 겨레의 세 번째 나라 조선을 건국한 제1대 단군 왕검께서 재위 67년[62]에 태자 부루를 파견해 대홍수의 피해를 구제해준다는 내용이 거기에 들어 있다. 태자가 치수를 돕기 위해 행차한다는 소식을 들은 우虞나라의

---

61) 창수(蒼水)는 푸른 물이지만 동쪽의 물이 아니라 동북쪽에 있는 검푸른 물이다. 다른 말로 북극수(北極水)이다. 창수사자는 북극수의 사자이며, 북극은 곧 천제(天帝)가 머무는 곳인 바, 창수사자는 천제의 사자이다. 그래서 현이(玄夷)의 창수사자(蒼水使者)는 곧 상국인 단군조선의 사자, 진한(眞韓) 태자 부루이다.
62) 단군 왕검의 당시 연세는 105세 이다.

순은 사악(四嶽)[63])을 모두 거느리고, 산동반도 남쪽에 위치한 지금의
청도 지역인 가한성(可汗城)으로 나와 진한 태자를 알현하였다고 한다.
알현을 받은 당시 순은 76세였고, 태자 부루는 70세였다. 「태백일사」
[번한세가(상)]에는 다음과 같은 기록이 있다.

"9년 홍수를 당해 그 피해가 만백성에게 미치니 단군 왕검은 태자 부루[64])를
파견하여…우리의 오행치수의 법을 배우게 하니 마침내 홍수를 다스릴 수 있게
되었다.…태자는 도산으로 가는 길에 보름동안 낭사에 머무르며 민정을 청문했다.
순도 역시 사악을 인솔하고 치수의 여러 일들을 보고하였다.…"

라고 되어 있다. 다시 정리해보면, 기원전 2267년 갑술년에 단군왕검의
명을 받은 태자는 가한성에서 보름간 머물며 민정民情을 두루 시찰하는
사이에, 이미 우나라 순의 예방을 받고서 대홍수와 치수와 관련한 제반
경과보고를 받았다. 그리고 태자는 순에게 장차 도산회의 때 사공司空
우에게 치수법을 직접 전수할 것이며, 그때 천제께서 명한 바를 함께
전달할 것이라 일러 준다. 대홍수를 다스리기 위하여 치수에 필요한
3가지 보물[65])을 지니고, 번한番韓의 낭야琅邪를 대동하고 드디어 도산에

---

63) 우두머리 제후들
64) 부루 태자는 오가 중의 호가(虎家)를 다스리는 우두머리였다. 그러다가 기원전
2309년 임진년 단군왕검이 남해로 순시를 떠났다가 바다에 붉은 용이 출현한
것을 보고 이것을 대단히 상서로운 일이라 생각하여 부루 태자가 관장하는 호가를
용가(龍家)로 고쳐 부르게 하였다. 여기서 남해는 지금의 황해로 불리는 발해만
현덕부이다. 단군왕검은 용이 물을 다스리듯이 부루 태자가 물을 다스릴 수 있다고
창수사자(蒼水使者) 부루라고 불렀다. 부루는 나중에 제2대 단군이 된다. 부루
단군은 살아생전에 태자 시절 때부터 이미 뛰어난 능력과 위엄을 널리 떨치면서
백성들을 위하여 너무나 많은 선정을 베풀어, 온 백성들이 추앙을 하였다. 기원전
2183년 부루 단군께서 붕어하시니 이 날 하늘에는 일식이 있었다.

도착한 태자는 번한을 통해서 우에게 가로대,

"나는 북극 수정의 아들이니라. 그대의 왕이 나에게 청하기를 물과 땅을 다스려서
백성들을 도와 이를 구하려 한다고 했는데, 삼신상제는 내가 가서 돕는 것을
기꺼워하시므로 내가 오게 된 것이다."

라고 했다. 이어 천부왕인을 보이면서 말하기를

"이것을 패용하면 곧 능히 험준한 곳을 다녀도 위험이 없을 것이며 흉한 일을
만나도 피해가 없을 것이다. 또 여기 신침神針 하나가 있으니 능히 물의 깊고
얕음을 측정할 수 있고 변화가 무궁무진할 것이다. 또 황거종(黃鉅宗)이 있는데
대저 험요의 물, 이것을 진압시켜 오래두록 평안케 하리라. 이 삼보를 그대에게
주노라. 천제 아들의 대훈에 어긋남이 없으면 마침내 큰 공을 이룰지니라."

고 하였다. 이에 우는 삼육구배를 올리고 나아가 아뢰기를,

"천제 아드님의 명을 게으름 없이 업으로 삼아 우나라의 정치를 힘써 도와 삼신께
보답함은 크게 기꺼운 일로 반드시 그리 하리이다."

라고 하였다. 이렇게 우가 태자로 부터 금간옥첩을 전해 받으니, 이
안에 오행 치수의 요결이 들어 있었다. 태자는 구려九黎를 도산에 모으고
순에게 명하여 곧 우공虞貢의 사례를 보고하도록 하였다.[66] 이때 사공
우가 금간옥첩을 받아간 일과 관련된 기록은『오월춘추』·『역대신선통

---

65) 세 가지 보물은 천부왕인(天符王印), 신침(神針), 황거종(皇鉅倧)이었다.
66) 산해경(山海經)은 기원전 2267년에 있었던 단군조선 태자 부루의 도산 회의 때,
　　순과 치수담당 사공 우(禹)에게 하교한 우공(虞貢)의 사례(事禮)의 하나로 만들어진
　　책이었다.

감』·『응제시주』·『세종실록』·『동국여지승람』·『동사강목』·『묵자』 등에서 두루 확인이 되고 있다. 따라서 틀림없이 실존했던 역사적 사실일 것이다. 그러나 전해지는 그 서책들에는 사실에 대한 상당한 왜곡 현상들이 발견된다. 가령 『오월춘추』 「월왕무여외전(越王無餘外傳)」에서는 이 일을 기록하면서 부루 태자라는 이름을 고의로 누락시키고 창수사자라고만 언급하면서 은인의 실체를 은근히 감추어 버린다. 또한 실제로 받은 것이 아니라 창수사자가 꿈에 나타나 비법을 알려준 것이라고 기록하면서, 우가 순전히 자신의 현몽으로 국난을 극복한 것으로 왜곡해놓았다. 여기에 한술 더 떠서 조선시대의 사대부라는 작자들은 『응제시주』와 『세종실록』에 적어놓기를

"우가 도산에서 제후들과 회동할 때 태자 부루를 보내 조회하게 하였다."

라고 하여 조선이 오히려 우의 제후국인 것처럼 기록해놓고 있다. 공연히 중국을 자극하지 않기 위해 알아서 긴 경우라고 하겠다. 하지만 적어도 지금까지는 우가 세운 하나라 때에 낙수라는 곳에서 거북이가 낙서를 등에 지고 나왔다는 말은 그 어디에도 나타나지 않고 있다. 그런데 이후의 수많은 서책들에서는 하나같이 낙서의 기원을 말하면서, 반드시 순을 이어 왕위에 올라 하나라를 세운 우가 낙서에서 나온 거북이의 등에 새겨진 낙서의 수리를 깨달아 마침내 홍수를 막아내는데 성공했다고 적고 있다. 그렇게 둔갑해가는 과정을 잠시 살펴보면 대략 이러하다.

먼저 중국 측 기록에서 하도란 말은 『논어』 「자한편」에서 처음 보이고, 『서경』 「고명편」에 천구天球와 함께 주 왕실의 보물로 삼았다는 기록이

보인다. 조익趙翼의 『해여총고』에는 하도가 황하의 근원인 곤륜에서
출토된 옥석과 관계가 있다고 했다. 『묵자』 「비공하(非功下)」에선 황하로
부터 녹도綠圖가 나왔다고 했고, 『여씨춘추』에도 녹도에 관한 언급이
있다. 『예기』 「예운」에는 황하로부터 마도馬圖가 나왔다고 한다. 또
『춘추위(春秋緯)』에는 다음과 같은 기록이 있다.

> "하수에서는 건과 통하여 천포가 나오고, 낙수에서는 곤이 흘러 지부가 나왔다.
> 하수에서는 용도가 발하고 낙수에서는 구서가 감응하였다. 하도는 9장이 있고
> 낙서는 6편이 있다. (河以通乾出天苞, 洛以流坤吐地符. 河龍圖發, 洛龜書感. 河圖有九章,
> 洛書有六篇)"

하도와 낙서를 말하고 있지만, 우리 조상들이 부르던 용도와 구서라는
이름도 병기해서 아직 살아 있음을 볼 수 있다. 이것이 『주역』 「계사전」
에선

> "하수에서 그림이 나오고 낙수에서 거북이가 글을 지고 나와 성인이 그것을
> 본받았다. (河出圖 洛龜書 聖人則之)"

라고 하였고, 『한서』 「오행지」에서는 유흠이 하도에 의해 팔괘를 그리고,
우가 낙서에 의해 구류九類를 지었다고 하였다. 이리하여 본래 이름이었
던 용도와 구서는 자취를 감추고 결국 하도와 낙서로 완전히 둔갑되기에
이른다.

그에 비해 우리 선조들이 하도와 낙서를 부르던 이름은 용의 그림과
거북이의 글이라는 뜻을 담아 용도와 구서라고 했다. 조선시대에도
우리나라 사람들은 중국인들과 달리 용도와 구서라고 불렀던 흔적이

남아 있다. 하지만 정작 고대의 진실을 기록해놓은 고대 사서들의 흔적이 너무나 희소하다. 그 이유가 무엇일까? **어이없게도 작은 나라가 감당하기에는 너무도 큰 역사였기 때문이었다.** 후손들이 심히 부족하여 선조들의 위대한 자산들을 지켜내지 못한 데에 그 원인이 있으니 다른 누구를 탓할 수 없는 노릇이다. 작은 나라의 운명, 그 속에서 위대한 기록들은 이 땅위에 존재할 수가 없는 운명이었다. 그들을 지켜내기에는 너무도 힘겨운 역부족의 상황이었다. 빛나는 문명의 나라 백제가 무너지던 날, 당나라 소정방이 제일 먼저 한 일은 백제의 서고를 모조리 불태워버리는 일이었다. 천손의 나라 고구려가 무너질 때 설인귀가 한 일도 마찬가지였다. 그들은 가장 먼저 삼한의 책들을 모조리 불살라버리는데 혈안이 되어 있었다. 중국 역사상 최고의 태평성대라고 포장했던 요·순시대가 사실 한낱 조선의 제후국 신세였다는 사실 등등을 철저히 은폐하고 싶었을 것이다. 치우에게 사로잡힌 황제 헌원, 연개소문에게 쫓기면서 혼쭐이 났던 당태종,…. 어디 그것뿐이었을까? 감추고 싶은 것이 어디 한두 가지뿐이었을까? 그러나 그 와중에도 신라만큼은 굳건히 삼한을 지탱하고 있었으니, 살아남은 서책들이 분명 우리 땅 산하 곳곳에 산재하고 있었을 것이다. 그러나 그 뒤에도 거란이 와서 불사르고, 몽고가 와서 불사르고, 결정적인 것은 고려의 뒤를 이은 조선왕조였다. 그들은 맹자가 최초로 언급했던 사대주의를 상대적으로 약소한 나라가 지혜롭게 생존하기 위한 하나의 필수조건으로 여기게 되었다. 몽고와의 오랜 항전으로 민생이 파탄 났던 고려의 전철을 밟지 않겠다는 생각이 그 무엇보다 강했다. 당시의 주변 정세로 보아 최고 강대국이었던 명나라의 눈치[67]를 살피기 위해, 또 왕조의 정당성을 지켜낸다는 명분하에, 고대의 사서들을 조직적으로 찾아내서 분서하는 일을 서슴지 않았다. 최치원의 자손들이 『천부경』의 경문을 암송으로 지켜낸 일이 이를 반증해준다. 그리고 그 뒤로도 임진왜란, 병자호란, 그리고 가장 치명적인 결정타였던 일제치하 36년간, 또다시 수십만 권의 책들이 불살라졌고, 『삼국사기』와 『삼국유사』를 제외한 수십만 권의 귀중한 사서들이 모두 일본으로 반출되었다. 그 뿐만이 아니라 일제는 조직적으로 우리의 역사를 아예 훼손해버리기로 작정한다. 1925년 조선총독 사이토가 전국에 시달한 교육시책의 내용[68]을 되새겨 볼 필요가 있다.

"…(중략)…먼저 조선인들이 자신의 일, 역사, 전통을 알지 못하게 만듦으로써 민족혼, 민족문화를 상실하게 하고, 그들의 소상과 선인들의 무위, 무능과 악행을 들추어내 그것을 과장하여 조선인의 후손들에게 가르침으로서, 그 부조父祖들을 경시하고 멸시하는 감정을 일으키게 하여 하나의 기풍으로 만들고, 그 결과 조선의 청소년들이 자국의 모든 인물과 사적史蹟에 관하여 부정적인 지식을 얻어 반드시 실망감에 빠지게 될 것이니, 그때에 일본 사적, 일본 인물, 일본 문화를 소개하면 그 동화가 지대할 것이다. 이것이 대국 일본이 조선인을 반半 일본인으로 만드는 방법이다."
라고 기록되어 있다. 이 시책에 의거해 우리의 모든 역사가 일제의 입맛에 맞도록 깡그리 변조되었음은 불을 보듯 명확함에도 불구하고, 이승만

---

67) 고려가 망하고 새로 들어선 조선은 왕조의 초기부터 고려가 수십 년간 몽고에 항쟁하다가 낳은 민생이 파탄되는 폐해를 되풀이 하지 않기 위해, 중국과 적극적으로 화친해나가는 정책으로 외교의 틀을 잡았다.

68) 명지대학교 민족사 문화콘텐츠 개발학과 송준희 교수 [과학으로 밝혀진 우리 고대사]라는 강의 내용 중

정권이 수립된 이후 일제의 하수인 노릇하던 사학자들을 깨끗이 정리하지 못하고, 오히려 그들을 주류 사학계로 불러들인 게 화근이 되어 오늘날까지 전혀 개선이 안 된 역사교과서를 가지고 우리 국민들이 역사를 배우고 있는 한심스럽기 짝이 없는 작태가 벌어지고 있는 것이다.[69]

그나마 근세기 들어 오랫동안 자취를 감추었던 『규원사화』나 『한단고기』가 갑자기 세상에 나오게 되면서 고대 우리 민족의 상황을 희미하게나마 엿볼 수 있게 해주고 있다. 그런데 우스운 것은 이유 여하를 불문하고 결국은 자신들이 무능해서 떳떳이 간직하지 못하고 갖다가 내팽개쳐버린 귀한 자식이 겨우겨우 숨어서 연명하다가 구사일생으로 살아서 돌아왔음에도 불구하고, 이를 기쁜 마음으로 환영하는 것은 고사하고, 오히려 오늘날 강단학자들은 이를 철저히 무시하는 태도를 취하고 있다. 그들은 조그마한 생채기가 있다는 핑계를 대면서 자식으로 인정하지 못하겠다고 주장하고 있으니, 도무지 말도 안 되는 아이러니가 아닐 수 없다. 언제나 정신을 차리게 될지 참으로 한심스런 노릇이다. 아무튼 우리 조선 측 기록은 『한단고기』 「신시본기」에 명백하게 언급되어 있다.

"복희는 신시에서 태어나 우사가 되었고, 신룡의 변화를 관찰해 괘도를 만들었다. (伏羲出於神市而作雨師 觀神龍之變而造卦圖)"

여기서 마지막 두 글자, 괘도에서 괘는 복희팔괘도를 말하거나, 복희

---

69) 이솝 우화에 날지 못하는 매에 대한 이야기가 있다. 사냥꾼에게 잡혀 오랫동안 묶여있던 매는 수천 번 수만 번 날아보려 하지만 밧줄 길이 이상 날지를 못한다. 세월이 흘러 마침내 줄이 낡아 끊겼는데도 이 매는 더 이상 하늘높이 날려고 하지 않는다.

팔괘도와 용도를 동시에 언급하는 것으로 보인다. 그리고 「소도경전본훈」에는

"복희에게 **용서가 있었다.** (伏羲有龍書)"

라고 적고 있다. 한편 「단군세기」 제10대 단군 재위 시[70]에는 드디어 신성한 거북이가 그림을 지고 나타난 이야기가 등장한다.

"기원전 1935년 병오년 동문 밖 십리의 육지에서 연꽃이 피어나더니 질 줄을 모르고 누워있던 돌이 절로 일어섰다. **천하에서 신성한 거북이가 그림을 지고 나타났는데, 바로 윷판과 같은 것이었다.** 발해의 연안에서는 금덕이가 나왔는네 수량이 13섬이었다."

신구가 그림을 지고 나타났다는 점과 이 그림이 윷판처럼 생겼다는 것으로 보아 동아시아에 소문이 자자한 바로 그 낙서의 본원이 여기인 것으로 보인다. 그러나 나타난 장소는 낙수가 아니라, 천하라는 곳이었다. 그리고 「단군세기」에는 또 제36대 단군 재위 시[71]에 있었던 일을 다음과 같이 전하고 있다.

"기원전 670년 신해년 **용마가 천하에서 나왔는데 등에는 별무늬가 있었다.**"

신성한 거북이에 이어서 이번에는 용마가 별무늬를 지고 나왔다고 한다. 용마가 나타난 곳도 중국인들이 말하는 황하가 아니라, 천하[72]라

---

70) 제10대 단군 노을은 기원전 1950년에 즉위하여, 기원전 1891년까지 재위하였다.
71) 제35대 단군 매륵은 기원전 704년에 즉위하여, 기원전 646년까지 재위하였다.
72) 『한단고기』「태백일사」「신시본기」에 다음과 같이 적혀있다. "제5대 태우의 한웅이

는 곳이다. 이렇게 중요한 사안들이 연이어 등장하고 있는데, 이를 시간 순으로 정리를 해보자. 약 5400년 전 무렵 복희가 천하에서 용서를 얻었고, 약 3950년 전 천하에서 신구가 등에다가 윷판 무늬와 비슷한 무언가를 지고 나왔고, 약 2680년 전에는 다시 천하에서 용마가 별무늬를 지고 나왔다. 그런데 문제는 약 4300년 전 하나라의 우가 치수할 때 이미 오행상극법이 확립되어 있어서 그것으로 인해 도움을 많이 받았다는 점이다. 이 얘기는 최소한 4300년 전 이전에 이미 용도와 구서가 구비되어 있어서, 오행상생과 오행상극의 원리가 완전히 확립되어 있어야 함을 의미한다. 그런데 거북이와 용마가 나온 시점은 그 이후의 일이라고 한다. 이것을 어떻게 이해해야 할까? 이러한 전후 관계를 종합적으로 살펴보았을 때, 가장 설득력이 있는 유력한 가정은 바로 이것이다. 약 5400년 전 복희 시절에 이미 복희팔괘도와 더불어 용도와 구서를 모두 구비하고 있었고, 이것을 「소도경전본훈」에서 용서라고 표기해놓았을 것이다. 여기서 용서라는 말은 곧 용도와 구서를 줄인 말이 된다. 이후 700년이 흘러 배달국의 자부선인이 백돌 55개와 흑돌 45개로 구성된 십일도를 바탕으로 윷판을 그린 것이 또한 본 논거의 중요한 밑바탕이다. 백돌과 흑돌의 구성에 있어서 숫자 55와 45라는 조합은 용도와 구서가 없이는 도저히 나타날 수가 없는 그런 경우의 수에 속한다. 따라서 최소한 윷판이 나온 것이 그 시점이거나 또는

아들을 12명 두었으니, 맏이를 제6대 다의발 한웅이라 하고, 막내를 태호 복희씨라 한다. 어느 날 복희가 삼신이 몸에 내리는 꿈을 꾸어 만 가지 이치를 통철하고 곧 삼신산으로 가서 제천하고 괘도를 천하(天河)에서 얻으니, 그 획은 세 번 끊고 세 번 이어져 자리를 바꾸면 이치를 나타내는 묘함이 있고, 삼극을 포함하여 변화무궁하였다." 여기서 복희가 팔괘를 얻은 곳도 바로 천하라고 언급되고 있다.

그 이전에 이미 용도와 구서가 확립되어 있었던 것이 확실하다. 사람들이 십일도와 윷판과의 관계를 몰랐기 때문에 이를 간과하고 있었을 뿐이다. 이는 우리가 일상에서 대하는 윷판의 가치가 얼마나 대단한 것인가를 새삼 깨닫게 해주는 대목이기도 하다. 그리고 나중에 천하에서 나온 거북이와 용마라는 신물 이야기들을 중국인들이 나름 구색을 맞춘다는 생각으로 억지로 끼워 맞춰 넣은 것이다. 기본적으로 중국인들이 써 놓은 기록들은 기록자 혹은 후대인들에 의해 수시로 입맛대로 각색되었음을 의심하지 않을 수가 없다. 오죽했으면 일부 양심 있는 중국인이 자신들의 역사관에 대해 한탄을 토로하게까지 되었을까?

"오랜 세월 춘추필법73)의 악습을 탈피하지 못한 결과 억지로 중국 중심으로 역사를 위조하게 됐고 그 결과 사가史家의 신용이 땅에 떨어졌다."

이는 양계초74)가 『중국역사연구법』이란 저서에 적어놓은 말이다.

---

73) 지난 수천 년간 중국 사가들이 역사를 기술하는 기본 수칙으로 전승되어 온 춘추필법이란, 다음과 같았다. 중국은 높이고 외국은 깎아 내리고(尊華攘夷). 중국사는 상세히 기술하지만 외국역사는 간단히 기술하고(詳內略外). 중국의 위신을 위해 중국의 수치를 숨겨야 한다(爲國諱恥).

74) 양계초(梁啓超, 1873년~1929년) 중국의 근대 사상가이자, 개혁가, 문학가, 사학가, 언론인, 교육가이다. 당시 뛰어난 대학자였던 강유위의 제자로, 그를 통해 개혁 사상과 서양의 근대 지식을 배웠다. 강유위와 함께 광서제에게 보내는 상서를 함께 작성했고, 이것이 광서제의 눈에 들어 결국 무술변법으로 이어진다. 그러나 서태후 등 반개혁 세력의 반동으로 이 혁명은 100일 만에 실패로 돌아간다. 무술변법이 실패한 후, 그는 일본으로 망명을 떠나 언론 활동을 시작한다. 그 역시 강유위처럼 자산계급 개량주의와 의회입헌제도를 지지하였으며, 공화당과 민주당을 통합시킨 진보당을 창당한 뒤로 손문과 원세개의 중화민국에 합류하였다. 이후 원세개가 중화민국을 배신하고 황제의 자리에 오르자 그에 대한 반대 투쟁을 전개하였다. 강유위는 뒷날 선통제를 복위시켜 입헌군주제 형태로 청나라를 복원하는 데 주력하

여기서 알 수 있는 것은 중국인 사가들이 대대로 적어놓은 것은 역사가 아니라는 것이다. 그들은 역사의 진실 따위에는 애초부터 관심이 없었다. 진실보다는 역사를 빙자한 미화된 중국이 필요한 사람들이었다. 이 오래된 관습을 버리지 못하고 있는 그들은 창피한 줄도 모르고 오늘날에는 아예 한술 더 떠 공개적으로 드러내놓고 동북공정이라는 이름으로 역사를 강탈하는 작업에 열을 올리고 있다. 중국인들에게는 이미 역사라는 말의 정의부터가 다른 나라와는 크게 다르다고 보아야한다. 따라서 그들이 적어놓은 것을 역사라고 생각한다면 크나큰 오산이다. 그럼에도 불구하고 오늘날 이것을 간과하고 있는 우리나라 강단사학자들이 한심할 따름인 것이다. 그들이 진짜 두려워하는 것이 무엇일까? 하루빨리 사라져야 할 폐단임이 분명하다. 그들 스스로가 할 수 없다면, 결국 다른 사람들의 힘에 의해서 고쳐지게 될 것이고 그들은 긴 역사 속에서 부끄러운 오명으로 남고 말 것이다. 한편 『한단고기』「북부여기(상)」[75])에는 북부여의 제2대 임금 모수리 재위 35년간의 치적에 대한 기록에 다음과 같이 적혀 있다.

었는데, 양계초는 이에 반대하여, 세계 질서 진입을 위해 당시 정권을 잡고 있던 돤치루이에게 제1차 대전에 참전할 것을 적극 주장하였다. 하지만 당시 세력있던 정치가인 돤치루이와 펑궈장을 자기 편으로 끌어들이는 데 실패한 후, 정치계를 떠난다. 양계초는 1914년 칭화학교(淸華學校)를 찾아 가진 '군자(君子)'를 주제로 한 연설에서 중국의 경전인 〈주역(周易)〉에서 따온 '자강불식(自强不息), 후덕재물(厚德載物)'을 언급하며 학생들의 진취적인 기상과 면학의 정신을 격려하였는데, 1917년부터는 칭화 대학의 정식 교훈(校訓)이 되었다. 1925년부터는 칭화국학연구원(淸華國學硏究院)의 교수로 초빙되어, 왕궈웨이・자오위안런(趙元任)・천인췌(陳寅恪)와 함께 연구소의 '네 명의 석학 지도교수'가 되었다.

75) 「북부여기」는 고려 말의 학자인 범장이 전한 책이다. 상권 하권 가섭원부여기로 구성되는데, 시조 해모수로부터 제6대 고무서까지의 204년과 가섭원부여 108년의 역사가 적혀 있다. 계연수가 『한단고기』를 엮으면서 포함시켰다.

"기원전 192년, 기유년, 해성을 평양도에 속하게 하고는 황제의 동생 고진을 시켜 이를 수비케 하니, 중부여 일대가 모두 복종하매 그들에게 양곡을 풀어주어 구제하였다. 겨울 10월 경향분수의 법을 세웠으니 서울도성은 곧 천왕이 직접 수비를 총괄하며 지방은 네 갈래로 나누어 군대를 주둔하게 하니, 마치 윷놀이에서 용도의 싸움을 보고 그 변화를 아는 것과 같았다."

여기에 또다시 용도라는 이름이 등장한다. 하도에서 자연수 10개가 다섯 군데에 나뉘어 있는 바와 같이, 군대의 배치도 그렇게 했다는 것이니, 이는 하도를 실생활에서도 광범위하게 응용하고 있었다는 하나의 반증이다. 이 기록으로 미루어 짐작할 수 있는 또 한 가지는 윷놀이할 때 용도나 구서와 같은 것들도 말판으로써 사용되었을 가능성이 높다는 것이다. 말판이 지금 전해지고 있는 바와 같이 분명 단 한 가지 종류가 아니었다는 말이다. 실제로 오늘날 멕시코 지역에서 행해지는 윷놀이를 보면 다른 도구들은 우리의 것과 같지만 말판의 모양만은 조금 다르게 생긴 것을 볼 수 있다.

만약『한단고기』가 끝내 나오지 않았다면, 중국인들이 남긴 이런 말도 안 되는 기록들에 대해 그 어떤 반론조차 꺼내기가 어려웠을 것이다. 수천 년간 지속된 중국인들의 못된 습성, 약간의 틈만 생기면 모든 것들을 날조해버리는 그들의 습성이 유감없이 녹아있는 생생한 현장이 우왕의 치수, 그리고 용도·구서이다. 중국인들은 자칭 중화인의 자존심[76]에 비추어 볼 때, 그들의 조상이 동방의 조그만 나라 한국이란

---

76) 역대 중국황제들의 자존심이 얼마나 대단했는지를 짐작해볼 수 있는 사례를 들어보자. 기원전 200년 한나라 유방은 친히 대군을 이끌고 흉노와 일전을 치룬다. 그러나 계략에 빠져 유방은 백등산에서 포위당한채 굶어죽을 처지에 이른다. 이때 유방은

나라로부터 가르침을 받았다거나, 역의 근본이 되는 용도와 구서 같은
귀중한 보물이 동방으로부터 전해졌다는 말을 차마 필설로 담아낼
수가 없었을 것이다. 오늘날 우리 자신들이 돌아다보아도 스스로 누추해
보이는데, 그들의 눈에 비친 한국이야 오죽했겠는가? 그럴 바에야 차라
리 아예 쓰지 않았으면 하는 마음이었을 것이고, 굳이 써야 한다면
확인이 안 되는 전설로 둔갑시키는 쪽이 훨씬 나았을 것이다. 그래서
『천부경』은 아예 쓰지 않게 되었을 것이고, 『한역』은 어쩔 수 없이
갖다가 쓰되 조선의 흔적을 말끔히 지우게 되었을 것이다. 지금까지의
상황을 대략 재구성해보면, 당시 우왕이 조선으로부터 금간옥첩을 받아
갔으며 오행상극의 이치에 의해 꽤나 도움을 많이 받았음에 틀림없다.
하지만 우왕 앞에 나타났다는 거북이 이야기는 여러 정황으로 볼 때
후대인들에 의해 완전히 날조된 허구임이 분명하다. 거북이가 나타났
지만 적어도 우왕 앞에 나타난 것은 결코 아니었다. 우왕은 천부왕인도
받아갔다고 하는데, 여기서 말하는 천부왕인은 바로 앞에서 설명한
바 있는 천부인을 말하는 것이 분명하다. 즉 해·달·북두칠성이 새겨진
거울이었을 것이다. 그러나 삼보 중의 신침과 황거종[77]은 전혀 흔적을
찾아볼 수가 없게 되었다. 『한단고기』에는 우왕 때 말고도 수차례 조선의

어쩔수 없이 흉노와 굴욕적인 형제의 화친을 맺게 되는데, 유방은 흉노의 모든
조건을 다 들어줄테니 무조건 한나라가 형으로 하자고 우긴다. 그는 백성들의
고통따위는 안중에도 없었고 오로지 자신의 자존심이 극히 중했던 것이다.

77) 다만 한 가지, 제1권 2장에서 다루었던 바와 같이, 허목이 삼척에다가 척주동해비문
을 지을 때 참조했던 형산신우비(衡山神禹碑) 77자의 비문이 어쩌면 지금 황거종과
밀접한 관련이 있는 것이 아닌가하고 추정해 볼 따름이다. 동해의 풍랑을 잠재우는
신묘한 힘과 황거종이 험한 물을 잠재워 줄 거라고 말하는 부루 태자의 말이
서로 일관성 있게 통하고 있기 때문이다.

선진 문화가 중국으로 전해지는 사례들이 남아 있다. 중국의 심장부로 조선의 군대가 투입되어 중국 측의 야욕을 깨끗이 분쇄해버리는 사례들이 여러 차례 기록되어 있기도 하다. 또 수메르를 비롯한 전 세계 각지에서 조선으로 조공을 보내오는 사례들이 기록되어 있다. 당시 조선은 동아시아뿐만이 아니라, 전 세계를 영향권에 둔 초강대국이자 전 세계를 리드하던 선진 문명이었다. 동아시아에 형성된 독특한 문화의 원형은 모두 조선에서 비롯된 것들이 명백하다. 작금에 이르러 원조가 도저히 원조 같아 보이질 않으니 그들이 더욱 활개를 치는 것일 뿐이다. 오죽하면 오늘날의 아메리카 인디언들이 그들의 뿌리가 중국이 틀림없다고 생각하게 되었을까? 아무리 둘러보아도 위대한 배달국의 흔적을 찾아볼 수가 없게 된 것이다. 이제 모두들 제발 정신을 좀 차리고, 자존심을 회복해야 할 때이다.

결론적으로 중국으로 전해진 조선의 선진 문명이 이후 중국인들에게 어떤 영향을 끼쳤는지를 짐작해보는 일은 이제 그리 어렵지 않은 일일 것이다. 적어도 사마천이 살았던 시대까지는 중국인들도 우리 겨레와 마찬가지로 북두칠성을 바라보면서, 그것이 단순히 북쪽 하늘을 떠도는 7개의 별이거나 혹은 큰곰자리의 동화 속 별자리로 인식되었던 게 아니라는 점만은 명확하다. 오히려 해와 달을 능가하면서 음양과 오행을 주관하는 우주 원리의 주재자라는 의식이 그들에게도 분명히 전해져 있었다. 하지만 그들은 결정적으로 『천부경』을 전수받았음에도 그것을 외면해버렸다. 적어도 도산에서 우 사공이 부루 태자로부터 삼보와 함께 받아간 금간옥첩 속에 『천부경』[78)도 들어 있었을 것이다. 그리고 그 뒤로도 긴 세월, 수 없이 많은 전승의 기회가 주어졌을 것이다.

하지만 그들의 후손들에까지 대대로 전승되지는 못했다. 세월이 흐르는 동안 『천부경』을 굳이 외면해야 할 저간의 사정(즉 너무 초라한 동방국의 면모)이 분명히 있었을 것이다. 그것이 그들에게는 두고두고 어느 선 이상으로 넘을 수 없는 뚜렷한 한계로 작용하게 되는 원인이 되었고, 또 앞으로도 분명 그리 될 것이다. 오늘날까지도 그들은 음양의 일생이법과 오행 개념이 어떻게 조화되는지를 깨우치지 못하고 있다. 음양의 일생이법만으로는 4상과 8괘는 낳을 순 있지만, 결코 5행을 낳을 순 없는 노릇이다.

"어떤 문제를 만들어낸 것과 동일한 의식으로는 그 문제를 해결할 수 없다. 세계를 새로이 보는 법을 배워야 한다."

이는 아인슈타인이 한 말이다. 그 새로 보는 법이 하필이면 『천부경』에 들어 있었던 것이다. 결국 그들은 석삼극이나 대삼합육 같은 것에 이르러선 이제 그런 용어 자체를 모르게 되었다. 끝끝내 통렬한 회개가 이어지지 않는다면 이러한 차이는 이제 엄청난 격차가 되어 그들을 울부짖게 만들 것이다. 방연이란 악한이 자신이 저지른 악행 때문에 결국 손무로 인해 울부짖었던 것과 같이…. 그들은 『정역』이 나온 지가 120여년이 지났음에도 불구하고 아직 그 그림자조차 구경하지 못하고 있다. 허니, 이는 역신으로부터 철저히 소외받고 있다는 반증임이 분명하다. 하물며 자취를 감추었던 『천부경』까지 다시 살아 돌아온 작금에 이르러서야 더 이상 무슨 말이 더 필요하겠는가! 진정한 주인이 돌아오면 객들은

---

78) 우왕이 치수할 때 행했다는 우보법(禹步法)에 대한 내용이 『포박자』 등에 전해진다. 그 걸음걸이가 마치 칠성의 7개의 별을 따라서 걷는 모습이라고 한다. 여기서 칠성은 북두칠성을 말하는 것으로 보인다. 따라서 천부경이 당시 금간옥첩에 들어 있었을 것으로 추정된다.

짐을 싸야하는 것이 올바른 이치일터…. 세상을 속일 수는 있지만 어찌 하늘을 속일 수 있겠는가! 사필귀정이요, 자업자득이니 다른 누구를 탓할 수 있으리오! 자신이 지은 카르마는 반드시 자신이 감내해야 하는 것이 또한 엄중한 이치일 것이다.

하늘 시계들

밤하늘의 중심을 잡고 있는 북극성을 일정 거리에서 호위하고 있는 북두칠성은 우주 질서를 주재하는 위상을 차지하고 있었다. 지구의 세차운동으로 인해 비록 북극성은 때때로 변해왔지만 북두칠성만큼은 언제나 변함없이 북쪽 밤하늘을 지켜주었다. 북두칠성은 인류의 여명기에 문명의 횃불을 드높이 들었던 우리 선조들과 함께 하며, 수 만년동안 저 하늘 위를 밝혀왔을 것이다. 그들은 거기서 끝없는 윤회의 수레바퀴에 휩쓸려가지 않도록 영혼의 중심을 잡아주는 『천부경』의 진리를 투영할 수 있었고, 또한 '어긋남 없는 순환의 질서'를 발견할 수 있게 해주었다. 계절마다 자리를 바꾸어가며 공전의 위상을 알려주던 별자리가 바로 북두칠성이었고, 또한 매 시각 다른 방향을 가리키며 지구자전의 위상을 알게 해주었고, 북쪽과 남쪽을 구분할 수 있게 해주었으니, 북두칠성은 달력이자, 시계이자, 나침반이었다. 이제 이 거대한 우주달력 사용법을 복원해볼 차례이다. 우리 선조들이 어찌해서 북두칠성이 해와 달을 능가하면서 음양오행을 주재하는 주재자라고 생각하게 되었는지를 엿볼 수 있을 것이다. 예나 지금이나 별자리 천문을 관찰하는 기준 시각은 술시(19:30~21:30)였다. 저녁 술시 무렵 북쪽 하늘을 올려다보면 누구든지 쉽게 찾아볼 수 있는 별자리가 바로 북극성을 중심으로 빙빙 돌고 있는 북두칠성이다. 그림과 같이 간단하게 바깥쪽에 눈금까지

그려놓으면, 끝없이 돌아가는 덧없는 북두칠성만 보는 게 아니라 지금 이 몇 월인지도 금방 찾을 수 있는 유용한 도구로 재탄생한다. 가령 춘분날 술시에 북쪽 하늘을 올려다 보면, 영락없이 진이라고 표시된 부분으로 북두칠성의 자루 끝이 향

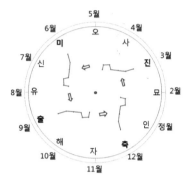

하고 있음을 볼 수 있다. 다시 한 달이 지나면 자루 끝은 반시계방향으로 한 칸을 전진하게 되고, 이번에는 사월을 가리킨다. 이런 식으로 한 칸 한 칸 한 바퀴를 다 돌면 일 년이 지나는 것이었다. 이렇게 간단한 방법으로 우리 조상들은 달력이 없어도 지금이 몇 월인지를 금방 찾을 수 있었다. 거대한 우주 달력이었던 것이다.

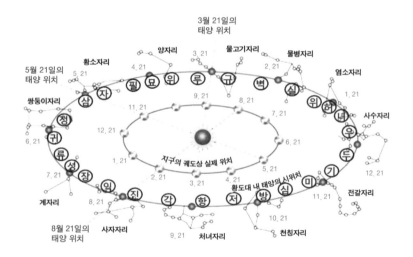

그러나 우리 선조들의 지혜는 여기서 멈추지 않았다. 그들의 하늘에는 이 거대한 달력이외에도 또 하나의 정교한 시스템이 하나 더 구비되어 있었으니 그것이 바로 28수였다.

그런데 28수가 필요했던 이유가 무엇일까? 이에 대해 의견들이 분분하지만, 필자가 추정해보건대 우리 선조들의 하늘은 다음과 같다. 먼저 북극성은 하늘의 중심이었고, 이 지존을 보필하여 하늘의 정사를 펴는 것이 북두칠성이었다. 그리고 지존의 명령을 하달 받아 천하에 정사를 펼치는 일을 담당했던 것이 28수였던 것이다. 28수가 대체 무슨 일을 하는지 잠시 살펴보기로 한다. 위의 그림을 보면 양력 8월경에는 밤하늘에서 대략 28수 중 익과 진을 찾아볼 수가 없음을 쉽게 짐작해볼 수 있다. 태양빛에 가려지기 때문에 당연히 그러할 것이다. 그리고 양력 8월에 익과 진의 위치에 있던 태양이 양력 9월에는 각과 항의 위치로 옮겨간다. (실제론 태양이 옮겨가는 게 아니라, 지구가 공전한다.) 이것을 그대로 손바닥 안으로 옮겨놓은 것이 아래 그림이다. 자세히 보면 인월이 되면, 그때 태양의 위치는 해亥의 방향에 있다. 지지육합이란 개념이 성립된 원천이 바로 여기에 숨어 있다. 가령 지금 무더운 양력 7월(未月)이라면, 현재 태양의 위치는 그 육합 방위를 찾으면 금방 나온다. 미未의 육합은 오午이니, 바로 오午 방향에 태양이 있음을 쉽게 알 수 있다. 아무튼 손바닥 위에 이렇게 옮겨놓으면 태양을 비롯한 28수가 모두 부처님 손바닥 안에 놓이게 되는 셈이다. 예전에는 실제로 이와 같은 간단한 방법으로 천문을 살폈다고 한다. 이 얼마나 지혜로운 방법인가! 부처님의 지혜가 따로 없다고 해야 할 정도이다.

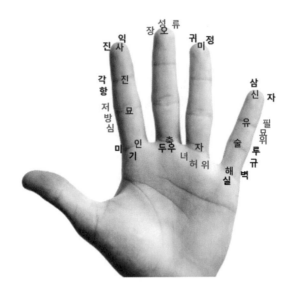

이렇게 놓고 보면, 양력 8월에는 태양이 사巳에 있다가 9월에는 진辰으로 자리를 옮긴다는 것을 눈 감고도 알 수 있게 된다. 그리고 8월에는 28수중에서 익과 진을 하늘에서 애써 찾을 필요도 없음을 너무나 잘 알고 있었을 것이다. 28수를 손바닥에 배정한 방법도 아주 간단하다. 먼저 기본적으로 12지지 하나에 28수를 두 개씩 배정한다. 제일 먼저 진辰에다가 각수角宿를 배치하고, 나머지 28수들을 반시계방향으로 계속 배정해나가는 것이 태양의 움직임을 관찰하는 기본 요령이 된다. 이것만 주의하면 된다. 그렇게 하면 당연히 4개가 남게 되는데, 자·오·묘·유 4정방에다가 하나씩 더 배정하는 방식으로 수리적 문제를 해결하였다.

양력	2월	3월	4월	5월	6월	7월	8월	9월	10월	11월	12월	1월
월건	寅月	卯月	辰月	巳月	午月	未月	申月	酉月	戌月	亥月	子月	丑月
日 位	亥 方	戌 方	酉 方	申 方	未 方	午 方	巳 方	辰 方	卯 方	寅 方	丑 方	子 方
28수	실벽	규루	**위묘필**	자삼	정귀	**류성장**	익진	각항	**저방심**	미기	두우	**녀허위**

지금 손바닥 안에는 태양과 28수가 놓여 있고, 따라서 한 해 동안의 태양이 이동하는 경로가 손바닥 안에 놓인 셈이지만, 이 손바닥의 위력은 여기서 그치지를 않는다. 달의 공전까지도 이 손바닥 하나로 몽땅 다 해결할 수 있다는 데에 선조들의 지혜가 새삼 감탄스럽기 짝이 없는 것이다. 달은 그림과 같이 지구 주위를 한 달에 한 번씩 반시계방향으로 공전하고 있다. 가만히 그림을 보고 있으면, 달이 한 바퀴씩 돌때마다 우주 저 멀리에 있는 28개의 항성들이 띠를 이루어 만드는 큰 원의 주위를 한 바퀴 돈다는 것을 그리 어렵지 않게 짐작할 수 있을 것이다. 지구인들은 달이나 28수가 지구로부터 얼마만큼의 거리에 떨어져 있는가는 그리 중요한 것이 아니있다. 밤하늘을 올려다보았을 때, 달이 지구 주위를 공전한다는 것은 결국 28수가 이루는 큰 띠를 달이 한 바퀴 돌고 온다는 것을 의미하는 것이었으니, 태양이 28수를 한 바퀴 돌게 나면 1년이 지나는 것이고, 달이 28수를 한 바퀴 돌고 나면 1개월이 지나는 것이었다. 28수의 가장 중요한 용도는 바로 이것이었을 것이다. 이렇게 간단하지만, 또한 이 얼마나 중요한 사실인가 말이다! 태양이 28수의 어디를 지나는가를 관찰하면 1년 중에서 어디쯤 달리고 있는가를 가늠할 수 있었고, 달이 28수의 어디를 지나는가를 관찰하면 한 달 중에서 지금 어디쯤 가 고 있는가를 가늠할 수 있었던 것이다. 따라서 앞에서 태양이 공전하는 것과 28수를 연관 지은 것과 똑같은 방법으로

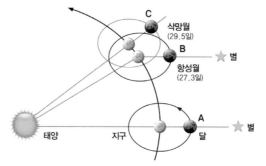

이번에는 달의 공전과 28수를 배합할 수 있게 된다. 달이 공전함에 따라 하루에 28수중에서 하나씩 배정이 되는데, 그 이유는 달의 공전주기가 약 27.3~29.5일 정도[79] 인데, 28이란 숫자와 거의 매칭이 되기 때문이다. 즉, 달이 지구 주위를 한 바퀴 도는 동안 매일 28수중의 하나 꼴로 지나게 되는 셈이다.

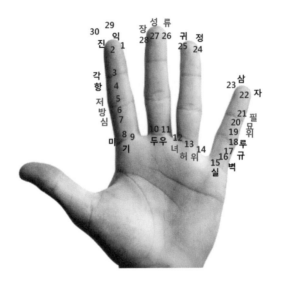

가령 양력 8월의 경우, 1일이 익이면, 2일은 진, 3일은 각, 4일은 항, 5일은 저, 6일은 방, 7일은 심, 이렇게 쭈~욱 나가서 27일에 성, 28일에 장, 29일에 익, 30일에 진, 9월 1일에는 각, 9월 2일에는 항으로 운행하는 식이다. 8월 29, 30일경 익과 진의 위치로 오게 되면 그 달의

---

79) 달이 지구를 한 바퀴 공전하는 주기는 약 27.3일이지만, 지구 역시 태양의 둘레를 돌고 있기 때문에 태양과 달의 위치가 일치하게 되는 주기는 약 29.5305882일에 한 번이 된다.

달 모습은 그 형체가 사라지는 것이다. 이렇게 달이 사라지는 것을 소강절은 월굴月窟이라고 표현했다. 달이 굴속으로 들어가 버렸다는 것이다. (사실은 태양이 달빛을 삼켜버린 것이다.) 묵은 달은 자기의 소임을 마치고 굴속으로 사라졌다. 이렇게 한 달의 수명(Lifetime)은 약 29.5일이라고 할 수 있다. 한편 이렇게 8월 한 달 동안 열심히 달이 지구주위를 한 바퀴 도는 동안 태양도 그때 즈음에는 원래 있던 자리를 옮겨 이번에는 각과 항의 위치로 자리를 바꾸어 앉아 있게 된다. 그리고 9월 1일과 9월2일에는 이제 새로운 달이 역시 각과 항의 위치에 오게 되므로, 이때 해와 달이 같은 위치에 있게 된다. 이렇게 일월이 만나는 것을 일컬어서 합삭合朔이라 한다. 즉 합삭이라 함은 해와 달이 만나는 것을 말한다. 여기서 새로이 생기는 달에 새 생명을 불어 넣은 원천은 무엇이었을까? 바로 태양이다. 따지고 보면 묵은 달을 사라지게 한 것도 태양이고, 새로이 생겨난 달 하나에 생명을 불어 넣은 것도 태양이 한 짓이다. 태양이 달을 만나 음양화합이 되었기 때문에 새로운 달이 탄생할 수 있었다고 본 것이다. 태양이 하는 일은 묵은 달에 양기를 불어넣어 달이 새롭게 차오를 수 있도록 원기를 북돋아주는 숭고한 일이었던 것이다! 이것이 바로 우리 선조들이 바라본 하늘의 모습이었다. 달이 기우는 것도 그냥 기운다가 아니라 월굴이라 하였고 새 달이 새로이 태어나는 것도 일월이 화합하였기 때문이라 했으니, 선조들의 하늘은 무심한 돌멩이들이 천체물리학의 공식대로 단순히 궤도를 따라 빙빙 돌기만 하는 것이 아니라, 음양이 살아서 상교하는 참으로 유정하고도 살아있는 하늘이었음을 알 수 있는 것이다. 이처럼 같은 하늘을 놓고도 우리 선조들의 시각은 무엇이 달라도 달랐던 셈이다.

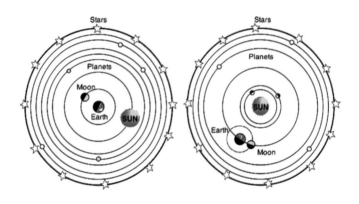

　그리고 또 한 가지 중요한 사실, 지금까지 이 대목을 쭉 읽어 내려오면서 만약 시계를 연상한 독자가 있었다면 필자는 이렇게 말해주고 싶다. 빙고! 스위스 시계가 굉장히 유명하지만, 우리 선조들이 만든 시계를 보고 나면 아마 뒤로 놀라 자빠지고도 남을 것이다. 그 크기가 어마어마하다. 제1권에서 이미 살펴본 바와 같이 우주의 실상은 상기 오른쪽 그림과 같은 지동설이 맞지만, 지구상에서 살아가는 지구인들의 입장에서는 왼쪽의 천동설이 오히려 인식에 부합하고, 정신건강에도 유리하다. 왼쪽 그림을 보자. 이 큰 시계의 월침月針은 태양, 그리고 일침日針은 달이다. 그리고 바깥에 적혀 있는 숫자들의 역할을 수행하는 것은 바로 28수다. 달이 12지지(별자리로는 28수)를 한 바퀴 도는 동안 태양은 12지지의 딱 한 칸씩 전진한다. 만약 28수가 없었다면 그림과 같이 해와 달이 온 몸으로 표현해내고 있는 이러한 몸짓들이 모두 쓸모없는 허사가 되고 말았을 것이다. 현명한 우리 선조들이 28수를 지정해주자 비로소 의미 있는 것으로 탈바꿈이 될 수 있었던 것이다. 스위스 시계와 다른 점은 밥도 안주고, 건전지를 넣지 않아도 끝없이 돌아간다는 것이다. 수만 년이 지났는데도 아직도 돌아가고 있다. 이 시계는 묵묵히 지금도

시간을 항해하는 지구인들이 12개월 중에서 이번 달이 몇 번째 달이며, 또 지금은 며칠인지를 알 수 있게 해주는 거대한 시계였다! 그런데 이 거대한 시계는 북두칠성의 지휘를 받고 있었다. 적어도 우리 선조들은 확실히 그렇게 생각하고 있었다. 해와 달, 그리고 28수가 어떻게 북두칠성의 지휘를 받는다는 건지를 살펴보자. 이 거대한 시계는 북두칠성의 자루가 자월을 가리키게 되면 그때 태양은 실제로 축의 위치에 놓이게 되고, 이윽고 어김없이 동지가 다가온다. 북두칠성의 자루가 알려준 이 신호는 곧 지난 1년 동안 한결같이 지구를 밝혀주던 태양이 마침내 그 힘을 완전히 잃게 되는 시기임을 알려주는 것이었다. 앞에서 한 달이 지나면 묵은 달이 사라지던 것과 마찬가지로, 이제 지난 1년 동안 12개의 달에다가 양기를 불어넣느라고 온 힘을 다 소진해버린 묵은 태양이 조용히 사라져야 할 시간이었다. 그리고 새로운 해로 탈바꿈되는 기적이 일어난다. 아마도 그 기적은 북두칠성의 자루가 보내는 신호에

의해 북극성이 온 우주의 정기를 끌어 모아 새로운 태양 하나를 잉태하는 것이라고 여겼을 것이다. 필자는 그리 짐작이 된다. 그래서 동지이후 3일 동안[80] 숨죽이며 새로운 우주의 정기를 부여받은

---

[80] 동지는 매년 12월 22일경이고 이날 우리는 양기를 북돋는 의미로 지금도 팥죽을 먹는다. 그 이후 3일이 지나면 25일이 된다. 오늘날 크리스마스가 바로 그날이다. 새로운 태양이 부활하는 것을 기념하던 옛 사람들의 관습을 이제 예수의 탄생일로 삼아서 전 세계가 축제를 벌이는 셈이다. 문명이 돌고 돌아서 이름도 바뀌고

태양 하나가 동녘 하늘로 힘차게 떠오를 수 있기를 간절히 기원했을 것이다. 그렇게 해서 정말로 새로운 태양이 동녘 하늘로 떠오르고, 줄어들기만 했던 낮의 길이가 틀림없이 다시 길어지기 시작한 것을 확인하면서 그들은 뜨거운 축제를 벌였다. 이제 양기가 다시 소생하였고, 머지않아 따뜻한 봄, 그리고 뜨거운 여름, 이어서 결실의 가을이 변함없이 그들과 함께 해줄 것이 틀림없었다. 세상에 이보다 더 경사스런 일이 또 있을까? 신은 인간을 저버리지 않았고 또 다시 새로운 선물을 가져다준 것이 틀림없질 않은가!

　정리해보면, 북두칠성의 자루가 한 칸씩 전진할 때마다 묵은 달 하나가 사라지는 것이고, 북두칠성의 자루가 한 바퀴를 돌 때마다 묵은 해 하나가 사라지는 것이었다. 이렇게 북두칠성이 주는 신호에 맞추어 해와 달은 때가 되면 사라지고 때가 되면 새롭게 태어나는 것이었다. 반면에 북두칠성만큼은 언제나 변함없이 북쪽 하늘을 지키는 것이었고, 따라서 북두칠성이 그들에게 그토록 각별할 수밖에 없었던 것이다.

하늘 도장

　하늘 도장이란 용어가 있다는 소리는 필자도 따로 들은 바가 없으나, 홀로 생각해보건대 이외에 다른 용어를 대체할 수 있는 것이 없어서 임의로 하늘 도장이란 용어를 사용하게 되었다. 하늘 도장은 용도가 하늘의 무늬를 찍는 것인데, 찍는 장소는 바로 땅이다. 땅에다가 하늘

　형식은 바뀌지만, 그 안에 내재되어 있는 의미만큼은 언제나 한결같은 셈이다.

도장을 찍으면, 하늘을 닮은 그림이 땅에도 생기게 된다. 먼저 하늘 도장 찍는 법부터 익혀야 한다.

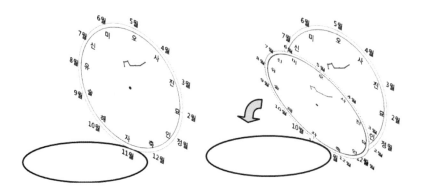

그리고 이 거대한 우주 시계를 하늘 도장으로 삼아, 이 도장을 땅에다 찍어 보도록 한다. 아무렇게나 찍으면 되는 것이 아니라, 거기에도 법도가 있다. 하늘 도장의 자子 부분을 먼저 아래쪽 땅과 맞닿게 하고, 그대로 내려찍어 누르면 분명히 땅에도 똑같은 모양으로 상象이 찍힐 것이다. 아래에서 왼쪽 그림이 바로 하늘 도장이 땅에 찍힌 모습이다.

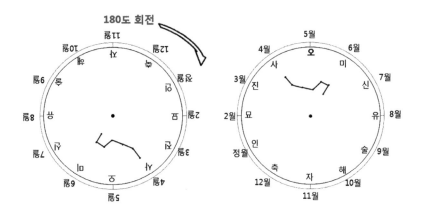

이처럼 하늘 도장을 찍는 요령은 하늘의 자子와 땅의 오午가 맞닿도록 하는 것 외에는 별다른 요령이 없다. 그런데 모처럼 찍어놓은 왼쪽 그림이 거꾸로 되어 있어 보기가 어려우니, 이제 이것을 그림과 같이 180도 휙 돌리고 나면 오른쪽 그림이 될 것이다.

막상 오른쪽 그림을 보니 자·축·인·묘가 돌아가는 방향이 왠지 낯설지가 않다. 예전에 보아온 것과 똑같아 너무나 익숙하다. 제대로 된 것이 분명하다. 설마 그림과 같이 북두칠성까지 땅으로 끌고 내려올 수는 없겠지만, 하늘 도장을 땅에 찍는 방법만큼은 확실하게 익힐 수 있었다. 하늘은 반시계방향으로 돌아가지만, 땅에서는 시계방향으로 돌아가야 한다. 하늘 도장은 이렇게 찍는 것이다. 이렇게 해서 하늘의 12개월을 본받아 땅에도 12지지가 생기게 되었다. 그리고 그에 대한 문헌적 증거는 『십팔사략』을 들 수 있고, 거기에 다음과 같이 기록되어 있다.

> "황제의 성은 공손이고 이름은 헌원이며 유웅국의 임금 소전의 아들이다. 염제신 농씨의 자손의 덕이 쇠퇴하여 제후들의 반란이 일어났으므로 황제는 창과 방패를 써서 정복하였으며 치우의 반란은 지남차를 만들어 탁마의 들에서 싸워 격파한 후 드디어 즉위하여 토덕의 왕이 되었다. 황제는 일월성신의 형상을 살피시고 자세히 관찰하여 처음으로 성관지서를 만들었으며, 국사 대요에게 명하여 **북두 칠성을 살펴 육십갑자를 만들어 이를 십이월에 배정하였으며**, 이후 천하 는 잘 다스려졌다. 황제는 재위일백십년에 붕하고 아들이 25명이었다."

방금 독자들은 12지지란 것이 대체 이 땅에 어떻게 생기게 되었는지, 그 발생의 현장을 목도한 것이다. 북두칠성이라고 하는 거대란 하늘 시계의 바깥쪽에 그려져 있던 눈금이 땅에도 그대로 내려오게 된 것이 바로 12지지라고 할 수 있다.

운삼사성환오칠 II

운삼사성환오칠에 대한 두 번째 풀이도 독자들이 참고삼아서 볼수 있도록 간략하게 소개해보기로 한다. 아래 십일도에서 제3천이 열리기까지 등장하는 총 36개의 돌은 아무런 연결고리도 없이 중구난방놓여 있는 것처럼 보인다. 그러나 제2천에서 보이는 3과 4라는 숫자가

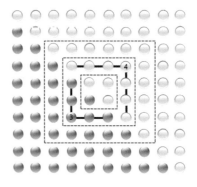

각각 5와 7의 중심이 되어 고리를 꽉잡아주고 있는 것과 같이, 3과 4가중심적으로 운행하면서 이들 중구난방의 돌들을 천·지·인으로, 각각 질서 정연하게 고리를 연결시켜준다는의미로 풀이해 볼 수 있을 것이다.그 뜻을 좀 더 구체적으로 말하면 하늘과 땅, 그리고 사람이 각각 5와 7의 고리를 이룬다는 것이다. 즉 하늘이5와 7의 고리를 이루고, 땅이 5와 7의 고리를 이루고, 사람이 5와 7의고리를 이룬다. 그러면 천·지·인이 각각 어떻게 5와 7의 고리를 이루는지를 자세히 살펴야 한다. 먼저 사람의 5와 7이 무엇인지를 살펴보자.사람의 5와 7은 오장과 칠규를 말한다. 오장은 심장·신장·폐· 신장·비장을 말한다. 칠규는 눈 2개, 코 구멍 2개, 귓구멍 2개, 입 1개, 이렇게7개의 구멍을 말한다. 『영추』에서 이르기를 오장통칠규(五臟通七竅),풀이하면 오장은 칠규와 통한다고 한다.

"오장五臟은 항상 속에 있으면서 위에 있는 칠규七竅를 거느린다. 따라서 폐기는 코와 통하므로 폐기가 조화되면 코가 좋고 나쁜 냄새를 잘 맡을 수 있다. 심기는 혀와 통하므로 심기가 조화되어야 혀가 오미를 잘 구분한다. 간기는 눈과 통하므로 간기가 조화되면 눈이 오색을 가려볼 수 있다. 비기는 입과 통하므로 비기가 조화되면 입이 오곡을 잘 구분한

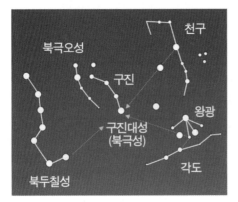

다. 신기는 귀와 통하므로 신기가 조화되면 귀가 오음을 잘 들을 수 있다. 오장이 조화롭지 못하면 칠규[81]가 서로 통하지 못하고, 육부가 조화롭지 못하면 흐르지 못하고 맺혀 옹이 된다."

사람의 5와 7이 고리를 이루는 이치가 이러하다. 그러면 하늘의 경우는 어떠한가? 하늘의 5와 7은 북극오성과 북두칠성이 고리를 이루는 것을 말한다. 북극오성은 사람의 오장이 사람의 몸속에 있는 것과 같이, 하늘의 중심부에 위치해 있으면서 하늘의 운행을 총지휘한다. 그리고 그 주위를 북두칠성이 돌고 있다. 북두칠성은 사람의 칠규와 같이 북극오성의 주위를 빙빙 끊임없이 돌면서 북극오성의 눈·귀·코·입이 되어준다. 다음은 땅이다. 땅의 5와 7은 5대양과 7대륙을 말한다. 7개의 대륙이 지구의 5개의 바다를 감싸고 있다. 여기서 5대양이라 함은 태평양·대서양·인도양·북극해·남극해를 이른다. 5대양이 7대륙 사이에 있으면서 땅들을 총지

---

81) 어떤 곳에서는 구규(9개의 구멍)로 되어 있다.

휘하고 있는 것이다. 그리고 7
대륙은 크기순으로 아시아·
아프리카·북아메리카·남아
메리카·남극·유럽·오스트
레일리아를 말한다. 이들 7대
륙은 땅에서의 눈·코·귀·입

대륙	넓이(km²)
아시아	44,579,000
아프리카	30,221,000
북아메리카	24,709,000
남아메리카	17,784,000
남극	14,000,000
유럽	10,180,000
오스트레일리아	8,536,000

의 역할을 수행한다. 한편 하늘의 북두칠성은 북두구성으로도 불린다.
좌보와 우필은 육안으로 잘 안보이기 때문에 북두칠성으로 부르면서
좌보와 우필은 빼기도 하고, 때로는 북두구성으로 부르면서 넣어주기도

한다. 사람은 또 어떤가? 사람의
구멍은 칠규로 부르기도 하고,
때로는 구규로 부르기도 한다.
항문과 소변보는 구멍은 항상 감
추고 다니기 때문에 잘 볼 수가

없다. 그래서 구멍의 수에 넣어주기도 하고, 빼버리기도 하는 것이다.
그리고 땅은 어떤가? 지구의 7대륙은 보이는 것이 7개의 대륙이라는
것이지, 대서양의 어딘가로 사라졌다는 전설 속의 아틀란티스(Atlantis)
대륙과 태평양의 어딘가로 사라졌다는 뮤우(MU) 대륙을 넣어서 말하면
9대륙이 되기도 하는 것이다. 지구도 2개의 대륙을 잘 안 보이는 곳에
감추어 두고 있는 셈이다. 이렇게 하늘과 땅, 그리고 사람이 모두 묘하게
매 한 가지의 이치로 매여 있다. 가령 고대의 동양에서는 하늘의 일이
남의 일이 아니라, 바로 나의 일로 인식했었다. 일례로 목성에 혜성이
충돌[82]하는 것을 두고 멋진 우주 쇼의 하나로 인식하는 현대인들이

잘 이해할 수 없는 부분이, 고대의 우리 조상들이 바라본 하늘 관념일 것이다. 이는 현대인들이 『천부경』을 알지 못하기 때문에 어찌 보면 너무도 당연한 것이다. 고대의 우리 조상들은 『천부경』의 가르침에 따라 천·지·인의 이치가 서로 완전히 일맥상통하는 것으로 인식하고 있었기 때문에 하늘의 변고는 곧 사람과 땅의 변고로 연결된다는

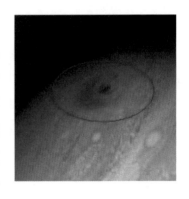

것을 믿어 의심치 않았다. 목성의 변고는 곧 땅과 사람의 크나큰 변고로 연결된다는 명백한 징조였을 것이니, 이는 정말 큰일 중의 큰일에 속하는 것이었다. 그러니, 그것을 어떻게 웃고 즐기는 마음으로 바라보고 있을 수 있었겠는가? 그 당시에 그런 일이 있었더라면 아마도 불안한 사람들의 심리로 인해 한바탕 커다란 소동이 일어났을지도 모른다. 어느 쪽의 인식이 잘못된 것일까? 현대인의 인식 또는 고대인들의 인식? 시간이 이 문제에 대한 답을 주게 될 것이라고 믿는다.

일묘연만왕만래

이제 위대한 인류 최초의 경전인 『천부경』의 81자 경문은 그 마지막 피날레를 목전에 앞두고, 마침내 우주의 본질에 대한 핵심을 찌르게 된다. 팔만대장경의 경문에 맞먹는 위대한 일이관지의 결론이 마침내

---

82) 1994년에 "슈메이커 레비9번" 이라는 혜성이 목성과 충돌하였다.

등장한다.

一妙然萬往萬來 씨알 하나가 묘하니, 만 번을 가고 만 번을 온다.

불교에서 말하는 바대로 연기법에 따라, 각기 살아온 인연에 따라, 스스로 지어낸 수많은 카르마에 따라, 하늘로도 가고 땅으로도 가고 사람으로도 가고, 안 가는 데가 없이 종횡무진, 씨알 하나가 만 가지 모습으로 나투어 온 우주를 묘하게 누비고 다닌다. 이것이 우주의 참모습이다.

用變不動本 쓰임새는 변하지만, 근본은 움직이지 않는다.

비록 이렇게 쓰임새는 만 가지로 변하지만 근본은 움직이지 않는다. 씨알 하나는 그 모양새가 만 가지로 변하면서 때로는 하늘로, 때로는 땅으로, 때로는 사람으로, 이렇게 만 가지 모습을 이루며 겉으론 전혀 다르게 보이지만, 따지고 보면 그 근본은 모두 하나로써, 근본이 움직이는 법이 없다.

本心本太陽 근본 마음이고, 근본 태양이다.

오직 그 근본 뿌리는 모두 마음 하나이다. 마음이면서 태양이기도 하다. 만물을 밝게 비추어주는 태양, 바로 그것이 마음이다. 하늘에 떠 있는 태양은 마음의 태양에 비추어보면 오히려 작은 존재에 불과하다. 마음의 태양은 온 우주를 그 속에 담고 있기 때문이다. 일체유심조, 모든 것은 사실 마음이 만들어낸 것이다. 지금 살고 있는 세상이 지옥처럼 여겨지는가? 스스로 지옥을 만들어 낸 것이다. 지금 살고 있는 세상이 못 마땅하고, 불만스러운가? 그 또한 스스로 만들어낸 우주이다. 이 세상을 바꾸고 싶다면, 그 길은 오직 한 가지⋯. 마음을 돌이켜 새로운 우주를 만들어내야 한다. 누구를 탓하는가? 그것은 결코 해답이 될 수가 없다. 직시하고 직시하라. 본심본태양의 자리를 직시하고 직시하면, 그곳에 진짜 주인이 도사리고 있음을 알 게 될 것이다. 임제선사가 살아 돌아와 온 몸이 시퍼렇게 멍이 들 정도로 몽둥이를 휘둘러대도, 마조선사가 3일 동안 백장선사의 귀가 멍멍해지게 했던 그때와 똑같이 귓가에 대고 '할' 소리를 외쳐대도 오직 그 자리만 직시하고 있으면, 진짜로 몽둥이질에 아파하는 그 놈과 '할'이란 소리에 화들짝 놀라는 진짜 그 놈의 실체를 알게 될 것이다. 그 놈이 바로 본심본태양이다. 모든 것은 그 하나가 열쇠를 쥐고 있다. 그 놈을 잡고서 놓지 말아야 한다. 이것이 유일한 방법이다. 윤회의 업보를 단번에 끊어낼 수 있는 비장의 법방이 오직 그놈에게 달려있다.

昂明人中天地一 천지간의 으뜸인 밝은 사람을 우러러보아라.

여기서 **앙명인**이라는 문구 뒤에 곧바로 이어지는 **중천지일**의 뜻이 무엇일까? 이 부분이 중요하므로 먼저 살펴보기로 한다.

1. 천지간의 으뜸이다. 즉 하늘과 땅 사이에서 으뜸이다.
2. 천지 가운데 하나이다. 즉 하늘과 땅 사이에서 하나이다.
3. 천지 가운데 하나가 있다. 즉 하늘과 땅 사이에 하나가 있다.
4. 천지 가운데 하나가 된다. 하늘과 땅 사이에 하나가 된다.

문장들이 대충 서로 비슷해 보이지만, 엄밀히 말하면 또 분명히 차이가 있기도 하다. 문맥의 흐름을 살펴보기 위해, 앞에 있던 앙명인 구절과 묶어서 풀이해보면,

1. '천지간의 으뜸인 밝은 사람을 우러러보아라.'라는 뜻이다.
2. '천지 가운데 하나인 밝은 사람을 우러러보아라.'가 된다.
3. '천지 가운데 하나가 있는 밝은 사람을 우러러보아라.'가 된다.
4. '천지 가운데 하나가 되는 밝은 사람을 우러러보아라.'가 된다.

필자는 이 중에서 1번이 가장 마음에 든다. '아무나 우러러보아라.'가 아니라 밝은 사람을 우러러보는 것이고, 천지간에 으뜸이 되는 사람을 우러러보는 것이 맞지 않을까? 2번은 어떻게 보면 모든 사람을 우러러보라고 말하는 것 같기도 하고, 밝은 사람만 우러러보라고 하는 것 같기도 하고 그 뜻이 좀 애매하다. 그래서 2번이 마음에 들지를 않는다. 모든 사람을 우러러보라는 것도 나름대로 충분한 의미는 있을 것이다. 지독한 인본주의, 즉 모든 사람을 떠받드는 사람 중심주의, 그러나 우러러보아야 할 사람이 너무 많아서 탈이다. 사람들 중에는 사람의 탈을 쓰고 있지만 도무지 사람 같지 않은 작자들도 부지기수인데 왠지 그들까지 우러러보아야 한다는 것이 그리 쉽지만은 않을 것 같다. 각자覺者의 의식이 이러할까? 3번도 아리송하다. 하나가 없는 사람이 어디에 있을까? 존재하는 모든 것은 당연히 하나가 있기 마련이다. 개나 고양이조차도 불성佛性이 있는 법이다. 모두 하나의 씨알에서 비롯되었기 때문이다. 역시 2번과 비슷하다. 4번은 1번과 의미가 대동소이한 것으로 보인다. 결론적으로 필자는 1번의 뜻으로 자꾸 마음이 간다. 천지간에 으뜸이 될 정도의 밝은 사람, 그 사람을 우러러보아야 하는 것으로 말이다. 한편 '제발

모든 이들이 우러러볼 수 있을 정도로 밝은 사람이 되라'는 당부의 뜻도 담고 있다고 해석해볼 수 있을 것이다.

一終無終一 하나가 마치지만, 그 마치는 하나가 없다.
(일종무종일)

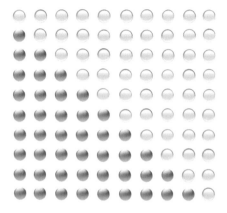

드디어 『천부경』의 마지막 경문이다. 하나가 마친다. 그런데 그 마치는 하나가 없다. 존재하는 모든 것은 반드시 사라진다. 하지만 너무 슬퍼할 필요는 없다. 그 끝마치는 하나가 애초에 없었던 것이 아니었던가! 게다가 다시 일시무시일로 시작하는 그때가 반드시 기다리고 있을 것이 분명하다. 시작이 있으면 마침이 있는 것이고, 마침이 있으면 다시 시작이 있을 것이다. 천지의 이치가 그러하다. 다음에 그려져 있는 십일도를 유심히 살펴보라. 10은 곧 다시 1이 된다. 10이 되었다고 해서 우주가 끝장날 일은 전혀 없는 것이다. 마침은 또 다른 시작에 불과하다. 이 우주는 끝없이 순환할 것이다. 이를 의심할 필요가 전혀 없다. 이것을 의심할 시간에 차라리 과연 '나'라고 하는 존재가 어떻게 존재할 것인가에 대한, 즉 다시 말해서 나의 존재방식에 대하여 고민해보는 것이 훨씬 유익할 것이다. 두 가지 선택이 있다. 하나는 영원한 윤회이고, 또 다른 하나는 영원한 열반이다. 선택은 각자의 몫이다. 근본 마음, 근본 태양을 움켜쥐고 성성하게 살아있는 의식이 되어 영원한 열반을 누릴 것인가? 아니면 근본 마음,

근본 태양을 망각하고 어두운 윤회의 수레바퀴가 끝없이 굴러가도록 방치할 것인가?

4 천부경 문화

동양학을 한 마디로 요약한다면 필자는 일이관지(一以貫之)라고 말할 것이다. 확실히 서양에서 태동한 제 학문들과는 확연하게 구별되는 짐이 바로 이것이다. 서양은 수많은 전문가들을 양성할 뿐이다. 각 분야의 전문가들은 있을지언정 일이관지라는 것은 그 어디에도 없다. 아마도 그런 개념 자체가 존재하지 않을 것이다. 만약 서양에 가서 일이관지를 찾는다면, 번지수가 잘못되어도 한참 잘못된 것이다. 『천부경』은 일시무시일에서 시작해서 일종무종일로 마무리된다. 이 두 문구에 공자가 말했던 일이관지가 고스란히 담겨있다. 하나로 시작해서 하나로 마무리한다. 그러면서 천지만물을 모두 아우른다. 일이관지를 지향하는 동양의 정점에 『천부경』이 있는 것이다. 또한 가장 근원적인 샘물이기도 하다. 『천부경』이야 말로 가히 동양의 총본산이자, 정수라 칭할 만하다. 그리고 자세히 살펴보면 가히 『천부경』 문화라고 칭할 수 있을 정도로 한국인을 비롯한 여타 동아시아인들의 생활이나 생각, 사상, 문화, 자연관 등 삶의 거의 모든 부문에 『천부경』의 색깔이 자신들도 자각하지 못하는 사이에 구석구석 진하게 흔적으로 남아 있는 것이다. 『천부경』 안에는 고대의 동아시아인들이 자신들이 살았던 세상을 어떤 시각으로 바라보았는지가 고스란히 담겨있다.

알(•) 문화

일이관지를 더 축약해서, 동아시아를 다시 단 하나의 상징으로 요약하라면 그때는 •(올)[83]이라고 말해야 할 것 같다. 하나(•)로써 만물의 이치와 본질의 정수를 꿰뚫어버리고, 하나(•)로써 이쪽과 저쪽, 시작과 마무리를 모두 관통해버린다. 이것이 바로 일이관지이다. 동양의 학문은 일이관지를 지향하고 『천부경』이 그 길을 열어준다. 일시무시일, 이렇게 하나에서 시작한다. 여기서 하나는 一로 표시한다. 하지만 여기서 一이란 것도 사실은 문자의 일종에 불과하다. 그리고 9천 년 전에는 이런 문자를 사용하지 않았을 것이다. 그래서 사실은 • 과 같이 하나의 점으로 보아야 한다. 여기서 • (하나의 점) 을 무엇이라 읽어야 할까? 그것이 바로 올이다. 씨알이라고 불러야 한다. 우주를 비롯한 만물이 바로 • 에서 시작한다는 것이다. 그리고 이것이 바로 우리 민족의 고대사에 그 많은 난생설화를 만들어 낸 근원일 것이다. 고구려를 세운 동명성왕, 신라의 박혁거세, 신라의 석탈해, 가야의 김수로왕,…. 이들이 모두 알에서 태어났다고 한다. 무슨 닭이나 뱀이나 새도 아니고 어떻게 사람이 알에서 태어난다는 것일까? 대체 이것이 무엇을 의미하는 것일까? 당시의 사람들이 너무나 미개해서, 알에서 태어났다고 말해야 비로소 우러러 볼 수 있는 대상으로 받아들였던 것일까? 결코 그렇지가 않다고 본다. 일제의 식민사관자들이 한국인의 역사를 무력화시키기 위해서 고의적으로 신화화하거나 우민화 한 탓일까? 이 또한 그렇지가

---

83) 여기서 올이란 하나라는 말과 동의어로서, 우주 만물의 본원이며 시종을 이루는 상징이다.

않다. 우리의 선조들은 바로 철두철미하게 『천부경』을 통해서 세상을 바라보고 있었던 것이다. 경문 81자에 이르기를 만물은 알에서 시작해서 알에서 끝난다고 했다. 또한, '앙명인', 즉 밝은 사람을 우러러보라고 분명히 말해주고 있다. 그러면 밝은 사람이란 누구인가? 바로 본심·본태양, 근본 마음·근본 태양을 깨달아, 중천지일의 경지에 오른 사람, 천지 중의 가장 으뜸이 되는 밝은 경지에 도달한 사람을 우러러보아야 한다고 가르치고 있다. 고대의 ● 은 단지 하나의 알로써만 인식되었던 것이 아니라, 또한 금빛 찬란한 밝은 태양 ○으로도 인식되고 있었다. 그러니 동명성왕·박혁거세·석탈해·김수로왕과 같은 이들이 알에서 태어났다는 의미는 ●(씨알)로 다시 대이났기 때문에, ○(눈부신 근본 태양)으로 다시 태어났기 때문에, 씨알에서 태양처럼 밝은 사람으로 거듭 태어난 사람들이기 때문에, 당연히 그들을 높이 우러러 보아야 했던 것이다. 그것이 바로 『천부경』의 가르침이었다. 그리고 이러한 난생설화가 우리 겨레에게만 있는 이유가 바로 그 당시 우리 겨레만이 『천부경』을 받들고 살았던 민족이었기 때문일 것이다.

삼족오 문화

석삼극(析三極) : 하나를 깨 부셨더니, 세 개가 나온다. **대삼합(大三合)** : 천·지·인의 삼극이 크게 합한다. 이렇게 단순한 표현으로 세상에서 제일간다고 우쭐대는 고등 종교에서 최상승의 묘법으로 떠받드는 심오한 고차원의 원리를 표현할 수 있다는 것이 단지 놀랍고도 놀라울 따름이다. 진리는 이토록 단순한 것이다. 『천부경』 앞에서 종교적 교리나

철학적 원리를 운운한다는 것은 감
히 번데기 앞에서 주름잡는 격이 될
뿐이다. 9천 년 전에 이 땅에는 대체
무슨 일이 일어났던 것일까? 현존하
는 종교들 중에서 전 세계에서 신도
를 제일 많이 거느리고 있다는 기독

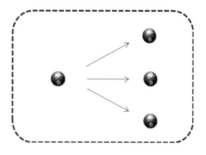

교의 상황을 살펴보자. 기독교에서 말하는 소위 삼위일체란 개념이
있다. 성부聖父 · 성자聖子 · 성령聖靈은 삼위(세 인격, 3 Persons, 세 분, 세
위격)로 존재하지만, 그 본질(essence)은 하나의 신이라는 교리가 바로
삼위일체이다. 이러한 교리를 제대로 이해하는 기독교 신도들이 과연
몇이나 될까? 가히 의심스럽기 짝이 없다. 삼위일체라는 표현은 구약성경
과 신약성경 안에는 기록되어 있지 않는 개념이다. 그럼에도 불구하고
로마 가톨릭교회를 포함한 대다수의 기독교는 삼위에 대한 개념이 요한
복음서 등에서 간접적으로 암시한다고 주장하고 있다. 삼위일체라는
교리는 로마 가톨릭교회가 서기 325년에 제1차 니케아 공의회와 서기
381년 콘스탄티노폴리스 공의회에서 정통 교리로 확정하면서 기독교의
교리로서 자리를 잡았고 오늘날까지 이어지고 있다. 필자가 열심히
설명을 한다고 하고는 있지만 지금 무슨 말인지 통 알아들을 수가 없을
것이다. 대체 성부는 무엇이고, 성자는 또 무엇이고, 성령은 또 무엇이란
말인가?

『천부경』이 말해준다. 진리는 하나이다. 그 하나를 자세히 뜯어보면
세 개의 양태로 볼 수 있다는 것이다. 그것이 바로 천 · 지 · 인이고,
유 · 불 · 선이고, 지복 · 의식 · 실재이고, 또 성부 · 성자 · 성령이라고 말

해주고 있는 것이다. 그리고 이 부분에서 필자는 우리 민족과 함께해
온 삼족오(三足烏) 문화를 언급하지 않을 수가 없다. 고구려의 연개소문이

나 발해의 대조영이 당나라 군사와
사활을 걸고 전쟁을 하면서 삼족오
깃발을 휘날리며 전투를 벌이는 흥미
진진한 장면들이 한동안 TV 사극 드라
마로 방영되기도 했는데, 이 삼족오

문화야 말로 그 기원이 명백히 『천부경』이라 말하지 않을 수 없을 것
같다. 금빛 찬란한 금색 빛깔의 까마귀는 본심·본태양, 밝은 마음을
얻은 하나의 씨앗, 일시무시일의 하나를 상징한다. 그리고 세 개의 발,
이것이 무엇일까? 석삼극이다. 전한시대에 지어진 것으로 알려진 『춘추원
명포』[84]라는 책 속에 삼족오의 명칭이 등장한다.[85]

춘 추 원 명 포 왈 양 수 기 어 일 고 일 중 유 삼 족 오
春秋元命苞曰陽數起於一故日中有三足烏
춘추원명포에 이르길 양수는 1에서 일어난다. 고로 일중 삼족오가 있다.

익히 잘 알고 있는 바와 같이, 음수는 2로 대표하고 양수는 3으로
대표한다. 그리고 지금 『춘추원명포』에서는 양수는 1로부터 시작된다
고 한다. 그러므로 위의 문장을 다시 해석해보면

---

84) 『춘추원명포(春秋元命苞)』란 '춘추시대의 원류가 되는 복희시대의 상고사(上古
史)'라는 뜻이다. 여기서 포(苞)라는 글자는 복희를 의미한다. 복희를 포희라고도
부르기도 한다.

85) 엄밀히 말하면, 이『춘추원명포』는 현재 전해지지 않고, 단지 거기에 언급된 내용만
다른 책에 인용되어 실려 전해지고 있다.

"양수는 1에서 시작하여 3이 된다. 고로 해 안에는 삼족오가 있다."

라고 말할 수 있게 된다. 삼족오에서 필연적으로 등장하는 1과 3의 관계를 문헌적으로 뒷받침해주고 있다고 할 수 있겠다. 이는 『천부경』에서 표현된 석삼극, 그리고 십일도에서 그려지는 제1천의 상황임이 명백하다. 따라서 다음과 같이 말할 수 있을 것이다. 겨레의 성스런 영산, 백두산…. 그것이 바로 제1천을 상징하는 살아있는 증거물이었다. 그리고 한 가지 더…. 삼족오가 또한 또 다른 방식으로 제1천을 상징해주는 성스런 영물이다. 그런데 놀랍게도 『한단고기』 「단군세기」에는 제8대 우서한 단군 시절에 실제로 삼족오라는 새가 실존했었다는 기록을 남기고 있다.

"기원전 1990년 신해년, 단제께서 옷을 바꿔 입으시고 몰래 국경을 나서서 하나라의 정세를 살피고 돌아와 크게 관제를 고쳤다. 기원전 1987년 갑인년, 세 발 달린 까마귀가 날아와 대궐 뜰 안으로 들어왔는데 그 날개의 넓이가 석자나 되었다고 한다."

이 기록을 보면, 당시 단군들은 중국으로 선진 문명을 전수해주는 일만 했던 것이 아니라, 혹 그들이 가지고 있는 장점들이 있다면 몸소 찾아가서라도 확인한 후에 적극 도입을 했을 정도로 열성적이고 열린 마음이었음을 짐작하게 해주는 대목이다. 또한 이 대목이 삼족오에 대한 실존을 말해주는 전무후무한 희귀한 기록이기도 하다. 삼족오는 단지 상상 속으로만 그리던 새가 아니었다. 적어도 4000년 전에는 삼족오라는 새가 실존했던 것이다. 그리고 그 새의 형상이 『천부경』의 원리를 고스란히 담고 있다는 사실 때문에 영물로 형상화 되었을 것이다. 이처럼 삼족오는 중국의 것이 아니라, 한국의 것임이 명백하다. 삼족오란 새가 바로 조선인들이 살고 있던 땅에 실존하고 있었던 것이다.

우리 조상들은 또 고분 벽화에 석삼극의 과정을 생생하게 남겨놓았는데, 그것이 바로 삼족오 그림이다. 그들은 일시무시일에 등장하는 하나의 씨알이 천·지·인으로 쪼개지는 과정 중에서, 일시무시일의 씨알 하나를 까마귀로 표현하였고, 쪼개진 천·지·인을 세 개의 발로 표현했다. 이에 대한 이해를 보다 선명하게 하는데 도움이 될 수 있도록, 또 다른 이미지 하나를 준비해보았다. 겨레의 삼성三聖들께서 보여주고 싶었던 석삼극의 이미지, 바로 그것에 대한 중요한 단서가 될 수 있을 것이다. 위의 지형도는 강화도 주변의 지형을 보여준다. 『한단고기』「삼한관경본기」에 보게 되면 이런 기록이 남아 있다.

> "단군왕검 51년[86] 천왕께서 운사 배달신에게 명하시어, 혈구에 삼랑성을 쌓게 하고 제천단을 마리산에 설치하게 하였다. 이에 강남의 장정 8000명을 뽑아 운사를 돕게 하였다. 신유년 3월 천왕께서 친히 행차하시어 마리산에서 하늘에 제사를 지내셨다."

이와 똑같은 내용이 『단군세기』에도 실려 있으니, 실제로 실존했던 역사가 틀림없을 것이다. 여기서 나오는 혈구란 지명은 오늘날의 강화도를 말하고, 마리산에서 마리란 머리를 의미한다. 그런데 그것은 단순한 머리가 아니라, 모든 것들의 근본이라는 의미를 내포하고 있다. 이 우주의 근본을 의미한다. 감히 이렇게 말할 수 있는 근거가 무엇일까?

---

86) 기원전 2283년 무오년이다.

바로 『천부경』의 원리가 그대
로 구현되어 있기 때문이다. 위
의 지도를 보자. 강화도는 황해
바다위에 있는 섬이다. 여기서
황해 바다는 광대무변한 무無
의 심연을 상징한다. 무진본의

바로 그 근본이다. 그리고 강화도가 바로 일시무시일의 씨알 하나이다.
그리고 강화도를 향해 예성강, 임진강, 한강, 이렇게 세 개의 강물이
도도히 흘러내리고 있다. 이 세 개의 강은 바로 석삼극의 3을 의미한다.
(보다 엄밀히 말하자면, 3개의 강으로 구획 지워진 세 개의 땅이 3에 해당한다.)
이는 삼족오에서 세 개의 다리가 상징하는 바와 완전히 일치한다. 고구려
고분벽화에 자주 보이는 모습은 태양을 상징하는 원 안에 삼족오를
그려놓은 그림이다. 이렇게 태양 안에 삼족오를 그려 넣은 것을 '일중삼
족오(日中三足烏)'라 부르기도 하고, 혹은 '금오金烏'라고도 부른다. 그럼
여기서 까마귀와 세 개의 발은 이미 앞에서 설명했던 바이고, 그 다음
까마귀 뒤쪽 배경에 보이는 태양이 상징하는 바는 또 무엇인가? 바로

그것이야 말로, 황해바다와 똑같은 의미
이다. 무진본의 무한 동력원이다. 자신의
빛을 끊임없이 온 우주로 발산해내고 있
는 것이 무진본이 아니고 또 무엇이겠는
가? 태양이야 말로 가장 적절하게 무진본
의 무無를 표상해주는 바로 그 안성맞춤
의 물상이었던 것이다. 이를 정리하면,

태양 ≡ 무진본의 무無
까마귀 몸 ≡ 일시무시일의 씨알 하나
세 개의 발 ≡ 석삼극

　이것이 바로 삼족오 그림이 표현해내는 상징이고, 강화도가 표상해주는 의미, 바로 그것이다. 그 원리는 위에서 보는 바대로 『천부경』의 내용을 고스란히 담아내고 있는 것이다.

해와 달 문화

　지금까지는 『천부경』에서 제1천에 대한 상징이 삼족오라는 이미지로 표현되었다는 것을 알게 되었다. 그리고 이제 다음으로 제2천에 대한 상징이 무엇인지를 알아볼 차례이다. 십일도에서 제2천에 등장하는 돌의 개수는 모두 16개였다. 그중에서 음을 상징하는 파란색 돌은 6개, 양을 상징하는 흰색 돌은 9개, 그리고 남은 하나는 일시무시일의 씨알 하나라고 정리했었다. 이렇게 제2천에서 파란색 돌 6개와 흰색 돌9개가 병립하는 것을 두고 우리 조상들은 과연 어떻게 표현해놓았을까? 우리 조상들은 음과 양의 병립으로 『천부경』의 수리를 표현하였다. 음과 양의 병립을 상징한다고 보았던 것이다. 그리고 이러한 음과 양의 병립을 표현하는 방식으로는 대략 3가지 정도의 기법이 사용되었다. 그 기법 중의 하나는 일중삼족오의 짝을 찾아주는 것이었다. 여기서 석삼극을 상징하던 삼족오가 또한 아홉을 상징하는 상징물로 격상될 수 있는 이유가 무엇일까? 그것은 천지인 삼위가 합해진 삼족오라는 의미를 갖기 때문이다. 쉽게 말해서 천지와 하나가 된 깨달음을 얻은 삼족오라고

나 할까? 우리 선조들은 주로 둥근 달 안에 두꺼비나 토끼를 그린 월상月象으로써 일중삼족오 일상日象과 나란히 병립해 주었다. 여기서 달은 태양의 양과 대비된 음의 상징이고, 까마귀가 태양에서 나온 것을 상징하듯이, 두꺼비나 토끼는 달에서 나온 것을 상징해주는 동물이었다. 바로 여기서 떡두꺼비 같은 자식이나 토끼 같은 자식이라는 말이 유래되었을 것이다.

실제 고분에 우리 조상들이 그려놓은 그림들을 보면 일중삼족오와 월중두꺼비를 함께 천상에 좌우 대칭으로 그려 넣는 방식이 가장 일반적이었다. 이 유형이 출현하는 고분은 서기 4~5세기에 해당하는 것들이 많다. 가령 집안 통구 무용총과 각저총 및 평안남도, 황해도 등 주로 고구려 남부지역에서 초·중·후기에 걸쳐 꾸준히 출현하고 있다. 대표적으로 길림성 집안시 통구 무용총과 각저총 그리고 장천 1호 묘를 들 수 있는데, 고분의 천정에 별자리와 함께 동쪽에는 일중삼족오를 그리고 서쪽에는 월중두꺼비를 그려놓았다. 그리고 이와 유사한 유형들이 황해도 안악 제1호분, 제3호분, 평안남도 강서 태성리연화총 등의 비사신도고분과 평남지구의 강서 약수리벽화고분, 강서 삼묘리중묘,

용강 쌍영총, 덕화리 제 1·2호분, 평양의 진파리 제1·4호분 등이다. 그리고 두 번째 표현 방식으로는 복희와 여와의 머리위에 태양과 달을 받쳐 든 형태로 표현되기도 하였다. 이때 복희는 양을 상징하고, 여와는 음을 상징하므로, 이 둘을 같이 그려 넣어 음양을 표현한 것이다. 이 유형은 집안 통구 삼실총과 평안남도 순천 천왕지신총을 들 수 있는데, 삼실총의 경우에는 제2실과 제3실의 천정에 각각 꼬리를 교차한 두 마리의 뱀을 그렸는데, 두 마리 뱀은 일종의 신성한 뱀으로서 복희와 여와를 표현한 것이다. 그리고 천왕지신총에는 주실의 천정 상부 제1단부 북면에 몸은 한 마리의 용의 형상이고 머리와 꼬리에 두상으로 구사하고 있다. 또 이 고부의 현실 천정상부 제2단부 동서에는 일중삼족오를, 서면에는 월중두꺼비의 일월상이 별도로 그려져 있다. 세 번째 유형으로는 앞의 두 경우가 결합한 형상으로써, 사람의 머리에 용의 몸과 날개를 가진 복희와 여와가 양 손으로 일중삼족오와 월중의 두꺼비와 옥토끼를 머리 위에 받들고 있다. 집안통구 사신총, 오회분 4호 묘, 오회분 5호 묘 등의 천정에서 북두칠성 등의 별들과 함께 발견되고 있다. 이 유형은 모두 사신도가 출현하는 후기 고구려 벽화고분에서 발견되고 있다. 이 시기는 대략 6세기경으로 추정된다. 마지막으로 태양과 달에 대한 표현을 아예 생략해버리고 복희와 여와만으로 표현하는 방식을 사용하기도 했다. 이후 삼족오는 여러 변형이 일어난다. 첫째, 우리나라 민속에서 보이는 일족삼두매[87], 그리고 『조선왕조실록』과 『악학궤범』 등에 보이는 세 개의 머리와 세 개의 발을 가진 주작 등이 바로 그것이다. 둘째, 삼족오가 새 모양을 넘어서서 삼태극으로

---

87) 일족삼두매(一足三頭鷹,) 하나의 발을 가지고 있고 세 개의 머리를 한 매의 모습

추상화되는 변형이 일어나는 경우도 있는데, 보물 635호인 '신라 미추왕릉 지구 계림로 14호분 출포 장식보검'에 잘 나타나 있다.

얼마 전에는 중국에서 공자의 제사를 회복해야겠는데 그 예법을 다 까먹어버려서, 우리나라에 와서 거꾸로 배워가는 일이 일어났다. 그러나 그 정도는 그나마 다행이라고 할 수 있다. 왜냐하면 적어도 원조가 완전히 뒤바뀌지는 않았으니 말이다. 앞에서 사신도에서 주객이 전도된 것과 완전히 똑같은 상황이 삼족오나 두꺼비 그림에서도 그대로 재현된다. 현존하는 중국 쪽 유물의 제작 시기가 앞서는 것[88]으로 나타나고 있고, 그 때문에 중국의 것으로 둔갑되는 상황도 완전히 똑같다. 우리 고고학 학자들이 대단히 영리할 필요가 있는데 실상은 전혀 그렇지가 못하다. 유물의 제작 시기로 보아 삼족오는 한나라의 것이고, 한나라의 문화가 우리에게 도입되었다고 말해버리고 만다. 도대체 정말 중요한 것이 뭔지도 모르는 작자들이 전문학자라고 행세를 하고 다니는 참 못난 세상이다. 이미 앞에서 살펴본 바와 같이 삼족오와 두꺼비가 『천부경』 원리에 본바탕을 둔 것이므로, 이들은 반드시 Made-in Korea로 바로 잡을 필요가 있다. 우리 조상들의 마음을 이끌었던 저 밑바탕의 그 근저를 연결해주는 단 하나의 연결고리, 그것이 바로 『천부경』이다. 간혹 일본이나 중국에서도 삼족오 문양을 사용했다고 하는 것은 바로 우리 민족의 『천부경』이 그들에게도 전파되었다는 명백한 증거가 된다.

---

88) 하남성 낙양에서 발견된 복천추묘 벽화에 월중두꺼비와 일중삼족오가 나란히 그려져 있다. 기원전 86년~기원전 49년경에 조성된 것으로 한대의 벽화이고, 가장 이른 시기의 것에 해당한다. 여기서 삼족오는 부감법, 즉 까마귀가 나는 모습을 위에서 내려다 보듯이 그려놓았다.

혹은 고대 우리의 강역 범위를 의미할 수도 있겠다. 그렇지만 삼족오는 우리 거니까 다시 도루 찾아와야 한다는 둥의 대응 방식은 지극히 좁은 소견에 불과하다. 『천부경』은 어느 특정 민족만이 소유할 수 있는 그런 물건이 아니다. 『천부경』은 어떤 그릇으로도 담을 수 없을 정도로 그 그릇이 커서 오히려 소유하려고 하면 할수록 크게 상하고 말 것이다. 그보다는 전 인류가 함께 공유해야 하는 대大 경전이자, 전 인류가 함께 해야 할 인류의 커다란 유산이라고 보아야 한다. 정말 삼족오를 위해서 뭔가를 하고 싶다면, 지금부터라도 자신의 근본 마음·근본 태양으로 돌아가기 위해서 힘써야 할 것이다. 오히려 더 큰 문제는 『천부경』의 본뜻을 헤아리지 못하고 있는 바로 그것이라 할 수 있다. 『천부경』의 본뜻을 올바르게 헤아리고, 각자가 근본 마음·근본 태양을 얻어 천지간의 으뜸이 되는 밝은 사람이 될 수 있도록 노력하는 것이야말로 대 광명의 세상을 하루라도 앞당길 수 있는 지름길이라 할 것이다. 『천부경』을 받든 민족이 감당해야 할 진정한 소임이란 바로 이것일 것이다. 중국과 일본만이 아니라, 인도로, 동남아시아로, 아메리카와 아프리카, 세상 그 어디에라도 기꺼이 삼족오를 전하고 『천부경』을 널리 전하는 것이 오히려 올바른 일이 될 것이다.

칠성七星 신앙

북두칠성에 대해서만큼은 문화가 아니라, 신앙이란 용어가 더 잘 어울릴 것 같다. 오늘날까지 유물로 남아있는 고분이란 것은 사실 왕들과 같은 신분이 높은 귀족들의 무덤이다. 이 무덤에 그려져 있는 벽화를 들여다보면 과거 동아시아에 살았던 권력자들이 그들의 삶과 죽음을 통해 무엇을 갈구했는지를 엿볼 수 있다. 그들은 하나에서 시작했던 것과 똑같이 다시 하나로 돌아가게 되는 것임을 너무도 잘 알고 있었다. 그리고 그들은 또 다른 하나로 다시 시작될 것임을 또한 믿어 의심치를 않았다. 그들이 지금 가는 그 길은 다시 하나로 귀일하는 길이었다. 그 하나의 표상은 북극성이었고, 북극성을 향해서 날아가기 위해 날개가 필요하였다. 그들의 무덤에 삼족오를 비롯한 수많은 새들을 그려 넣은 이유가 바로 그것이었을 것이다. 육신은 비록 생기를 잃어 땅에 묻히게 되지만, 영혼만큼은 새처럼 날개를 달고 다시 하늘로 올라가는 것이었다. 그리고 곧이어 다시 시작될 새로운 씨알 하나를 꿈꾸면서…. 한편 권력자들 이외의 일반 서민들의 경우는 어떠했을까? 그들은 『천부경』에서 완전히 소외되는 삶을 살았을까? 그렇지가 않았다. 그들도 역시 삶과 죽음을 『천부경』과 함께 할 수 있었다. 비록 고분과 같은 화려한 무덤은 그들에게 주어지지 않았지만, 일반 백성들의 시신에는 칠성판이 주어졌다. 2미터 정도 길이의 널빤지에 북두칠성 별자리 모양으로 구멍을 뚫거나 혹은 그림을 그려 넣기도 했다. 그들에게도 사람이 죽으면 그 영혼이 하늘로 돌아간다는 믿음이 있었다. 그런데 북두칠성은 망자들과 무슨 관련이 있었던 것일까? 이 또한 『천부경』에 그 답이 나와 있다. 씨알 하나에서 나와 7개의 별이 되었던 것과 똑같이 돌아가는 그 길도 바로 북두칠성을 통해서 북극성(일종무종일)의 씨알 하나로 귀일하는 것이었다. 그들의 소박한 삶 속에서 그들에게 처음 육신을 주었던 생명의 원천, 그 하나로 다시 귀일하는 그 길에 필요한 것은 오직 북두칠성, 그것 하나만 있으면 충분했던 것이다. 북두칠성이 반드시 자신들의 영혼을 씨알 하나로 되돌려줄 것이었고, 그러한 귀일은 또한 새로운 시작을 위해 반드시 지나가야하는 또 하나의 통과의례였던 것이다.

북두칠성은 헤아릴 수 없이 오랜 시간을 우리 민족과 함께 해왔다. 청동기 시대의 무덤인 고인돌에도 북두칠성을 새겨 놓은 문양들이 많이 남아 있다. 아래에 보이는 그림은 우리나라 청동기 시대에 만들어진 고인돌에 흔적으로 남아있는 별자리라고 한다. 아마도 현재의 북극성을 중심으로 자전축이 형성된 약 2천 년 전 무렵에 한반도에 살았던 사람이 그려놓은 작품이었을 것이다. 북두칠성은 고구려시대 권력자들이 무덤인 고분 천정에도 빠지지 않고 그려져 있다. 심지어는 오늘날까지도 망자의 관에다가 칠성판을 넣어주는 관습이 행해지고 있다. 대체 언제부터 우리는 북두칠성과 생의 마지막을 함께 했던 것일까? 가령 약

3천 년 전의 사람이었던 주 문왕이 올려다보던 그 하늘은 분명 지금과 똑같지는 않았다. 주 문왕이나 공자가 올려다보던 하늘에는 현재의 북극성이 아니라 서양식 별자리 기준으로 보았을 때, 작은곰자리의 베타라는 별을 중심으로 지구가 자전하고 있었다. 그리고 그보다 더 먼 과거에는 그 옆에 보이는 용자리의 알파별을 중심으로 지구가 자전하고 있었다는 사실이 이집트의 파피루스에 적혀 있다. 물론 우리 땅의 고인돌에도 용자리 알파별이 북극성이었다는 흔적이 남아 있다. 이렇게 하늘의 중심이 때때로 달라지는 이유는 팽이의 중심축 자체가

기우뚱 기우뚱 통째로 흔들리듯이[89] 지구가 세차운동을 하고 있기 때문이다. 정말 『천부경』이 만들어진 것이 약 9천 년 전이라면 아마도 용자리 알파별을 중심으로 지구가 자전하고 있었을 무렵이었을 것이다. 이렇게 수시로 자전축은 변해왔지만, 북두칠성에 대한 뜨거운 사랑과 관심만큼은 도무지 식을 줄을 몰랐다. 우리의 조상들은 하늘을 올려다보면서 큰곰자리, 작은곰자리, 용자리 등과 같이 단지 하늘 동물원의 스토리 엮기에 몰두했던 서구인들과 달리 『천부경』의 원리를 하늘 가운데에서 조용히 되새기고 있었다. 세상을 바라보는 수준이 달랐다고나 할까? 지구 저편에서는 한가롭게 밤하늘에 동화책을 만들고 있었지만, 우리 선조들은 『천부경』의 이치를 투영해놓고, 살아있는 생생하고도 영험한 신물로 받들면서 정안수를 떠놓고 조물주에게 정성을 담아 기도를 올리기도 하고, 시시때때로 끊임없이 변하는 시간의 흐름과 조물주의 메시지를 읽어내면서 우주와 교감하고 있었다. 물론 시절이 바뀌면서 북두칠성의 의미는 조금씩 변할 수밖에 없었을 것이다. 실제로 시절이 바뀔 때마다 북두칠성은 다른 색깔로 채색되기도 했다. 심지어는 사찰에 들어서 일주문과 대웅전을 지나 후미진 곳 깊숙이 올라가면 삼성각이 있고, 바로 그곳에 칠성신을 모셔놓기도 했다. 삼성각이란 칠성七星, 산신山神, 독성獨聖 신을 모셔놓는 곳이었다. 이것은 우리나라

---

89) 세차운동을 고대의 우리 조상들이 알고 있었을까? 알고 있었던 것 같다. 오행(五行)이란 용어자체가 이미 그 세차운동의 뜻을 함유하고 있다. 오행에서 행(行)이란 움직인다는 의미이다. 그것도 삐걱삐걱 절룩이며 걸어가는 모양이다. 한 발을 들고 깽깽이로(丁) 비틀거리며 걷는 모양(彳)이 곧 행(行)이다. 지구가 태양 주위를 돌면서 사계절이 만들어지고 오행이 순환하게 되는데, 이때 지구가 뒤뚱거리면서 공전하는 모습을 오행이라는 용어에 담아서 표현했던 것으로 보인다.

에 불교가 도입되는 과정에 기존 불교에는 없던 것에다가 전통적인
『천부경』 신앙을 가미한 결과물이었다. 하지만 북두칠성은 여전히 하늘
의 핵심 별자리였고, 그것이 삶과 죽음을 주관한다는 생각만큼은 줄곧
변함이 없었다.

삼신 신앙

　방금 북두칠성에서 숫자 7을 언급했지만,『한단고기』에 가장 많이
등장하는 것은 사실 3이라는 숫자라고 할 수 있다. 단군이 하늘에 천제를
올릴 때는 반드시 3·7일을 기일로 잡았음을『한단고기』에서 읽을 수
있는데, 이처럼 우리 조상들은 3과 7이란 숫자를 매우 중요시했음을
알 수 있다. 최근에는 또 고구려 유물 중에서도 결정적인 증거물이
발견되었는데, 고구려 벽화 중에서 오회분[90] 4호와 5호에서는 고분
벽화에 북두칠성과 더불어 북극성 자리에 북극성 하나만 있는 것이
아니라, 별 3개가 그려져 있는 그림이 발견되었다. 이렇게 북극성 자리에
그려져 있는 별 3개를 김일권[91] 교수는 북극3성이라고 이름을 붙였다.
다음의 그림에서 표현된『천부경』의 이치가 고분에도 그대로 반영된
결과이다. 이 그림을 잘 이해할 필요가 있다. 여기 작은 씨알 하나가
맨 앞에 있다. 일시무시일로 시작된 이 작은 씨알 하나가 천·지·인

[90] 오회분은 우산(禹山)의 산자락에 나란히 자리한 5기의 투구 모양 고분을 일컫는다.
　　이 고분은 6세기 말~7세기 초에 조성된 것으로 보이고, 현재 중국 길림성 집안시
　　대왕촌에 위치하고 있다. 그중 4호묘와 5호묘는 말각조정의 단실묘로 무덤의
　　구조와 벽화의 내용이 서로 흡사하며 보존상태도 매우 좋다.
[91] 한국학중앙연구원 민속학 전공 교수

셋으로 분화되는 과정을 표현하고 있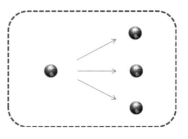
고, 이를 일컬어 석삼극이라고 함을
잘 기억하고 있다. 씨알 하나가 쪼개
져 셋이 되는 것을 말한다. 하나에서
갈라진 세 개의 씨알은 곧 태초에 시
작이 없이 시작된 씨알 하나와 똑같다. 즉 다시 말해서, 삼위일체, 하나는
셋이고, 셋은 하나이다.

$$1 \equiv 3, \qquad 3 \equiv 1$$

위의 등식이 성립하는 것이다. 다시 말해서 북극성이 북극3성과 등가
라는 말이 성립된다. 『한단고기』에서 3이란 숫자가 언급되는 예들을
살펴보면, 「삼성기전(하)」에서는

"중략 때에 구한은 모두 **삼산**을 한 뿌리의 조상으로 삼고 중략 구한은 모조리
삼한에 통솔되고 나라 안의 천제의 아들은 단군이라 불렀다."

라고 하여, 삼산과 삼한을 언급하고 있다. 또 「단군세기」에서는

"무릇 **삼신**이 하나라라는 이치는 대원일에 그 뜻이 있으니, 조화의 신은 내려와
나의 성품을 이루고, 가르침의 신은 내려와 나의 삶을 이루고, 다스림의 신은
내려와 나의 정신을 이룬다. 생각하면 그렇기에 사람이 만물 가운데 가장 고귀한
것인저. …(중략)…하나를 알아 셋을 품고, 셋을 모아 하나로 돌아간다는 말은
바로 이런 뜻이다. …(중략)…감·식·촉이 자연스럽게 잘 어울리면 그것이 바로
한님 그대로인 셈이니, 이 세상 어디에나 두루 그 덕을 베풀어서 함께 즐거우며,
천지인과 더불어 끝없이 스스로 변화하는 것이라.…(중략)…개천 1565년 상월
3일에 이르러 신인 왕검이 오가의 우두머리로서 800인의 무리를 이끌고 와서
단목의 터에 자리 잡았다. 무리들과 더불어 삼신님께 제사를 올렸는데 지극한

신의 덕과 성인의 어진 마음을 함께 갖추었더라.…(중략)…이에 천하의 땅을
새로 갈라서 **삼한**으로 나누어 다스렸으니, **삼한**은 모두 오가 64족을 포함하였
다.…(중략)…모두가 **칠일**을 기한으로 삼아 **삼신**님께 나아가 세 번을 빌어…(중
략)…천부의 인을 가지고 대원일의 그림을 누전에 걸어 놓으셨으니 이를 커발한이
라 하였다. **사흘 동안** 재계하시고 **이레 동안** 그 뜻을 말씀하시니 위풍이 사해를
움직이듯 했다.…(중략)…기원전 1683년 구한의 여러 칸들을 영고탑에 모여 삼신
과 상제에게 제사지냈으니, 한인한웅단군왕검을 모시었다.…(중략)…기원전 813
년 영고탑 서문 밖 감물산 밑에 삼성사를 세우고 친히 제사를 올리셨다.…(중략)…
기원전 424년 예관이 청하여 삼신영고의 제사를 지냈다. 곧 3월16일이었는데
단제께서 친히 행차하시어 경배하시니 첫 번째 절에 **세 번** 머리를 조아리고
두 번째 절에 **여섯 번** 머리를 조아리고, 세 번째 절에 **아홉 번** 머리를 숙여
예를 올리는데, 무리를 거느리고는 특별히 열 번 머리를 조아렸다. 이를 **삼육대례**
라고 한다."

라고 적고 있다. 그리고 「태백일사」 [삼신오제본기]에서는

"**삼신산**을 뿌리산이라 한다. **삼신**으로 이름 삼음은 대저 상세 이래로 **삼신**이
이곳에 내려와 노닐으시고 **삼계**를 널리 감화하심을 믿기 때문이다.…(중략)…**삼
신**의 후를 일러 한국이라 하니 한국은 천제께서 계시는 곳의 나라니라."

라고 하였고, 또 가로대

"**삼신**은 한국의 선대에 있었고 나반이 죽어 **삼신**이 되셨으니, 그 **삼신**이라
함은 영구 생명의 근본이라고 하였으니 그래서 또 말한다. 사람과 물건은 같이
함께 **삼신**에게서 나왔으니, **삼신**으로써 한 근원의 조상으로 삼느니라. 한인도
역시 **삼신**을 대신하사 한국의 천제가 되었다.…(중략)…**삼한**에 옛 풍속이 있는바
모두 10월 상순에 국중 대회를 열어 둥근 단을 쌓고 하늘에 제사지낸다. 땅에
제사지냄을 방구라 하고 돌아가신 아버지를 제사지냄은 각목이라 하나니, 산에
웅상의 상을 만듦은 모두 그 유법이다. 하늘을 제사지냄에 있어 반드시 한이

몸소 제사를 지내니 그 예법이 매우 성했음을 알 수 있다. 그날 원근 모든 사람들이 그 생산한 것을 바치고는 북치고 나팔을 불며 온갖 놀이를 벌이고, 여러 작은 나라들이 찾아와 특산물을 바치니 진귀한 것들이 언덕과 산처럼 둥그렇게 쌓인다. 대저 백성들을 위하여 기도하였으니 곧 관경을 번식케 하는 원인이 되었으며 소도의 제천은 곧 구려를 교화하는 근원이 되었다. 이로부터 화를 당하여 힘쓰고 이웃을 위하며 있는 자와 없는 자가 서로 도우니, 문명은 나라를 이루고 개화 평등하여 온 세상에 제사의 예를 숭상하지 않는 자가 없었다. 아기가 태어난 것을 축하하여 **삼신**이라 하고, 벼 익은 것을 축하하여 업이라 하였다. …(중략)…모든 부락에서는 스스로 **삼노**를 모셨으니, **삼노**는 또 **삼사**라고도 한다."

라고 적고 있고, [조대기]에서 이르기를,

"옛 풍속은 광명을 숭상하였으니, 해로써 신을 삼고 하늘로써 조상으로 삼았으니, 만방의 백성은 이를 믿고 서로 의심치 않으며 조석으로 경배하며 이를 가지고 일과로 삼았다. 태양은 광명을 만나는 곳으로서 옛날부터 **삼신**이 계시는 곳이라. 사람은 빛을 얻음으로써 농사짓고 하는바 없는 듯하면서 스스로 교화되나니, 아침엔 함께 동쪽 산으로 올라 해가 처음 뜨는 것을 경배하고 저녁엔 곧 함께 서쪽 강가로 나아가서 달이 처음 뜨는 것에 경배한다.…(중략)…태백산의 신단의 나무 아래로 내려오시니 이를 신시라 한다. 풍백 우사 운사를 데리고 농사를 주관하고 삶을 주관하며 형벌을 주관하고 병을 주관하시고 선악을 주관하면서 무릇 인간의 360여사를 두루 주관하시사, 세상에 이치대로 교화하여 인간 세상을 널리 이롭게 하였다. 이를 한웅천왕이라 한다."

라고 한다. 그리고 [삼한관경본기제4]에서는

"그때에 유의자가 묘향산에 숨어 살았으니, 그의 학문은 자부선생으로부터 나온 것이다. 지나가다가 웅씨군을 알현하니 웅씨군은 나를 위해 도를 말하라고 청했다. 대답해 가로대
'도의 대원은 **삼신**에게서 나오나니 도란 도라고 할 것도 없으며 그 나타나는

것도 없는 것입니다. 도라고 할 것이 있다면 나타날 수가 없는 것이며 나타남이 있다면 역시 도는 아닌 것이지요. 도는 항상 같은 것이 없고 때에 따라는 것이니 이에 도의 귀함이 있는 것이라. 나타남도 항상 똑같은 모양으로 나타나지는 않아서 백성을 편안하게 하나니 이에 나타남의 귀함이 있는 것이요, 그 겉모양이 크지도 않으며 그 속이 작지도 않는 것이 도이니 이에 감싸지 못함이 없는 것입니다. 하늘에는 기틀이 있으니 내 마음의 기틀에서 볼 수가 있고, 땅에는 모양이 있으니 내 몸이 모양에서 볼 수가 있으며, 사물에는 주관함이 있으니 내 기의 주관함에서 알 수가 있음이라, 이에 **하나**를 잡아도 **셋**을 포함함이며, **셋**을 모으면 **하나**로 돌아감인 것입니다. 일신이 내려옴은 사물을 다스림이니 바로 천일이 물을 낳은 이치요, 성품이 광명에 통함은 삶의 다스림이니 바로 지이가 불을 낳은 이치요, 세상에서 교화를 폄은 마음을 다스림이니 바로 인삼이 나무를 낳은 이치인 것입니다. 대개 대시에 산신님은 삼계를 만드셨으니 물은 하늘을 본뜨고 불을 땅을 본떴으며, 나무는 사람을 본뜬 것입니다. 무릇 나무라는 것은 땅에 뿌리를 두고 하늘을 향하였으니 역시 사람도 땅을 밟고 서서 능히 하늘을 대신함이다.'라고 하였다."

라고 적고 있다. 또한『한단고기』「태백일사」[신시본기]에 다음과 같은 기록이 있어서, 조선의 **삼신** 문화가 중국으로도 전파되었음을 알 수 있게 해준다.

"사마상여[92]는 한나라의 왕 유철 무제에게 말하기를, '폐하께서 겸양하사 방탕치 않으시면 삼신의 즐거움을 얻으실 것인즉' 이라고 했다. 이에 대해 위소[93]는

---

92) 사마상여(司馬相如, 기원전 179년~기원전 117년) 전한의 문학자이다. 쓰촨 성 청두(成都) 사람으로 자는 장경(長卿)이다. 경제(景帝)를 섬겼는데 경제는 상여의 특기인 사부(辭賦)를 싫어해서, 그 곳을 떠나 양(梁)의 효왕(孝王)에게 몸을 의탁하고, 추양(鄒陽)이나 매승(枚乘, ?~기원전 140년)과 교유했다. 효왕이 죽은 후 고향으로 돌아가 토호인 탁왕손(卓王孫)의 딸 문군(文君)과 결혼하여 부유하게 되었다. 〈자허부(子虛賦)〉에 의해서 무제의 부름을 받고, 서남의 만이(蠻夷) 땅에서 공적을 올렸다.

삼신상제에다가 주를 달아 놓기를 '**삼신**의 설은 어느덧 저들의 땅에도 전파되었음이 명백하다.'고 하였다."

여기서 오나라 사람 위소가 주를 달아놓은 내용에서 짐작되는 바는, 삼신설이 이미 오나라에 널리 알려져 있던 바인데, 중국 서쪽 산악지대 사천성 출신이었던 사마상여가 삼신이란 용어를 사용하는 것을 놓고, 중국의 서쪽까지도 그 삼신설이 닿게 되었음을 언급하고 있는 것으로 보인다.

어디 이것뿐이겠는가? 열거하자면 한도 끝도 없을 것 같고, 마지막으로 우리 민족이 사용하는 언어의 일면을 조명해보면서, 이 단원을 이쯤에서 정리하기로 한다. 요즘 외국인들이 부쩍 한류 바람을 타고, 한국어에 대해 관심을 많이 가지게 되었음은 이미 주지의 사실이 되었다. 그런데 조금은 예상 밖으로 외국인들이 한글은 배우기가 그리 어렵지 않지만 한국어를 배우는 것에 있어서만큼은 결코 쉽지가 않다고 토로한다. 그들이 한국어를 어렵다고 여기는 이유가 한두 가지가 아니겠지만, 그중에서도 특히 어렵다고 여기는 한 가지가 바로 이것이다.

---

93) 위소(韋昭, ?~273) 삼국시대 오나라의 인물로 자는 홍사(弘嗣). 오군 운양 사람으로 위륭의 아버지. 어려서부터 문장에 재능이 있었으며, 승상연으로부터 서안현의 령으로 승진했다가 또 상서랑이 되어 태자중서자로 승진했다. 250년에 손화가 태자 자리에서 쫓겨나자 황문시랑이 되었으며, 252년에 손량이 즉위해 제갈각이 권력을 잡자 태사령이 되어 화핵, 주소, 양광, 설영과 함께 오서를 편찬했다. 258년에 손휴가 즉위하자 중서랑, 박사좨주로 임명되며, 유향의 옛 일에 의거해 서적을 바로잡게 하고 시강을 담당하도록 했다. 264년에 손호가 즉위하자 고릉정후, 중서복야로 임명되지만 이후에 직위가 강등되어 시중으로 임명되고 좌국사를 겸임했다.

"밥 묵었냐?"

"어디 갔다가 이제 오냐?"

"뭘 보고 있냐?"

"자꾸 쳐다보니 부끄럽다."

이상의 예시에서 나타나는 공통적인 것이 바로 주어를 생략하는 현상이다. 한국인들 스스로는 잘 느끼지 못했던 지극히 일상적인 사항이지만, 외국인들이 볼 때는 이러한 주어 생략 현상은 정말 이상한 현상인 것이다.

"(너) 밥 묵었냐?"

"(너는) 어디 갔다가 이제 오냐?"

"(너) 뭘 보고 있냐?"

"(네가) 자꾸 쳐다보니 (내가) 부끄럽다."

외국인들의 입장에서는 괄호 안의 것들이 생략된다는 것이 너무도 이상하고도 신기하게 여겨진다는 것이다. 한국어에서는 대체 왜 이런 현상들이 일어나고 있는 것일까? 필자 자신이 언어학을 공부한 전문 학자가 아니므로 언어학적인 측면에서 설명한다는 것은 가당치도 않은 일이지만, 필자의 주관적 소견으로는 한국어야말로 진정 깨달은 성자의 언어라고 여길 만 하다고 생각된다. 이미 9천 년 전 신인이 만든 나라가 바로 우리나라였다. 『한단고기』에서 등장하는 최초의 한인 안파견이 이미 신인이었고, 배달국의 신시를 연 한웅이 또한 신인이었고, 홍익인간을 천명한 단군들이 또한 신인이었다. 한편 『성경』 「누가복음」 23장 44절에

"때가 제육시(정오) 쯤 되어 해가 빛을 잃고 온 땅에 어둠이 임하여 제구시(오후3

시)까지 계속하며,"

라고 하여, 예수가 십자가에 못 박히던 날 일식이 있었음을 알려주고 있는데, 노스트라다무스가 앙리2세에게 보내는 편지에서도 이때의 일을 언급하면서, 종말의 때에 이르러 큰 징조가 있을 것인데,

"때가 되기에 앞서, 예수 그리스도의 수난과 죽음에 일어난 일식 이후에 가장 캄캄한 일식이 있을 것입니다."

라고 언급하고 있다. 이처럼 일식이란 하늘이 인간들에게 성인의 죽음과 같은 극흉한 일이 일어날 것이란 징조를 알려주는 징표로 사용되는 경우가 많았다. 그런데『한단고기』에 제2세 단군 부루께서 귀천하시던 그날에도 일식이 있었음을 알려주고 있다. 「단군세기」에 이르기를,

"무술 58년 (기원전 2193년) 단제께서 붕어하셨는데 이날 일식이 있었다. 산 짐승도 무리를 지어 미친 듯 산 위에서 소리를 질렀고 백성들은 심하게 통곡하였다."

라고 적고 있다. 예수가 일식과 함께 귀천한 것과 너무도 유사한 광경이 이미 그보다 2200여년 앞서 동아시아에서도 벌어졌던 것이다. 나와 너의 경계가 허물어진 성인들의 세상, 그들이 주고받는 언어가 과연 어떠한 것일까? 영험한 선사들이 말하는 바, 내가 없어지고 진행하는 모습만 있는 나, 나와 너를 새까맣게 잊은 그들의 언어가 과연 어떠한 것일까? 한국어에는 이미 성자들이 말하는 바, 그대로가 고스란히 실현되어 있질 않은가! 밥 먹는 것은 있지만, 밥을 먹고 있는 나라는 존재는 이미 존재하지를 않는다. 나도 없고 너도 없다. 오직 밥 먹는 행위의 진행만이 있을 뿐이다. 이처럼 한국어에서는 주어가 일상적으로 생략된

다. 그 속에서는 이미 나라는 것이 따로 없고, 너라는 것이 따로 있지를 않다. 그러한 구분 자체가 무의미하다고 본 것이다. 이렇게 오랜 세월 전에 성자들이 주고받았던 언어, 그 언어가 바로 우리 말 속에 뿌리깊이 고스란히 박혀있는 것이 아니겠는가!

變_변
化_화
原_원
因_인

7

變化原因
변 화 원 인

　이제 곧 기다리고 기다리던 정역연구에 돌입하게 될 것이다. 그러나 그 전에 한 가지 짚어보고 넘어가야 할 중대한 사안이 있다. 바로 우주 만물이 변화하는 원인을 탐구해보는 일이다. 물리학 입문서에 보면 물체의 운동이라는 용어를 많이 사용하지만, 역易에서는 운동이라는 용어보다 변화라는 용어를 훨씬 더 선호하는 경향이 있다. 서로 비슷해 보이지만 변화라는 용어가 보다 포괄적인 의미를 담고 있다고 할 수 있다. 가령 지금 유명한 축구 스타 손흥민 선수가 하늘을 향해 있는 힘껏 공을 찼다고 가정하면, 축구공은 어떻게 될 것인가? 당연히 하늘 높이 솟구쳤다가 어느 순간부터는 다시 땅으로 맹렬하게 떨어지게 될 것이다. 그러나 왜? 바로 이러한 질문이 물리학의 출발점이 된다. 어찌하여 꼭 이와 같이 운동을 하게 되는 것일까? 오늘날 물리학의 발전은 실로 눈부시기가 이를 데 없지만 그렇게 된 원동력은 바로 이와 같은 왜?, 어째서?, 라고 하는 작은 질문들을 수없이 던지는 데에서 비롯되었다고 해도 과언이 아닐 것이다. 이제 역리학에서도 똑같은 질문, 왜? 왜? 어째서?, 라는 질문을 심각하게 한번 던져보려고 한다.

1 변화의 이유

    물리학의 결론에 의하면 이후 축구공이 겪게 되는 일련의 운동 궤적은 운동에너지와 위치에너지간의 상호 변환 과정에 의해서 좌우되는 것임을 오늘날 중학교 수준의 물리 과정만 이수했다면 누구든지 쉽게 이해할 수 있다. 어느 한 순간 축구공에 운동에너지가 주어지면 일시적으로 높은 곳까지 올라가게 되지만 결국은 지구 중력과 관계되는 위치에너지가 최소화되려는 경향에 의해 결국은 아

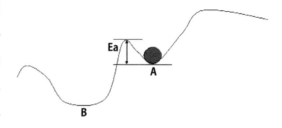

래로 떨어질 수밖에 없다. 그뿐만이 아니라 위치에너지 최소화 경향성에 의하면, 가령 그 축구공이 아래와 같이 우연히 A 지점에 떨어졌다면, 그 축구공은 언제든지 더 낮은 위치에너지를 갖는 B의 위치로 가기 위해 호시탐탐 기회를 엿보게 된다는 것을 알려준다. 물론 결정적인 기회는 Ea 만큼의 활성화 에너지가 주어지는 그 어느 시점이 될 것이다. 모든 물체는 위치에너지가 낮아지려는 경향이 있다. 이것이 물리학에서 바라보는 운동의 원인이다. 이 경향성에 의해서 물체는 운동하게 된다. 이를 보다 포괄적으로 설명해주는 용어가 바로 '무질서도' 라고 얘기하는 이른바 엔트로피가 높아지려는 경향이다. 쉽게 말해 우주는 점점 무질서해지려는 경향이 있다는 것이다. 따라서 세차를 하지 않은 자동차가 저절로 말끔해지기를 바라는 것은 당연히 어불성설이 된다. 누구든지 며칠 동안 집안 청소를 하지 않고 가만히 두어보면, 이 말뜻이 무엇을

의미하는지 아주 쉽게 절감할 수 있을 것이다. 그리고 기체가 확산하는 현상, 즉 초등학교 자연시간에 담임선생님이 교실 한쪽 구석에서 병에 담긴 약간의 암모니아 가스를 노출시켜주게 되면, 잠시 후 교실 전체가 암모니아 냄새로 진동하게 되는 현상도 무질서도가 증가하는 경우에 해당한다. 위치에너지가 낮아지려는 경향도 무질서도가 높아지려는 경향의 하나이고, 이 경향성을 가지고 물리학에서는 거의 모든 운동의 원인을 설명한다. 이제 물리학이 감히 다음과 같이 묻는다.

"역리학(易理學), 너 무진장 오래됐다고 하던데, 나처럼 이런 거 설명할 수 있어? 네가 생각하는 운동의 원인은 도대체 뭐야?

젖비린내 나는 어린 것이 우냐우냐 해주니까, 감히 하늘 높은 줄을 모르고 수천 년의 역사와 함께 온갖 우주의 심오한 묘리를 죄다 쓸어 담고 있다는 역리학에게 감히 도발을 한 셈이다. 이 시점에서 갑자기 이야기 하나가 뇌리에 떠오른다.[1]

어느 날 호주를 방문한 한 미국 관리가 있었는데, 그는 자기가 제일 똑똑하고, 또 자기 나라가 뭐든지 최고라고 생각하고 있었다. 어느 날 그는 넓은 들판을 지나다가 평화로이 풀을 뜯고 있는 소 떼를 발견하고 그곳 현지인에게 물었다.
"저 동물이 뭐지요?"
그러자 현지인이,
'예, 소라는 동물입니다."
"소? 소가 뭐 저렇게 작지요? 우리 미국 소들은 저것보다 몸집이 세 배는 더 큰 데…."
미국 관리가 이번에는 또 소 옆에 있는 양을 가리키며,
"저기 저 귀엽게 생긴 짐승은 뭐지요?"

---

1) 『웃으면 천당가요』 구병진, 해누리 2004, 『시간죽이기』 유머를 즐기는 모임, 지원

"저건 양이라는 동물입니다."

"양? 난, 또 웬 토끼들인가 했어요! 우리 미국 양들은 저것들의 다섯 배는 될 거요."

그때였다. 마침 그들 옆으로 캥거루 한 떼가 껑충껑충 뛰면서 지나가고 있었다. 그것을 처음 본 미국 관리가 이번에도 그 이상하게 생긴 동물이 무엇이냐고 물었다. 그러자 잔뜩 약이 올라 있던 현지인이 빙그레 웃음을 지으면서 이렇게 말했다.

"저 동물이요? 저건 메뚜기라는 동물입니다. 미국 것보다 한 열 배 정도 작죠?"

지금 물리학의 당돌한 도전에 대해 역리학에서도 그것을 응징할 만한 커다란 메뚜기가 준비돼있어야 할 텐데 큰 걱정(?)이 아닐 수 없다. 동양의 역리학에서는 도대체 변화의 원인을 어떻게 설명하고 있는 것일까? 설명이 가능하기는 한 걸까, 아니면 불가능한 것일까? 만일 설명이 불가능하다면 이것은 크나큰 대망신이 아닐 수 없다. 운동의 원인조차 설명하지 못하면서 어떻게 만물의 변화 원리를 논한다고 할 수 있을 것이며, 인간의 명운이나 우주의 변화 원리까지 모두 포괄적으로 논한다고 할 수 있을 것인가? 모두 허황되고 거짓된 이치라고 몰아붙여도 별로 할 말이 없게 될지도 모른다. 전혀 예상치도 못한 도발적인 도전에 의해 수천 년의 전통에 빛나는 역리학이 잠시 그 저변마저 흔들리게 되는 사태(?)가 빚어지고 말았다. 적어도 역리易理 개념 중에서는 '위치 에너지 최소화 경향'이나 '무질서도 증가 경향'과 같은 물리적 용어가 애당초 없다는 것은 확실해 보인다. 그러나 이는 물리학에 무극·태극·황극과 같은 역리 용어가 없으므로 서로 피장파장의 상황이라 할 수 있을 것이다. 이제 역易에서 바라보는 변화의 원인이 무엇인지를 살펴보아야 할 차례이다. 역易에서는 우주가 다음과 같이 순환한다고 보는 관점을 견지하고 있다.

"무극이 태극이 되고, 태극이 황극이 되고, 황극이 다시 무극이 되고…."

"그러나 왜?"

이것이 바로 핵심적인 질문이다. 3극이 순환한다는 얘기는 일면 그럴 듯하고 듣기는 좋은데 그렇다면 순환 과정은 왜 일어나는 가를 어떻게 설명해줄 수 있는 걸까? 왜 황극은 무극으로 가고, 무극은 다시 황극으로 가는 것일까? 이 질문에 대해 혹자는 이렇게 답변할 것이 분명하다.

"무극, 즉 10이라는 것은 완성을 의미하는 것이고 그 완성을 향해서 우주가 스스로 진화해가는 것이다. 누가 시키는 이기 띠로 있으랴?"

와우, 아주 그럴 듯하고 너무도 멋져 보이는 답변이다. 우주란 것이 본시 완성을 추구한다? 정말로 그럴 것 같기도 하다. 그러면 좋다. 다시 질문 들어간다.

"그러면, 정말로 그렇다고 한다면, 만약 무극으로 완성되는 것이면 그 다음은? 그걸로 더 이상의 변화는 끝장이 나야지, 어찌하여 왜 다시 태극으로 기어나가는 걸까? 막상 완성되고 나니까, 미완성이 다시 그리워지게 되는 것일까?"

사실 매우 간단한 질문이지만 역리易理의 핵심 부위를 터치하고 있다. 그 동안 아무도 이를 가르쳐주지 않았을 것이다. 물론 필자도 그 어디에서도 이에 대한 답을 들을 수가 없었다. 이제 우리는 스스로 이 질문의 실마리들을 풀어나가야 한다. 그것도 그냥 푸는 것이 아니라 역리적 용어로만 하나씩 풀어나가야 한다.

일단 하도로 돌아가 보자. 하도가 역리易理의 근본 이치를 담고 있다는 것은 이미 충분히 주지하는 바이고, 이 질문의 답변도 사실 하도에 모두 들어있어야 마땅할 것이다. 앞에서 살펴보았던 복희와 여와의 만남, 그 이후를 한 번 더 자세히 짚어보도록 하자. 태극하도에서 복희와 여와가 만나게 되면서 태극 1과 2火가 만나 점화點火가 되면, 그 다음으로 활성화되는 단계는 그 동안 아무런 작용도 없어 보였던 태극하도의 중앙에 있는 중심 원 부분이었다. 그리고 그 중심 원 부분에는 떡하니 5와 10이 자리를 잡고 앉아 있다. 여기 태극하도의 중심에 있는 5와 10을 중심으로 필자가 세계 최초로 가설을 하나 만들어 보려고 한다. 그 가설인즉슨, 이른바 '십오十五 지향설' 이다. 하도와 낙서를 구성하는 모든 자연수들의 개개의 목표는 결국 15가 되고 싶어서 15를 지향한다는 가정이다.

비행기 한 대가 LA 공항 활주로를 떠나 항로에 접어들었다.[2] 기장은 승객들에게 인사말을 한 뒤 일기 및 상황, 고도 등을 설명했다. 그런데 설명을 마친 기장이 실수로 마이크를 그냥 켜두었다. 당연히 조종실에서 기장과 부기장이 나누는 대화가 기내에 그냥 흘러들었다. 먼저 부기장의 목소리가 들렸다.
"이럴 때 시원한 맥주 한 잔이 그립군요."
그러자 기장의 목소리가 이어졌다.
"맞아. 시원한 맥주 한잔 마시고 노랑머리 스튜어디스인 메리와 키스를 한번 해봤으면 얼마나 좋겠나?"
기내에서 그 말을 들은 노랑머리 메리는 몹시 화가 났다. 그녀가 황급히 조종실로 뛰어 들어가려 하자 한 백발이 성성한 노파가 그녀를 붙잡아 세우며 말했다.
"그렇게 서두를 것 없어요, 아가씨! 맥주 마실 시간은 줘야지."

---

2)『시간죽이기』유머를 즐기는 모임, 지원

  지금 기장이 시원한 맥주를 마시고 아름다운 스튜어디스에게 키스하고 싶은 것처럼 모든 이는 반드시 무엇이 되고 싶거나 무언가를 하고 싶은 어떤 욕구들을 가지고 있기 마련이다. 기본적으로 지금 필자가 시도하는 가설은 바로 여기에 바탕을 두고 있는 것이다. 역리학에 등장하는 10개의 자연수들이 저마다 가진 욕구, 무언가가 되고자 하는 욕구, 다른 말로 목표가 있는 데 그것을 한마디로 말해

  "바로 15가 되고 싶어 한다!"

라고 표현하는 것이다. 아무도 이러한 언급을 한 바가 없었기 때문에 필자가 처음으로 이 가설과 함께 易의 제반 원리들을 살펴볼 생각이다. 일단 이러한 대원칙에는 5황극이니, 혹은 1대극이니 심지어 10무극조차 거기에서 벗어날 수 없다고 본다. 이제 대원칙이 세워졌으니 각론으로 조금 더 들어가 보도록 하자. 하도와 낙서에 등장하는 자연수들은 모두 15가 되고자 한다. 그러나 물리학에서 안정 상태만 논하는 게 아니라, 준안정상태를 논하고 있는 바와 매우 유사하게, 자연수들의 경향성도 또한 15가 되는 것이 주요 목표이기는 하되, 하나의 준안정상태로써 황극 5와 무극 10이 되려는 경향성 또한 있다고 본다. 조금 전에 혹자가 무극 10의 완성 운운했던 것도 바로 이러한 맥락에서 이해가 될 수 있을 것으로 보인다. 이제 역리학의 용어로 우주 변화의 원동력을 다시 정리해보면 아래와 같을 것이다.

  첫째, 15가 되고자 하는 경향이다. 모든 만물은 하도의 자연수로 대신할 수 있고, 하도의 모든 자연수들은 15가 되는 것을 지향한다. 자연수들의 목표가 15이니 다시 말해 만물의 목표가 15인 셈이다.
  둘째, 모든 자연수는 15가 아니라면, 차선책으로 5 또는 10이 되려고 한다.

이러한 경향성들에 의해 우주가 변화한다고 가정하기로 한다. 따라서 열역학 법칙에서 엔트로피(무질서도)가 최대로 높아져 마침내 열사망(熱死亡)[3])에 이르더라도 역리학의 입장은 반드시 다시 태어난다고 보는 것이다. 우주는 무한히 순환 반복할 뿐이고, 절대로 종말은 있을 수 없다는 것이 역리학의 관점이다. 종말은 새로운 출발점에 불과하다. 이를 역리학적 용어로 좀 더 자세히 묘사해본다면,

> 무극 10은 5황극과 합해 15가 되기 위해서, 5황극 쪽을 지향해서 움직인다.
> 황극 5는 10무극과 합해 15가 되기 위해서 10무극 쪽을 지향해서 움직인다.

이렇게 무극이나 황극으로 상호 도달하려고 하는 변화의 원동력을 모두 15가 되려고 하는 경향성으로 설명해보자는 것이다. 역리易理에서는 무극에서 황극으로 그리고 황극에서 무극으로 변화하는 이러한 과정을 또 음과 양이라는 용어로 묘사하기도 한다. 우주는 분열·팽창·상승하려는 양의 운동과 수렴·응축·하강하려는 음의 운동으로 나누어 볼 수 있다는 것이다. 이것이 역易에서 바라보는 두 가지 대립되는 큰 경향성이고, 이것이 천변만화를 만드는 원인이라 할 것이다. 음과 양을 물리학 용어로 굳이 치환해본다면 양은 어디선가 운동에너지가 주어져 위치에너지가 높아져가는 과정이고, 음은 낮은 위치에너지의 안정된 상태로 돌아가는 과정이다. 좀 더 엄밀하게 말하면 물리학에서는 음의 과정만이 자연스러운 과정이고, 양의 과정은 인위적이고 작위적인 과정이라고 본다. 하지만 역리학에서는 양의 과정 또한 지극히 자연스러

---

3) 열역학에서 엔트로피(무질서도)가 최대화 된 상태에 이른 것을 일컫는 용어이다.

운 과정이라고 표현한다는 점이 다르다. 그러니 과학에서 양의 과정은 일어날 수도 있고, 안 일어날 수도 있는 선택적인 상황이라고 보는 반면에, 역리학에서는 이 또한 반드시 일어나고야 마는 자연적인 상황이라고 본다는 점이 차이가 있다. 역리학에선 이처럼 만물의 변화는 양의 상태가 반드시 음으로 전환되고, 음의 상태가 반드시 양으로 전환되는 과정에 불과하다. 그리고 무극에서 황극으로 진행하는 것이 바로 양의 과정이고, 황극에서 무극으로의 진행이 음의 과정이다. 물리학이 낮은 위치에너지 상태로 지향하려는 경향성만 주목한 것과 크게 대비되는 부분이다. 이와 같이 역리학이 바라보는 우주의 변화는 양의 과정으로써 무극에서 황극으로, 그리고 음의 과정으로써 황극에서 무극으로 순환 반복된다고 어렵지 않게 요약해볼 수 있게 된다. 이렇게 해서 우주는 무한한 순환을 반복할 수 있게 된다! 여기까지는 그런대로 순조로운 상황으로 보인다.

그런데 어찌된 일인지 위의 순환 과정에 또 하나의 변화 주체인 1태극이 마치 따돌림을 당한 양 쏙 빠져있다. 어찌 된 것일까? 그 이유를 살펴볼 필요가 있다. 복희와 여와는 결국 태극하도의 중앙(올림푸스 천궁)에서 감격적인 상봉을 하게 된다. 그리고 그 다음은? 당연히 천궁 안에는 5황극과 10무극이 구비되어 있으니 대만족의 상태일 것이 틀림없다. 따라서 앞에서 가정한 대원칙에 의하면 이제 복희와 여와는 모든 욕구가 완전히 충족되었으므로 그것으로 완전히 끝장이 나야 마땅할 것이다. 더 이상의 변화가 일어나서는 안 된다는 말이다. 그렇지 않은가? 목표가 달성된 것이다. 그러나 주변을 둘러보면 실제상황은 전혀 그렇지 않다는 것이 확실하다. 우리는 모두 태극(수정란)을 만들기 위해 복희와

여와가 되어 천궁 안에 수시로 들어가고 있지만, 어찌 된 일인지 그때마다 매번 다시 기어 나오고 마는 것이다. 이 우주에서 복희와 여와가 무아지경에 빠져 영원히 이 세상에서 완전히 사라져버렸다는 얘기를 들어보질 못했다.

어느 날, 두어 달 전 교회에서 결혼식을 올린 은영이는 길을 가다가 우연히 목사님을 만나게 되었다. 목사는 그녀에게 반갑게 인사하며 물었다.[4]
"요즘 신혼 기분이 어떻습니까?"
은영이는 거침없이 대답했다.
"목사님, 저희들은 마치 에덴동산에서 사는 것 같아요!"
"아, 네, 아주 기쁜 소식이군요. 그 말을 들으니 저도 기분이 정말로 좋습니다!"
그런데, 갑자기 은영이는 목사님의 말을 가로막으며 더 상세하게 에덴의 실상을 설명해주었다.
"목사님, 제 말씀을 좀 들어보셔요! 저희는 돈이 없어 입을 옷이 없습니다. 그리고 방세를 못 내 쫓겨날까봐 날마다 걱정하고 있습니다. 그러니까 마치 에덴동산에서 사는 기분으로 살아가는 거지요!"

현실은 이렇게 항상 냉혹한 법이다. 올림푸스 천궁 안에서는 도대체 무슨 일이 일어나고 있는 것일까? 이 또한 질문은 매우 단순하지만 답변하기는 여간 까다로운 문제가 아닐 수 없는데…. 이 부분을 해결해줄 수 있는 유일한 열쇠가 바로 그 주돈이 선생이다. 그의 『태극도설』에 나오는 첫 번째 문구, 바로 이 부분이다.
'무극이면서 태극이다.'
올림푸스 신전에서 5황극과 10무극이 만나 황홀경을 맛보는 동안

---

4) 『웃으면 천당가요』 구병진, 해누리 2004

곧 아주 이상한 일이 발생하게 된다. 5황극의 눈에 그렇게 아름답게만 보이던 10무극이 어느 순간 돌연 1태극으로 보이는 일이 일어난다. 왜? 무극이면서 태극이니까. 이렇게 되면 이제 절정의 황홀경은 순간의 것으로 끝이 나버리고, 곧이어, 5±와 1水의 상극 관계가 성립된다. 이제 복희와 여와는 서로 떨어져야 한다. 그리스 신화에서 제우스가 올림푸스 천궁에 그의 아름다운 아내 헤라를 두고도 항상 바람둥이가 될 수밖에 없었던 이유가 어쩌면 바로 이것일지도 모른다. 그곳이 설령 저 아름다운 올림푸스의 천궁이라고 해도 서로가 각각 5황극과 10무극이라고 하는 부분들로써 존재하는 한, 즉 제우스와 헤라라는 이름으로 분리하여 존재하는 한, 그 둘은 반드시 다시 떨어져 나와야 하는 것이다. **이것이 바로 올림푸스 천궁의 숙명이다!!!**

주일 학교 3학년 교리반에서 선생님이 혼인성사에 대해 여러 가지 설명을 하고 나서는 어린 아이들에게 물어보았다.[5]
"결혼이란 제도를 누가 만드셨나요?"
그러자, 어린이들이 일제히 대답하였다.
"하느님께서요."
"네, 맞았습니다. 그럼 하느님께서는 이 결혼을 어디에서 제정하셨을까요?"
"에덴 낙원에서요!"
"네 좋습니다. 그럼 하느님께서 어떤 말씀으로 이 결혼을 제정하셨는지 아는 사람 말해보세요!"
잠시 머뭇거리고 있는 사이 한 말썽꾸러기 어린이가 손을 번쩍 치켜들며 큰 소리로 대답을 하였다.
"네, 선생님. '너와 여자 사이에 원수를 맺어주노라!'라는 말씀을 하셨어요!"

5) 『웃으면 천당가요』 구병진, 해누리 2004

아름다운 천궁이 졸지에 원수와의 전쟁터가 되어버린다. 이러한 현상을 뒷받침하는 하도에서의 수리적 이유는 바로 10이라는 자연수의 이중성이다. 그리고 그 이중성의 근거는 바로 제1권에서 다루었던 낙서의 수리적 관점이다. 오직 낙서의 관점에 의해서만 10 이란 숫자가 다시 1 + 0 = 1 로 전환될 수 있는 길이 열리게 된다. 하도를 보고 있지만 동시에 낙서의 관점이 고려되어야 하는 현장이다. 낙서의 관점에 의해 10무극이 1태극으로 변신한 것처럼 보이게 된다! 무념무상의 경지에서 다시 의식이 작동하는 유념유상의 세계로 돌아왔다는 뜻이기도 하다. 흔히 사용하는 정신통일이란 말이 바로 태극을 지향한다는 의미라고 하였다. 지향해야 하는 이유가 바로 태극(一心)이 무극(無心)으로 들어가는 통로이기 때문이었지만, 역설적이게도 동시에 무극이 다시 태극으로 나오는 통로이기도 한 것이다. 이제 황홀경은 끝나고 다시 미망의 세계로 돌아와야 한다. 모든 자연수는 15가 되고 싶어서 끝없이 갈망하고 그것을 향해서 변화하고 움직이지만, 정작 올림푸스 천궁에 이르러 그 목표를 이루고 나면 곧 다시 숙명적으로 떨어져 나와야 하는 어처구니없는 일이 벌어지는 현장이 바로 우리들이 살고 있는 우주의 모습이다. 그러나 도대체 언제까지 이렇게 어처구니없는 일들을 계속해야 하는 것일까? 득롱망촉(得隴望蜀)이라는 말이 있다. 중국 후한의 광무제가 어렵게 농롱(隴)의 땅을 평정하여 욕심을 채우고 나니, 이제는 새로 촉(蜀)의 땅에도 욕심이 생기더라는 말이다. 이와 같이 만물의 욕심은 너나 할 것 없이 한도 끝도 없게 마련이다. 욕심을 채운 순간의 쾌감은 언제나 잠시일 뿐, 결코 영원하지 못하다. 이것은 확실하다. 따라서 곧 다시 배가 고프게 되고, 또 다른 만족감을 맛보기 위해 언제나 다시 출발하게 된다. 문제의 핵심은 언제나 쾌감은 잠시일 뿐이라는 데에 있는 것 같다.

2 15의 증거

이른바 '십오(十五)지향설'이라는 조금은 과감해 보이면서 다른 한편으로는 다소 무모해보이기까지 한 본 가설의 증거들을 찾아보기 위해 먼저 12지지에서 나오는 육합六合이란 개념을 잠시 살펴보기로 한다. 시중에 나와 있는 책들 중에는 12지지가 여섯 가지 합을 하는 이유가 지구 자전 때문이라고 설명해 놓은 책들이 간혹 있다. 물론 결정적인 증거가 있어서 그렇게 주장하는 것은 아니고, 단지 심정적으로 그렇게 보고 싶다는 정도이다. 한마디로 이미 오래 전 고대의 현자들이 지구가 자전하는 것을 이미 꿰뚫어 보고 자축합(子丑合), 인해합(寅亥合) 등과 같이 육합이 되어야 마땅하다고 보았을 거라는 가설인 것이다.

"다른 책들은?"

물론 다른 책들에는 아예 그 이유조차 전혀 적혀 있지를 않다. 한마디로 알 수 없는 이유에 의해서 지지가 육합을 하는 것이다. 그리고 알 수 없는 이유에 의해 실전에서 기가 막히게 맞아 떨어지고 있는 공식이 되는 것이다. 지지육합의 이유를 수리적으로 한번 풀어보는 것을 시도해 보자.

"子·丑·寅·卯·辰·巳·午·未·申·酉·戌·亥. 이거 사주볼 때

쓰는 거 아닌가?"

"맞다. 사주볼 때도 쓰고, 한의학에도 쓰고,⋯. 무슨 띠이니 팔자가 무지 사납네, 무슨 띠가 궁합에 맞네. 안 맞네. 어쩌구 저쩌구⋯."

그러나 이거 사주볼 때만 쓰는 거는 아니다. 사주 볼 때도 쓸 수 있는 거라고 얘기해야 정확할 것이다. 역리학은 우주의 모든 이치를 살피는 것으로 무한 확장할 수 있다. 그 쓰는 방법을 잘 몰라서 제대로 못 쓰고 있을 뿐이지⋯.

축(2)	인(3)	묘(4)	진(5)	사(6)	오(7)
1+2=3	3+12=15	4+11=15	5+10=15	6+9=15	7+8=15
자(1)	해(12)	술(11)	유(10)	신(9)	미(8)

먼저 자·축·인·묘의 순으로 12지지에 순서대로 숫자를 대입해서, 서로 육합이 되는 것들끼리 숫자를 더해보면 도표와 같이 간단하게 정리될 것이다.

"모두 15가 된다. 맞습니까?"

"아니요! 자와 축이 합하면 15가 아니라 3이 되는데요?"

이렇게 나오면 정말 곤란해진다.

"으흐흐⋯. 구성원의 개수가 12개이므로 1 ≡ 13. 13시가 오후1시와 같듯이!!!"

13과 2가 합하면 당연히 15가 된다. 여기서 우리는 15라는 숫자를 확인할 수 있게 되었다! 이것을 이른바 '십오(十五)지향설'을 바탕으로 해석을 시도해본다면 자와 축, 인과 해 등이 서로 육합을 해야 하는 이유가 바로 '15가 되기 위한 것'이라고 말할 수 있게 된다. 이것이 지구 자전과 연관이 있는지 없는지는 알 수 없지만, 적어도 고대의 역리학자들이 지지육합이 성립된다고 보았을 만한 수리적 이유가 분명 존재하고 있었던 것만은 확실하다! 지지육합에 대해선 우리는 앞장에서 지구의 공전과정에서 그달의 해당 지지와 실제 태양의 위치 관계가 분명 서로 모종의 관련이 있음을 살펴본 바가 있었지만, 이처럼 수리적으로도 서로 합을 해야 할 명명백백한 이유가 존재하고 있었던 것이다.

그런데 지지육합만이 이렇게 15라는 숫자로 끈끈하게(?) 맺어진 관계가 아니라는 또 다른 증거물들이 있다. 이번에는 지지삼합이란 개념에서도 15를 발견할 수 있게 된다. 역리학의 여러 분파 중에서 60갑자를 기본 재료로 사용하는 경우에 아마 이 삼합三合의 원리를 사용하지 않는 경우가 없다고 할 수 있을 정도인데, 어찌된 일인지 삼합의 원리가 어떤 이론적 배경을 가지고 등장하게 되었는지에 대해선 아무도 속 시원하게 설명해주지를 못한다. 그러나 실전 응용에 들어가게 되면 이 삼합 원리를 절대 무시할 수가 없을 정도로 중요하다. 중요한 정도가 아니고 아주 징험하다.

"그렇다면 남은 일은 원리를 잘 간직하고 잘 쓰면 그뿐 아닌가요?"
물론 그럴 수도 있다. 그러나 원리를 알고 쓰면 더욱 좋을 것이다.

신자진(申子辰) 3개 지지가 합하여 수국(水局)을 이룬다.
해묘미(亥卯未) 3개 지지가 합하여 목국(木局)을 이룬다.
인오술(寅午戌) 3개 지지가 합하여 화국(火局)을 이룬다.
사유축(사유축) 3개 지지가 합하여 금국(金局)을 이룬다.

삼합이라는 것은, 12개의 지지 중에서 신자진 3개 지지가 합하여 수국을 이루는 것인데, 12운성으로 볼 때 임수壬水라는 천간은 신에서 생하고 자에서 왕하며 진에서 고가 된다. 이와 같이 임수가 생왕고(生旺庫) 되는 3개 지지가 합해서 수국을 이룬다고 보는 것이다. 똑같은 원리에 의해 해묘미가 합해 목국을 이루고, 인오술이 합해 화국을, 사유축이 합해 금국을 이룬다고 한다. 이에 대한 수리적 해석을 시도해보기로 한다. 소위 낙서에서 입중이라는 개념이 존재한다. 가장 중요한 것을 중궁에다가 넣는다는 것이 바로 소위 입중이라는 개념이다. 가령 신년이 되면 신申을 중궁에다 대입하고, 자년이 되면 자子를 중궁에다가 대입하는 것이다. 이러한 방식은 앞서 제1권에서 언급된 현공풍수의 대가 심죽잉이 각고의 노력 끝에 마침내 발견했다던 매우 중대한 원리, 바로 그것이기도 하지만, 기실 알고 보면 기문둔갑 등에서 이미 실제로

신申년			자子년			진辰년		
미 4	자 9	사 2	해 4	진 9	유 2	묘 4	신 9	축 2
오 3	신 5	술 7	술 3	자 5	인 7	인 3	진 5	오 7
해 8	진 1	유 6	묘 8	신 1	축 6	미 8	자 1	사 6

많이 운용되고 있는 흔하디흔한 역학 운용 법칙 중의 하나이다.

가령, 원숭이해가 되면, 그러니까 신년의 경우라면, 12지지 중에서 신申이 황제가 되는 것이라고 보고, 이를 낙서에 배치하게 되면 황제의

자리는 아무래도 5가 될 것이다. 왼쪽 도표와 같이 5중궁에다가 申을 입중하고, 나머지 지지들은 아라비아 숫자의 순서대로 구궁에 대입하기만 하면 그것으로 끝이다. 칸이 9개 밖에 없으므로 나머지 3개는 아예 구궁에 들어가지도 못하게 되지만, 원숭이해에는 무엇보다도 申이 가장 중요한 것은 사실이므로, 이와 같이 배치했다고 해서 불만을 가질 12지지는 없을 것이다. 돌아가면서 차례대로 모든 12지지들이 언젠가는 중궁 자리에 들어갈 수 있기 때문이다. 마찬가지로 진년과 자년의 경우도 똑같은 방식으로 배열해보면 나머지 도표들과 같이 될 것이다. 여기서 세 도식의 중요한 공통점은 항상 삼합이 되는 것들끼리 1궁·5궁·9궁에서 만나고 있나는 점이다. 기이하게도 기문둔갑이라는 술학에서 중궁과 더불어 이궁(9궁)과 감궁(1궁)을 아주 각별하게 중요시 여기고 있다. 따라서 우리는 신년이 되면 세상의 중심에 申이 들어서는 데에 그치는 것이 아니라, 북쪽과 남쪽까지 辰, 그리고 子가 들어섬으로써, 온 우주의 중심축이 모두 신자진의 영향 아래에 들어간다고 말할 수 있게 된다. 그리고 또 하나의 공통점은 수리적으로는 항상 1·5·9로써 이들의 총합수가 하필이면 15가 된다고 하는 점이다. 이는 신자진 수국만이 아니라 다른 경우에도 모두 마찬가지이다. 결국 이른바 '15 지향설'의 위력을 다시 한 번 확인해볼 수 있는 또 다른 재료인 셈이다! 사정이 이러니 이것들이 만나면 기를 쓰고 합을 하려고 할 수밖에 없었을 것이다. 또 그렇게 합하는 경우 그 삼합의 힘이 얼마나 강할 것인가는 두 말하면 잔소리가 될 것이다.

							남자			여자		
							상원 1864	중원 1924	하원 1984	상원 1864	중원 1924	하원 1984
갑자	계유	임오	신묘	경자	기유	무오	1	4	7	5	2	8
을축	갑술	계미	임진	신축	경술	기미	9	3	6	6	3	9
병인	을해	갑신	계사	임인	신해	경신	8	2	5	7	4	1
정묘	병자	을유	갑오	계묘	임자	신유	7	1	4	8	5	2
무진	정축	병술	을미	갑진	계축	임술	6	9	3	9	6	3
기사	무인	정해	병신	을사	갑인	계해	5	8	2	1	7	4
경오	기묘	무자	정유	병오	을묘		4	7	1	2	8	5
신미	경진	기축	무술	정미	병진		3	6	9	3	9	6
임신	신사	경인	기해	무신	정사		2	5	8	4	1	7

위의 도표는 각 생년에 해당하는 60갑자를 찾아 구궁수를 도출해내는 데 쓰는 것이다. 여기서 도출해내는 숫자는 구성학, 풍수학, 기문둔갑과 같은 여러 술학에서 실제로 사용하는 매우 중요한 상수이다. 가령 2011년 신묘년의 구궁수를 찾는 방법은 간단하다. 2011년이 삼원갑자 즉 상원갑자·중원갑자·하원갑자 중에서 어디에 속하는 지만 알면 되는데, 2011년은 도표에서 하원갑자에 해당한다. 그러므로 남자의 경우 2011년에 태어났다면 해당 상수는 7이 되고, 여자는 8이 된다. 그리고 바로 여기에서 우리는 또 다시 어렵지 않게 15라는 숫자와 조우하게 된다. 7 + 8 = 15가 되는 것이다. 마찬가지 방법으로 2017년 정유년의 경우를 살펴보면, 남자는 1이고, 여자는 5가 되는데, 이때는 15가 아니라 6이란 숫자가 나온다. 하지만, 조금만 더 생각해보면 남자는 1이기도 하지만 1≡10이기도 하므로, 우리는 또 다시 15를 만나게 된다. 10 + 5 = 15가 되기 때문이다. 위의 상수를 살펴보면, 남자와 여자의 합은 항상 15가 되는 것을 볼 수 있다. 잠시 기억을 더듬어보면 앞에서 우리는 복희 9와 여와 6이 각각 건괘와 곤괘를 상징한다는 것을 살펴보았다. 이 숫자의 합도 역시 15가 된다. 또 9는 주역에서 양효를 상징하는 수이고, 6은 주역에서 음효를 상징하는 수였다. 따라서 주역에서 양효와 음효와

합도 역시 15가 된다.

한편, 필자가 세운 '15 지향설'이란 가설로 설명할 수 있는 색다른 사례를 한 가지 더 살펴보기로 한다. 우리는 이미 제1권에서 1·2·3·4·5는 생수이고, 6·7·8·9·10은 성수라는 것을 다룬 바 있었다. 그러면 질문을 한 가지 해보자.

"앞에서 열거한 5개의 숫자는 어찌해서 생수이고, 또 다른 5개는 어찌해서 성수란 말인가?"

단지 숫자가 작아서 생수이고, 숫자가 커서 성수일까? 감히 이 세상 그 누구도 답해줄 수 없는 이 질문, 이 질문을 이른바 '15 지향설'로 설명해보자. 1은 15가 되기 위해 14가 필요하다. 그런데 하도와 낙서에는 그런 수가 존재하지를 않는다. 그러므로 15가 될 수가 없다. 반면에 6이란 숫자는 9와 만나면 15가 될 수 있다. 따라서 성수가 되는 것이다. 즉 1은 생수이고, 6은 성수인 것이다. 이런 식으로 모든 게 설명되는데, 딱 하나 5라는 놈이 문제이다. 숫자 5는 15가 되기 위해서 10이 필요하다. 그런데 자세히 살펴보면 하도에는 10이 있고, 낙서에는 10이 없다. 참으로 애매하다. 그러나 생수와 성수라는 개념이 하도와 낙서를 모두 충족시켜야 하는 것이라고 정의하면 문제는 간단해진다. 적어도 10이란 숫자는 낙서에 없기 때문에 5는 역시 생수라고 간단하게 정의할 수 있는 것이다. 이제 이렇게 되면, 생수와 성수란 개념이 어떻게 형성된 것인지를 아주 손쉽게 이해할 수 있게 된다. 이것이 바로 가설의 힘이다. 그런데 지금 우리가 다루고 있는 생수와 성수란 개념은 과연 어떤 뜻을 지니고 있는 것일까? 성수란 개념은 마치 이미 다 큰 사람, 즉 성인이란 말과 뜻이 서로 통하는 것 같다. 수리적으로는 결혼할 수 있는 자격을 가진 존재, 즉 15가 될 수 있는 적절한 짝을 가진 존재가 된다. 그렇다면 그와 대대가 되는 개념인 생수는? 아직 다 크지 못한 사람, 즉 미성년자란 말과 뜻이 통하는 게 아닐까? 수리적으로는 결혼할 수 있는 자격을 가지지 못한 존재, 즉 15가 될 수 있는 적절한 짝을 가지지 못한 미완의 존재가 된다. 가설을 통해서 여러 가지를 새로이 생각해볼 수 있게 되니, 그 자체로 이미 나름 의미가 있는 것으로 보인다.

3 1과 10

이른바 '15 지향설'이라는 가설을 뒷받침해줄만한 증거들을 찾아보았지만, 이 정도의 증거들이라면 필자의 가설이 전혀 허무맹랑한 것만은 아니라는 것을 충분히 인지하게 되었을 것이다. 최대한 필자가 양보해서 '15 지향설'까지는 아니더라도 자연수들은 서로 합해서 15가 되려는 어떤 경향성만큼은 분명히 존재한다는 것을 살짝 느낄 수 있었을 것이다. 한편 10무극과 1태극이 역리학에서 어떤 작용 관계를 가지는 지를 살펴볼 예정이다. 이 또한 본 가설에서 매우 중요한 비중을 차지한다고 할 수 있기 때문이다. 주역의 대가들은 과연 '무극이태극'이라는 주돈이의 언급을 놓고 역리적으로는 어떻게 응용하고 있었을까? 바로 이러한 의문에 대해 실마리를 제공해줄 수 있는 재료 한 가지를 소개해보기로 한다. 단순한 개념으로써만 존재하던 '무극이태극'이었을까? 아니면 실질적으로 무극이면서 태극이라는 개념을 역리적으로도 실제 적용하고 있었던 것일까? 이 질문에 실마리를 제공해줄 수 있는 재료 하나,

소위 홍국기문이라는 술학에서 중
요하게 취급되는 개념이 바로 화기
팔문이다. 화기팔문이란 것이 없
으면 홍국기문을 제대로 운용할 수
없을 정도로 매우 중요한 위치를
차지하는데, 이 화기팔문은 대체
누가 만들었을까? 전해지는 바로
는 화담 서경덕 선생이 만들었다는

4 손괘 ☴ 杜門	9 이괘 ☲ 景門	2 곤괘 ☷ 死門
3 진괘 ☳ 傷門	5 중궁	7 태괘 ☱ 驚門
8 간괘 ☶ 生門	1 감괘 ☵ 休門	6 건괘 ☰ 開門

설이 가장 유력하다. 이제 그 구성 원리를 한번 살펴보기로 한다. 이
또한 그 어디서도 들을 수 없었던 이야기일 것이다. 화기팔문을 사용하는
사람들은 우리 사회 곳곳에 제법 산재해있지만, 그 구성 원리까지 알고서
사용하는 사람은 이 세상 천지에 아무도 없는 실정이다. 화기팔문을
이해하기 위해서는 먼저 시가팔문의 정위를 알 필요가 있다. 위의 그림이
바로 시가팔문의 정위인데, 이렇게 시가팔문을 배열할 때는 항상 8궁에
있는 생문으로부터 시작한다. 낙서가 돌아가는 방향이 바로 이러하기
때문이다. 한 해의 시작이 8궁으로 시작해서 시계방향으로 돌다가 8궁에
서 끝나기 때문에 8궁을 시작점으로 잡는 것이다. 따라서 시가팔문은
8궁의 생문을 필두로 하여 생·상·두·경·사·말·개·휴의 순으로
읽어준다. 이때 7궁에 있는 驚門은 9궁의 景門과 발음이 서로 동일하기
때문에 편의상 말이란 동물이 잘 놀란다는 특성을 활용해서 말문이라고
표기하기로 한다. 이제 준비를 마쳤으니, 화기팔문이 어떻게 성립되었는
지 그 원리를 재구성해보기로 한다. 간괘를 비롯한 모든 팔괘의 배열을
다음의 그림과 같이 일제히 시계방향으로 4칸을 돌려놓아야 한다. 그리

고 새로운 숫자를 배정해주어야 하는데, 그 숫자라는 것이 10의 보수를
대입하는 것이다. 가령 9궁의 경
우엔 9의 보수인 1을 대입하고,
8궁에는 2를 대입해주는 것이다.
그 결과가 바로 위에 보이는 도표
에서 파란색으로 표시된 숫자들
이다. 그리고는 이 파란색 숫자들
에다가 방금 보았던 시가팔문
생·상·두·경·사·말·개·휴

4 6 ☷	9 1 ☴	2 8 ☷
3 7 ☵	5 5 ☰	7 3 ☷
8 2 ☷	1 9 ☷	6 4 ☷

문의 순서대로 대입만 해주면 된다. 이때, 주의할 점 한 가지는 5중궁에는
아무것도 넣지 않고 건너뛴다는 것이다. 즉 1이란 숫자에 가장 먼저 생문을
대입하고, 다음에 2라는 숫자에 상문을 대입하는 방식이다. 생·상·
두·경·사·말·개·휴문을 1·2·3·4·6·7·8·9의 순으로 모두 대입
해서 그 결과를 아래에 다시 정리하면 드디어 양둔의 경우에 대입하는
화기팔문의 배열이 완성된다.

팔괘	1 ☷	2 ☳	3 ☲	4 ☵	6 ☴	7 ☶	8 ☰	9 ☷
양둔	생문	상문	두문	경문	사문	말문	개문	휴문

양둔의 경우에는 위의 순서대로 화기팔문을 배치하게 된다. 화기팔문
이 어떻게 배열된 것인지를 알 수 있게 되었는데, 아직 음둔의 경우에는
어떻게 배열해야 하는지가 결정되지 않았다. 음둔의 경우에는 화기팔문

을 어떻게 배열해야 하는 것일까? 양둔의 경우에 살펴보았던 도표와 완전히 동일한데, 유일하게 다른 점 하나가 바로 9궁에 대입하는 숫자가 1이 아니라, 10이라는 점이다. 태극이 무극이고, 무극이 태극이므로 1대신 10을 대입할 수 있었던 것으로 짐작된다. 그리고

4 6	9 10	2 8
3 7	5 5	7 3
8 2	1 9	6 4

시가팔문의 생·상·두·경·사·말·개·휴문의 8개문을 대입하는 순서도 이전과는 반대로 이번에는 10에서부터 하나씩 작아지는 순서가 된다. 즉 10·9·8·7·6·4·3·2의 순서라는 것이다. 이번에도 5중궁은 건너뛴다는 점만큼은 완전히 동일하다. 이렇게 해서 음둔의 경우에 대입되는 화기팔문까지 완료되었다.

팔괘	10	9	8	7	6	4	3	2
음둔	생문	상문	두문	경문	사문	말문	개문	휴문

동지 이후 하지까지는 낮의 길이가 점차 길어지지만, 하지 이후 동지까지는 낮이 길이가 점차 짧아진다. 이를 반영해서, 양둔에서는 1·2·3·4·6·7·8·9에다가 팔문을 생·상·두·경·사·말·개·휴의 순으로 배정하였다면, 음둔에서는 10·9·8·7·6·4·3·2에다가 팔문을 생·상·두·경·사·말·개·휴의 순으로 배정한 것이 분명하다.

바로 여기까지가 화기팔문의 구성 원리에 대해 풀이해 본 바이고, 방금 필자가 설명한 이 원리를 이해하면 기문국에서 어찌하여 화기팔문을 그런 식으로 배치하고 있는지, 그 이유를 정확히 이해할 수 있게 된다. 그런데 이미 시가팔문이 있는데도 불구하고 굳이 화기팔문을 왜 이렇게 다시 배열해야했는지에 대해선 화담 선생에게 물어야 할 것 같다. 필자도 아직까지 그 이유에 대해선 투철하게 깨우치지 못하고 있고 지금도 계속 연구 중에 있다. 그러나 우리는 바로 여기에서 화담 선생이 간괘에다가 양둔의 경우에는 1이라는 숫자를 대입하고 음둔의 경우에는 10이라는 숫자를 대입했다는 사실만큼은 뚜렷하게 알 수 있게 되었다. 그리고 이것의 문헌적 근거는 아마도 주돈이의 『태극도설』에 나오는 '무극이태극'이라는 개념이었을 것이다. 이처럼 '무극이태극'이라는 것은 단지 관념적인 용어에 그쳤던 것이 아니라, 실제 술학에서도 응용되어야 할 실질적인 수리적 개념이었음이 분명해졌다. 우리는 이것을 주지할 필요가 있다. 10이란 숫자는 언제든지 1이란 숫자로 치환될 수 있고, 반대로 1이란 숫자도 역시 10이란 숫자로 치환될 수 있는 것이다. 따라서 앞서서 필자가 주장했던 우주의 변화 원리에서 주요한 역할을 담당해야 할 부분, 무극이 되면 반드시 태극으로 다시 나오게 된다는 가설을 실증적으로 뒷받침해주는 결정적인 증거물이 바로 화기팔문이라는 사실을 특별히 강조하고 싶다. 즉 화담 서경덕 선생이 필자의 가설을 뒷받침해주고 있다는 것이다.

4 역리학의 답변

이제 드디어 물리학에 답변을 줄 차례이다. 먼저 상황을 단순화하기 위해 기본적으로 축구공에 다른 변화는 전혀 없다고 가정하기로 하고, 물리학적인 설명 때와 마찬가지로 유일한 변화 요인인 손흥민 선수가 하늘 높이 찬 축구공의 궤적을 가지고 설명을 해보기로 한다. 물리학에서는 축구공에 운동에너지가 주어짐으로 인해 상승하다가 운동에너지가 제로(0)가 되는 시점에서 잠시 하늘높이 최고의 정점을 이루었다가, 이내 위치에너지가 운동에너지로 전환되면서 땅 아래로 맹렬히 떨어지는 것으로 설명을 했었다.

이를 역리적인 용어로 바꾸면, 축구 선수가 공을 뻥 차는 그 순간을 태극이라고 할 수 있을 것이다. 운동에너지로 충만한 상태 그리고 운동이 시작되는 시점, 바로 이것이 태극이다. 충만한 운동에너지는 운동으로 발산이 이루어져야만 한다. 그것이 바로 한 점으로 응축된 태극의 폭발력이다. 양기陽氣로 응축된 태극은 반드시 양기의 본성대로 발산을 해야만 한다. 태극의 이러한 폭발력에 의해 공은 하늘 높은 줄 모르고 높이 솟구치게 된다. 그러나 그 공은 상승하다가 반드시 최고의 정점에 이르게

된다. 거기에서 속도가 제로가 된다. 비록 지금 축구공이 운동하고 있지만, 그 과정의 한 가운데에는 이렇게 운동하지 않는 상태가 숨어있고, 바로 이 자리가 황극 자리이다. 그리고 축구공이 황극에 오르게 되면 이번에는 거꾸로 반드시 무극을 향해서 떨어져야 한다. 5는 10을 그리워하기 때문이다. 이윽고 무극이 된다. 그리고 다른 어떤 이가 이 공을 다시 차기 전까지는 무극으로 계속 남아있게 된다. 그러나 무극은 또 다시 황극을 향하도록 운명 지워져 있으므로 반드시 누군가 다시 뻥 차거나 다른 변화를 주게 될 것이 분명하다. 그 시점은 아마도 양기를 얻게 되는 그 어느 순간이 될 것이다. 양기陽氣, 즉 운동에너지가 필요한 것이다. 그리고 결국에는 무운동無運動의 상태가 반드시 운동의 상태로 전환될 것이다. 따라서 무운동은 그것이 어떤 형태가 되었건 간에 반드시 운동의 상태로 다시 전환하려는 경향성이 있는 것으로 보아야 한다. 그리고 앞에서 보았던 그림에서 A에서 B의 위치로 움직이려는 위치에너지 최소화 경향성은 이러한 '무극이 황극으로 향하려는 열망 즉, 운동으로 전환하려는 경향' 안에 포함되는 경향성의 하나에 불과하게 되는 것이다. 자, 이제 설명이 되었을 것이다. 그러나 역리적인 설명은 물체의 운동에 국한되지 않는다는 것이 중요하다. 바로 이것이 역리학에 준비된 커다란 메뚜기이다. 역리학적 용어들은 생명 탄생은 물론이고, 사람의 마음까지도 모두 표현할 수 있다. 그뿐만이 아니라 명상은 물론이고 붓다 의 경지까지도 수리적 으로 표현하고 수리적 으로 설명할 수 있다. 이 것이 물리학과 역리학

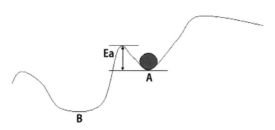

의 결정적인 차이라고 할 수 있을 것이다. 이제 물리학과의 차별화를 도모해보자. 역리학적으로는 생명 탄생과 우주의 탄생이 동일한 과정이다. 그 과정 자체가 무극과 태극, 그리고 태극이 분화해가는 아주 단순한 방식, 일생이법으로써 모든 것이 표현되고, 이는 물리학에서는 결코 상상도 할 수 없었던 통찰력의 산물이라 할 만 하다. 이번에는 역리학적 용어를 가지고 우리가 일상적으로 쓰고 있는 마음을 역리학적으로 어떻게 표현할 수 있는 지를 살펴보도록 하자.

아침밥도 제대로 챙겨먹지 못하고 헐레벌떡 집을 뛰쳐나간 김 과장이 점심시간이 가까워오자 배에서 '꼬르륵' 하는 신호가 느껴진다. 그가 회사의 구내식당으로 발걸음을 재촉하여 당도해보니 점심 메뉴가 딱 하나 준비되어 있었다.

"선택 가능한 경우의 수가 몇 가지?"

"메뉴가 하나인데 무슨 놈의 경우의 수?"

천만의 말씀 만만의 콩떡이다. 점심 메뉴를 쳐다본 순간 김 과장의 마음은 즉각적으로 반응한다. No(아니오) 또는 Yes(예). 즉 먹느냐, 안 먹느냐. 메뉴가 하나이기 때문에 두 가지 경우의 수가 생기는 것이다. 여기서 메뉴가 마음에 아직 인지되지 않은 때가 태극이전(무)인 것이고, 그것은 이미 무의 궁극으로 바뀌도록 운명 지워져 있다. 마침내 배고픈 마음이 점심 메뉴를 인지하면 바로 그 순간이 무극이자 태극이고, 이후 즉각적으로 "No(아니오) 또는 Yes(예)"의 선택이 튀어나온다. 이것이 바로 음과 양인 것이다. 태극이 주어지면 자동적으로 양의兩儀가 튀어나온다. 다시 말해, 견물(太極)하자마자 생심(兩儀)이 이루어진다. 우리들 마음도 태극과 그것이 분화하는 방식인 이른바 일생이법으로 작동하고 있는 것이다. 두 가지 경우 중에서 하나가 선택되는 즉시 다른 하나의 가능성은 우주에서 사라져버린다. 단지 확률로만 존재했다가 현실화되지 않고 사라져버리는 것이다. 내가 그 메뉴를 먹겠다고 긍정하는 순간, 먹지 않을 다른 가능성은 아예 없었던 일이 된다. 양자 역학에서 중요하게 다루는 개념이 바로 모든 현상계를 확률로써만 기술할 수 있다고 보는 관점이다. 그 유명한 아인슈타인조차도 우주가 이런 식으로 존재하는 것에 대해 매우 당혹스러워 했다고 한다.

"확률로써만 존재한다는 것이 도대체 무엇이란 말인가?"

아인슈타인은 이 우주의 존재 방식이 그다지 마음에 들지 않았던 모양이다. 그러나 어쩌랴. 실제로 그렇게 존재하고 있는 것을…. 이 부분에서 갑자기 김 과장이 심하게 반발할 수 있다.

"메뉴는 하나도 마음에 들지 않는데, 배가 고프니까 어쩔 수 없이 먹는 건 뭐냐고요? "

아주 좋은 질문이다. 이는 상황이 하나 더 세분화되었을 뿐이다. 즉 일단 앞의 태극이 주어짐과 동시에 나타나는 첫 번째 반응은 No(아니오)이었다. 그 다음 또 하나의 다른 질문 하나가 즉각적으로 마음으로부터 주어진다. 이를테면,

'나에게 다른 방법이 없는가?'

'Yes(예)!!!!'

다른 방법이 없으면 먹고 싶지 않아도 이제는 먹게 되는 것이다. 이 상황은 다른 태극이 주어진 것이고, 곧 바로 양의兩儀로 이어진다. 이처럼 식당의 메뉴와 같이 무극이면서 태극인 상황과 그 이후 자동적으로 전개되는 분화의 과정은 언제나 우리 곁에 항상 상존하고 있다.

매 순간 우리는 무극 그리고 태극, 그 이후의 일생이법을 알던 모르던 부지불식간에 생생하게 체험하면서 살아가고 있는 것이다. 동양 사상의 대가들이라고 하는 이들이 묘사하는 무극, 태극, 황극의 개념을 가만히 들여다보고 있노라면 하나같이 도대체 지금 무슨 이야기를 하고 있는지 도무지 종잡을 수 없을 정도로 알쏭달쏭하기만 하다가 끝내는 책장을 덮어버리고 말게 된다. 하지만 필자는 **지금 이 용어를 일상으로 끄집어내 어 살아 있는 것으로 만들려보려고 노력하는 중이다.** 축구공은 이제 땅바닥에 떨어져버리고, 가장 낮은 자리로 복귀한다. 바로 이 시점에서 물리학의 운동은 마침표를 찍게 된다. 하지만 다소 놀랍게도 역리학적 변화는 여기서 마친표를 찍지 않는다. 역리학적으로는 다시 그 이후를 설명한다. 이제 축구공은 변화가 없는 한 동안의 시기를 겪게 될 것이다. 그리고는 궁극에 도달하게 될 것이다. 궁극에 도달하기까지 어느 정도의 기간이 소요되는 것일까? 이에 대해 역易은 그것은 중요하지 않다고 말한다. 중요한 점은 그 시기에 도달하기까지 영원이 걸릴 수도 있고 단지 찰나의 한 순간이면 충분할 수도 있지만, 분명 그 궁극의 시점이 존재하게 될 것이고, 그 시점이 바로 무無의 궁극이라고 설명한다. 그리고 그 중간 과정 동안에는 아무것도 없었고, 이것이 바로 무無이다. 이때에는 축구공으로서의 의미 자체도 무無이다. 변화가 없다는 것은 바로 의미 자체를 부여할 수 없음을 의미한다. 그리고 역리학은 설명한 다. 반드시 무의 궁극인 무극이 존재하게 될 것이라고…. 그리고 다시 의미를 갖게 된다고…. 무극이라 함은 곧 무의 종말을 뜻한다. 없음의 종말을 의미한다. 축구공은 이제 역리학적으로 다시 의미를 갖게 된다. 무의 종말을 보게 된 순간, 그 상태를 일컬어 무극이라 쓰고, 우리는 곧 그것을 다시 태극이라고 읽게 된다. 또 다시 누군가가 반드시 축구공에 변화를 주게 될 것이고, 그것이 꼭 손흥민 선수가 아니더라도 그것은 전혀 개의치 않는다. 아무튼 또 다른 그 누군가가 반드시 축구공에 커다란 변화를 일으키게 될 것이다. 그리고 축구공은 또 다시 하늘높이 비상하게 될 것이다. 저 높은 황극의 자리를 향하여…. 역리학은 축구공이 계속해서 이러한 변화를 반복하게 될 것이라고 알려준다. **물리학은 이렇게 말해주지 않았던 부분을 역리학이 말해주고 있는 것이다.** 우주 창조는 280억 년 전에만 존재했던 희미한 흔적이나 먼 과거지사가 아니라, 지금도 항상 우리와 함께 하고 있는 일상이다. 뉴턴, 아인슈타인, 보아, 호킹 같은 위대한 물리학자들이 사람의 운명을 이야기했던 적이 있었던가? 그에 비해 공자, 진희이, 소강절, 이토정과 같은 이들은 그것이 가능했다. 역리학은 어찌하여 물리학이 엄두도 낼 수 없는 존재가 살아가는 삶의 행로까지도 표현해줄 수 있게 되는 것일까? 귀신이 들어있는 것인가? 귀신이 만든 것인가? 천만의 말씀이고 만만의 콩떡 같은 소리이다. 그것이 무엇이든 간에 태극이 양의로 갈라지는 것에 있어서 본질적으로 전혀 차이가 없기 때문에 우주의 만물을 표현할 수도 있고, 삶의 궤적을 표현할 수도 있게 되는 것이다. 이와 같이 적어도 역리학적 용어 안에서는 우주 만물과 생물체의 삶과 존재의 마음을 같은 법칙 같은 섭리로 설명할 수 있고, 물리학을 비롯한 서양의 그 어떤 학문도 아마 그 흉내조차 상상할 수 없을 것이니, 이것이야말로 바로 위대한 역리학의 위대한 차별성인 것이다. 학문이라고 불리고 싶다면 자고로 사람이 살아가는 삶의 행로까지도 표현할 수 있어야 마땅하지 않겠는가? 지금 역리학이 이렇게 조용히 일갈하고 있다.

5 자미두수

　곰곰이 지나온 역사를 성찰해보면, 앞서 살펴본 바 있는 우리 선조들의 칠성신앙은 서로 영향을 주고받을 수밖에 없는 바로 이웃한 중국에서도 대동소이하게 전개되어 왔던 것이 확실하다. 한 무제가 유학을 국가의 중심으로 우대하면서 주변부로 밀려나게 된 도가들, 『천부경』의 영향[6]을 특히 많이 받았던 것으로 보이는 그들은 북두칠성에 대한 나름의 철학체계를 구축해나갔다. 한대의 유가가 천하대세를 장악하면서 중앙집중형 관료시스템을 운행하는 문제에 주된 관심을 기울이며, 인간의 현세적인 욕망이나 종교적 요구들이 제기될 통로들을 철저히 차단한 것에 비해, 음지로 밀려난 도가에선 유가와는 전혀 다른 출구를 모색해나갈 수밖에 없었을 것이다. 유가들에게 있어서 북두칠성이 하나의 국가 경영의 지침서와 같은 것이었다면, 도가들에게 북두칠성은 천지만물이 생멸해가는 운명을 주관한다는 점성적인 측면이 크게 부각되었다. 특히 후한이 망하고 육조시대에 접어들어 중원이 혼란해지면서 미래의 불확실성이 크게 증가되었고 도가들의 이러한 활동은 더욱 탄력을 받게

---

6) 「태백일사」〔소도경전본훈〕에 다음과 같은 기록이 있다. "삼황내문경은 자부선생이 황제헌원에게 주어 그로 하여금 마음을 씻고 의로움에 돌아오게 한 것이다. 선생은 일찍이 삼청궁에 사셨으니 궁전은 청구국 대풍산의 남쪽에 있었다. 황제헌원이 몸소 치우를 배알했는데 가는 길에 명화를 거치게 되어 소문을 듣게 된 것이다. 경문은 신시의 녹서로 기록되어 3편으로 나뉘어져 있었다. 후세인들이 추연하고 주를 더하여 따로 신선음부의 설이라고 한 것이다. 주나라와 진나라 이래로 도가의 무리들에 의지하는 바가 되어 민간에 연단복식하는 자가 생기고, 허다한 방술의 설이 어지럽게 마구 나와서 의혹에 빠지는 자가 많았다."

되었다. 당시 때맞춰 인도에서 불교까지 유입되었고, 불교와 도가가
서로 활발하게 융합되면서 내 몸 안에서 우주를 찾으려는 움직임은
더욱 활발해질 수밖에 없었고, 그 합작품의 하나가 바로 칠성신앙이라는
형태로 나타난다. 도가들의 이러한 움직임은 송나라 초기 화산도사
진희이에 이르러 마침내 자미두수와 같은 독특한 명학 체계가 성립되기
에 이르게 된다. 가히 태고적부터 비롯되어 유구한 세월동안 지속되어오
던 하늘에 대한 끝없는 관심과 갈망이 빚어낸 결과물이라 칭할 만하다.
(자미두수가 생소한 독자는 이 대목을 뛰어넘어서 제3권으로 직행해도
무방하다.)

화록의 원리

　자미두수라는 술학 자체가 운명을 논하는 명학의 일종이고, 그런
자미두수를 지금 필자가 다루어보려는 것은 결코 명학 공부를 권하고자
함이 아님을 먼저 명확히 밝혀두고자 한다. 그보다는 두수라는 명학체계
에 내재되어있는 상수학의 근본 원리를 뜯어보면서, 고대의 상수학자들
이 하도·낙서·복희팔괘·문왕팔괘와 같은 주요 재료들을 놓고 대체
어떤 생각을 가지고 다루고 있었는지를 엿보면서, 고대 상수학의 대가들
이 심중에 두고 있었던 바를 조금이나마 헤아려보고자 하는 것이다.
필자가 지금 이렇게 말을 하면, 정작 시중에서 두수로 생업을 삼고
있는 술사들이 어리둥절해할 수도 있을 것이다. 두수는 하늘에 있는
별자리를 주재료로 운명을 논하는 술학체계인데, 어찌 하도·낙서·복
희팔괘·문왕팔괘 따위를 운운하는 지를 받아들이기가 쉽지 않을 수도

있기 때문이다. 생업을 삼는 이들조차 이런 실정일진데, 달리 더 무엇을 말할 수 있겠는가? 이 또한 모든 것이 망실돼버린 처참한 현장 중의 하나라고 말할 수밖에 없을 것이다. 필자가 곰곰이 추론해 들어가 본 결과 자미두수 또한 명명백백하게 하도·낙서·복희팔괘·문왕팔괘에 뿌리를 깊게 박고 있는 도서학의 일종임이 분명하다. 그 겉모양은 비록 별이라는 이름을 하나의 형식으로 빌리고 있지만, 그 속을 비집고 들어가서 내용을 들여다보면 온통 8괘들과 10천간들의 잔치가 벌어진다. 그리고 북두칠성과 남두육성이 12궁에서 반짝반짝 빛을 발하고 있다. 하늘로 올라간 팔괘들과 하늘로 올라간 10천간의 모습, 이제부터 그 증거들을 하나씩 하나씩 꺼내볼 심산이다. 제일 먼저 거론할 주제는 자미두수라는 명학체계가 그려내는 운명의 코드를 해독해내는 핵심 문법이라고 칭할 수 있는 사화四化의 구성 원리이다. 사화라는 것은 아래 도표에 정리되어 있는 바와 같이 화록·화권·화과·화기라고 부르는 네 가지 변화의 주요 운행원리인데, 아마도 두수에서 이 사화라는 것을 지워버리면, 두수로 생업을 삼고 있는 술사들은 그날부터 밥을 굶어야 할 정도로 매우 중요한 요소이다.

	甲	乙	丙	丁	戊	己	庚	辛	壬	癸
화록	염정	천기	천동	태음	탐랑	무곡	태양	거문	천량	파군
화권	파군	천량	천기	천동	태음	탐랑	무곡	태양	자미	거문
화과	무곡	자미	문창	천기	우필	천량	태음	문곡	좌보	태음
화기	태양	태음	염정	거문	천기	문곡	천동	문창	무곡	탐랑

그들이 하루에도 수천 번 이상 이 공식을 머릿속에서 회전시켜야 비로소 과거와 미래를 말할 수 있는 단서가 잡힌다. 그런데 그것이 성립된 원리에 대해선 전혀 전해지지 않고 있다. 심지어는 각 서적이나

학파마다 사용하고 있는 공식조차도 통일되어 있지 않고 조금씩 차이가 있다.7) 앞에서 정리된 도표가 『자미두수전집』을 바탕으로 하면서 가장 일반적으로 사용되는 공식8)이었다면, 『자미두수전서』에서는 다음과 같이 정리되어 있다.

	甲	乙	丙	丁	戊	己	庚	辛	壬	癸
화록	염정	천기	천동	태음	탐랑	무곡	태양	거문	천량	파군
화권	파군	천량	천기	천동	태음	탐랑	무곡	태양	자미	거문
화과	무곡	자미	문창	천기	우필	천량	천동	문곡	천부	태음
화기	태양	태음	염정	거문	천기	문곡	태음	문창	무곡	탐랑

혜심제주나 초황 같은 이들이 『자미두수전서』의 공식을 따르고 있다. 반면에 오늘날 자미두수에서 가장 유명한 학파를 형성하고 있는 홍콩의 중주파에서 다음과 같은 공식을 사용하고 있다.

	甲	乙	丙	丁	戊	己	庚	辛	壬	癸
화록	염정	천기	천동	태음	탐랑	무곡	태양	거문	천량	파군
화권	파군	천량	천기	천동	태음	탐랑	무곡	태양	자미	거문
화과	무곡	자미	문창	천기	태양	천량	천부	문곡	천부	태음
화기	태양	태음	염정	거문	천기	문곡	천동	문창	무곡	탐랑

중주파의 왕정지, 관운주인, 장휘문 등이 이 공식을 사용하고 있다. 한편 송나라 소강절이 창시한 것으로 알려진 철판신수라는 명학에서는 다음과 같은 공식을 사용하고 있다.

---

7) 『자미두수이론과 실제』 장정림 저 (백산출판사)에 실려 있는 내용을 참고로 함.
8) 장개권, 포여명, 양상윤, 심평산, 자미양, 비성산인, 아부태산 등이 『자미두수전집』 의 공식을 따르고 있다.

	甲	乙	丙	丁	戊	己	庚	辛	壬	癸
화록	염정	천기	천동	태음	탐랑	무곡	태양	거문	천량	파군
화권	파군	천량	천기	천동	태음	탐랑	무곡	태양	자미	거문
화과	무곡	자미	문창	천기	우필	천량	천동	문곡	좌보	태음
화기	태양	태음	염정	거문	천기	문곡	천상	문창	무곡	탐랑

진악기라는 사람이 이 공식을 사용하고 있다. 그 외에도 반자어라는 사람이 사용하고 있는 공식은 다음과 같다.

	甲	乙	丙	丁	戊	己	庚	辛	壬	癸
화록	염정	천기	천동	태음	탐랑	무곡	태양	거문	천량	파군
화권	파군	천량	천기	천동	태음	탐랑	무곡	태양	자미	거문
화과	무곡	자미	문창	천기	우필	천량	천부	문곡	좌보	태음
화기	태양	태음	염정	거문	천기	문곡	천상	문창	무곡	탐랑

과연 어느 공식이 원조이며, 가장 이치에 합당한 것일까? 이제 화록이란 개념의 구성 원리부터 살펴볼 것이다. 먼저 복희팔괘도에 숫자들을 대입해야 하는데, 각 팔괘들마다 파란색과 빨간색의 두 가지 숫자들이 배정되어 있음을 도표에서 볼 수 있을 것이다. 여기서 두 가지 숫자들은 각각 서로 10의 보수 관계로 이루어져 있다. 이렇게 팔괘들에다가 상수를 배정하는 일을 마친 이후에는 다음 과정으로 낙서에다가 팔괘들을 대입을 해야 하는데, 두 가지 숫자 배열 중에서 특히 빨간색 숫자들에만 관심을 기울일 필요가 있다. 아래에 낙서가 있고, 위에서 배정된 숫자들을 기준으로 낙서 9궁의 수리에 맞춰 팔괘를

복희팔괘

2 ☷ 8	1 ☰ 9	6 ☵ 4
3 ☲ 7	5 中 5	7 ☳ 3
4 ☱ 6	9 ☴ 1	8 ☶ 2

250 •

4 ☴	9 ☲	2 ☷
3 ☳	5	7 ☱
8 ☶	1 ☵	6 ☰

대입만 해주면 된다. 아주 쉬운 과정이다. 가령 앞선 복희팔괘도에서 감괘의 옆에 3이란 숫자가 배정되어 있으므로 낙서의 3궁에다가 감괘를 집어넣어주기만 하면 그만이다. 그리고 그렇게 배정이 완료된 결과가 바로 옆에 보이는 이 그림이다. 익숙한 낙서의 구궁에 왠지 다소 낯선 팔괘들이 자리를 꿰차고 들어 앉아 있음을 볼 수 있을 것이다. 고대 상수학자들은 낙서 9궁의 숫자들을 일종의 배송물품의 주소지와 같은 것으로 여겼던 것일까? 제1권에서 문왕팔괘로의 전환 과정에서 보았던 것과 같이 고대 상수학자들은 이처럼 틈만 나면 낙서 9궁의 수리에다가 물건들을 실어 나르는 일을 즐겼다는 것을 알게 되었으니, 이 또한 나름 충분히 의미 있는 일이라 하겠다. 아무튼 이렇게 낙서 구궁에 팔괘가 대입된 상태에서 다음에 할 일은 9궁을 12궁으로 확대하는 일이다. 그 일을 시작하기에 앞서 앞 페이지에서 대입된 상수의 연원을 잠시 살펴보기로 한다. 대체 어떤 근거를 가지고 대입된 상수들일까? 오랜 옛날부터 전해져 내려오는 그림 하나가 있으니, 이른바 '현공후천부모도'라고 부르는 그림이다. 옆에 보이는 이 그림을 분석해서 필자가 복희팔괘도에다가 상수들을 대입해본 결과가 바로 앞 페이지에서 보았던 바로 그 도표였던 것이다. 거기서 빨간색 숫자는 원의 바깥쪽 팔괘들에 배정된 상수들이고, 파란색 숫자는 원의 안쪽 팔괘들에 배정된 상수들이다. 그림의 이름과 팔괘들의 배속 상태로

보아 건괘의 짝은 곤괘, 진괘의 짝은 손괘 등으로 보고 있는 것이고, 이는 정음정양의 대대관계로 서로 음양 간의 짝을 맞추어놓은 것으로 보인다. 조금 특이하게 생긴 이 그림을 필자는 과연 어디서 찾아온 것일까? 명정明灯이라는 사람이 쓴 [사화배포원리파역(四化排布原理破譯)]이라는 논문에서 처음 보았다.

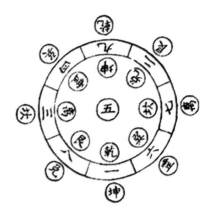

명정은 그의 논문에서 사화의 구성 원리를 설명하기 위해 나름대로 많이 애쓴 흔적이 보이고 그 짐에 있어서만큼은 매우 높이 평가하고 싶다. 하지만 그 결과가 그리 좋지 않다는 것이 문제이다. 뭔가 나름 실마리를 잡긴 잡았는데 결국 엉뚱한 길로 빠져버리고 만다. 그의 논문에서 가장 중요한 것 딱 한 가지만 추린다면 바로 '현공후천부모도' 이것이다. 이것이 있었기 때문에 비로소 필자가 화록의 구성 원리를 찾아낼 수 있었던 것이다.

이제 다시 진도를 나가보기로 한다. 앞 페이지의 낙서 9궁을 이번에는 12궁으로 확대한다. 9궁에 들어있는 팔괘들을 12지지라는 개념과 결부시켜야하기 때문이다. 요령을 한두 가지 말한다면, 인궁과 신궁에는 팔괘를 대입하지 않아야 한다는 것과 건괘와 곤괘는 두 궁에 걸쳐 배치를 해야 한다는 점이다. 그 이유는 다른 팔괘들과 달리 건괘와 곤괘만큼은 경방의 납갑론에 의해서 배정된 10천간이 두 개이기 때문이다. 계속 진도를 나가도록 한다. 그 다음의 차례는 위에서 만들어진 12궁에다가 자미성계와 천부성계를 대입해야 한다. 가령 자미두수의 가장 기본적인 성계 구성이라 할 수 있는 자미인궁의 배치도를 작성해보자. 자미성계는 자미·천기·염정·태양·무곡·천동의 순으로 6개인데 인궁부터 하나씩 반시계 방향으로 대입하면 된다. 천부성계로는 천부·태음·탐랑·거문·천상파

군·천량·칠살의 순으로 8개인데 인궁부터 시계 방향으로 대입하면 된다. 이렇게 14개의 주성들을 대입한 다음에는 염정과 파군의 자리를 서로 교환해야 한다. 이는 마치 북두성계에 속하는 자미성계와 남두성계에 속하는 천부성계가 만나 통정을 하는 것에 비유해볼 수 있을 것 같고, 마치 오궁에 있는 건괘와 자궁에 들어있는 곤괘가 결혼을 하면서

유전자를 서로 주고받는다고 이해하면 어떨까 싶다. 소위 자오상교라고 하는 이러한 개념을 처음 이야기한 사람도 사실 명정이고, 필자도 그의 의견에 십분 공감하고 있는 바이다. 명정의 이와 같은 주장 이전에는 자미성계와 천부성계 중에서

염정과 파군을 배치하는 방법이 유독 특이한 것에 대해 정상적인 이해가 어려웠던 것이 또한 사실이었다. 자오상교의 논리로 그 문제가 해결되었다고 본다. 이렇게 해서 팔괘와 14주성의 배합이 모두 완료된다. 이제 남은 일은 경방의 납갑을 팔괘들에다가 대입하는 일이다.

사 거문 ☵	오 천상 ☰ 염정	미 천량	신 칠살 ☵
진 탐랑 ☷	자오상교 자궁은 북두성계의 성기이고, 오궁은 남두성계의 성기이다.		유 천동 ☴
묘 태음 ☶			술 무곡 ☲
인 천부	축	자 천기 ☳ 파군	해 태양 ☱

옆의 그림에서 제1권의 문왕팔괘도로의 전환원리를 탐구할 때, 사용했던 바로 그 경방의 납갑이 중궁에 표시되어 있고, 이 납갑을 각 12궁에 있는 해당 팔괘에다가 대입만 해주면 된다. 그렇게 해서 완성된 도표가 바로 옆에 있다. 이렇게 몇 단계의 과정을 통해서 드디어 10천간의 화록이 모두 완성될 수 있게 되었다. 이제 10천간의 화록을 모두 정리하기 위해 12개 궁들의 각각에서 10천간과 그 옆에 동궁하고 있는 주성을 함께 읽어주기만 하면 끝나는 것이다. 가령 유궁의 경우 병丙이라는 천간이 그 안에 들어있고, 또 그 안에 들어있는 주성은 천동이다. 그러므로 병간의

사 거문 辛 ☵	오 천상 甲 ☰ 염정	미 천량 壬	신 칠살 ☵
진 탐랑 戊 ☷	丁 ☷ / 甲·壬 ☰ / 辛 ☴ 己 ☶ / 경방의 납갑 / 戊 ☲ 庚 ☳ / 乙·癸 ☳ / 丙 ☱		유 천동 丙 ☴
묘 태음 丁 ☶			술 무곡 己 ☲
인 천부	축 乙 ☳	자 癸 ☳ 파군	해 태양 庚 ☱

화록은 천동이 된다. 이와 똑같은 과정을 나머지 궁들에서도 똑같이 반복해주면 된다. 단 오궁의 경우에는 주성이 두 개가 배정되어 있는데, 천상은 화록에 참여시키지 않는다. 이것이 유일한 예외적인 일이 된다. 지금까지의 모든 일련의 과정이 바로 자미두수에서 화록이란 개념이 성립된 원리이다. 오늘도 두수로 생계를 꾸려가는 수많은 술사들이 인생 상담을 의뢰해오는 고객들을 앞에 두고 하루에도 수천 번은 머릿속에서 되뇌고 있을 그 공식, 바로 그것이 이러한 과정들을 통해서 만들어진 것이다.

	甲	乙	丙	丁	戊	己	庚	辛	壬	癸
화록	염정	천기	천동	태음	탐랑	무곡	태양	거문	천량	파군

위에 그려져 있는 도표를 보고 있노라면, 건괘와 곤괘의 경우 12개 궁에서 각각 2개의 궁을 차지하고 있는 모습이 조금 이채롭다. 마치 아버지와 어머니는 어른이기 때문에 아이들과 달리 방을 두 개씩 사용해야 한다고 말하고 있는 것 같다. 고대 상수학자들이 정녕 무슨 생각으로 이렇게 구성했는지 자못 궁금하지 않을 수가 없다. 분명 경방의 납갑론에 근거를 둔 것으로 보이는데, 그렇다면 경방이 납갑에서 그렇게 배정한 이유는 또 무엇일까? 타임머쉰을 타고 돌아가 물어볼 수도 없고….

화권의 원리

화록의 원리를 찾았으니, 이제 화권이 구성된 원리를 알아볼 차례이다. 가장 먼저 해야 할 일은 팔괘들의 가족 구성원들을 서열 순으로 배치하는 일이다. 이때 한 가지 주의할 점은 건괘와 곤괘는 1번이 아니라, 2번 배열되어야 한다는 것이다. 앞서 화록의 구성원리를 찾는 과정에서 일어난 일이랑 비슷하다고 보면 될 것이다.

어머니	소녀	중녀	장녀	아버지
䷁	䷹			
아버지	소남	중남	장남	어머니

도표를 보는 원칙은 왼쪽에서 오른쪽으로 보아야 한다. 먼저 아버지가 있고, 장녀·중녀·소녀, 그리고 다시 어머니의 순으로 배열되어 있다. 그리고 그 아래에는 어머니가 있고, 장남·중남·소남, 그리고 다시 아버지의 순으로 배열되어 있다. 마치 여섯 아이들을 아버지와 어머니가 좌우에서 빈틈없이 보호하고 있는 것처럼 보인다.

천기	태음	무곡	거문	염정
乙	丁	己	辛	甲
천량	천동	탐랑	태양	파군
壬	丙	戊	庚	癸

이렇게 배치를 마친 다음에는 각 팔괘들에다가 경방의 납갑을 배치해야 한다. 그렇게 배치한 결과가 바로 위에 보이는 도표이다. 이렇게

경방의 납갑을 근거로 10개의 천간을 각 팔괘에다가 배치를 마친 다음에는 각 10천간에 배치되었던 화록의 주성을 배치해야 한다.

어머니	소녀	중녀	장녀	아버지
☷	☱	☲	☴	☰
乙	丁	己	辛	甲
아버지	소남	중남	장남	어머니
☰	☶	☵	☳	☷
壬	丙	戊	庚	癸

앞서 도출되었던 화록들을 각 해당 10천간에다가 배치를 마치면, 위의 놓인 도표가 만들어진다. 이제 준비가 완료되었다. 그 다음에는 화권을 만들어야 한다. 화권을 만드는 원칙은 매우 간단하다. 위에 보이는 것과 같이 화살표 방향으로 앞으로 전진만 하면 그만이다. 화살표 방향으로 전진해서, 거기에 있는 주성을 읽어주기만 하면 되는 것이다.

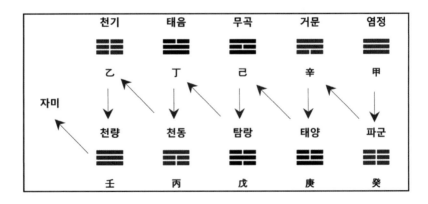

　지금 이 과정은 지극히 기계적인 수순일 뿐이다. 맨 마지막의 임壬의
경우에만 그동안에 나타나지 않았던 자미라는 주성이 새롭게 나타난다
는 점만 유의하면 된다. 이렇게 해서 10천간의 화권을 모두 찾아낼
수 있게 되었다. 화권을 도표로 정리하면 도입부에서 보았던 바와 정확히
일치한다는 것을 알 수 있을 것이다.

	甲	乙	丙	丁	戊	己	庚	辛	壬	癸
화록	염정	천기	천동	태음	탐랑	무곡	태양	거문	천량	파군
화권	파군	천량	천기	천동	태음	탐랑	무곡	태양	자미	거문

　그리고 이 시점에서 중요한 사실 한 가지에 대해 눈치를 챌 수 있게
되었다. 자미두수 14주성이란 것은 기실 알고 보면, 경방의 납갑에서
등장하는 10천간을 지칭하는 또 하나의 별칭이라는 사실이다. 가령
천간 무戊라는 것은 두수에서 탐랑이라는 별의 이름으로 불리고 있고,
을乙이라는 천간은 천기라고 표현되고 있다. 그리고 경방이 10천간을
팔괘와 결부시켜놓았으니, 결국 자미두수의 주성들은 다시 팔괘와 결부
된다는 결론에 이르게 된다. 팔괘와 10천간, 그리고 자미두수 주성들이
서로 연결되어 있는 셈이다. 하지만 화권이란 것이 도대체 무엇을 뜻하는
것이고, 화권의 마지막 자리에 있는 자미는 또 어떤 시각으로 바라보아야
하는 것일까? 이에 대한 해답을 얻기 위해서는 위의 도표들을 다시
12궁에 대입해서 살펴볼 필요가 있을 것 같다. 앞의 도표에서 만들어진
화권들의 궤적을 쭉 추적해보자. 먼저 갑간은 원래 오궁의 염정화록이었
지만 갑간의 화권은 자궁의 파군으로 바뀐다.

사 거문 辛 ☰	오 천상 甲 ☴ 염정	미 천량 壬	신 칠살 壬
진 탐랑 戊 ☷			유 丙 ☳ 천동
묘 태음 丁 ☷			술 己 ☵ 무곡
인 천부 자미	축 乙 ☷ 천기	자 癸 파군	해 庚 ☵ 태양

즉 오궁의 갑이 자궁으로 옮겨가는 양상이고, 자궁에 있는 계간의 화권은 이어서 사궁으로 옮겨가는 형국이다. 이러한 화권의 변화 양상을 10천간의 궤적으로 추적해보면 갑으로부터 시작해서 甲➡癸➡辛➡庚 ➡己➡戊➡丁➡丙➡乙➡壬➡자미의 순으로 마무리 된다. 이를 12궁의 관점에서 다시 살펴보면, 오궁➡자궁➡사궁➡해궁➡술궁➡진궁➡묘 궁➡유궁➡축궁➡미궁의 순으로 진행되는 양상임을 알 수 있다. 자오궁 에서 시작해서 계속 어딘가를 향해서 집중적으로 좁혀져가는 양상인데, 그 마지막 종착점은 어디일까? 마지막 임간의 화권은 자미인데, 그것은 위의 12궁에서 인궁에 들어가 있다. 마지막 종착점은 인궁의 자미이다. 따라서 화권이란 것은 자오궁으로부터 시작해서, 최종적으로 인궁에 안착해가는 과정을 묘사한 것이란 얘기이다. 이것이 의미하는 바가 무엇일까? 아마도 자오상교에 의해서 태동한 1태극이 인궁에 마침내 자리를 잡는 과정을 도식화한 것이 아닐까? 좀 더 쉽게 말하자면, 자미라 는 것은 이 세상에 새로 태어난 우주의 주인을 상징하고, 그 시초점이 자오궁이란 의미는 자오상교, 즉 부모의 합궁에 의해서 만들어진 하나의

수정체가 자오궁에 자리를 잡았다는 말이고, 이것이 화권이란 과정을 통해 마침내 인궁이란 곳으로 도달하는 과정이라고 말할 수 있을 것이다. 여기서 우리는 그러면 화록이란 것은 또 무엇을 의미하는 것일까를 유추해볼 수 있을 것이다. 화록이란 것은 자오상교를 통해 시초점, 즉 태극 하나를 만들어가는 과정을 의미한다고 볼 수 있다. 다시 말해서 하나의 존재가 태어나는 과정 중의 최초의 과정, 소위 12궁이라고 하는 하나의 소우주, 즉 하늘과 땅이 열리는 과정에 해당한다. 앞서 우리는 『천부경』의 석삼극을 통해 천·지·인이 차례로 열린다는 것을 고찰한 바가 있고, 바로 화록의 과정을 통해 먼저 하늘과 땅이 열리고, 이후 그 속에서 자아를 가진 존재 하나가 작은 대극으로써 잉태되는 무체화삼의 과정이 화권이라는 의미이다. 화권이란 과정을 통해 그 작은 태극이 마침내 인궁에 도달하게 된다.

화기의 원리

화권이 만들어지면 화과를 논해야 하는데, 설명의 편의상 먼저 화기의 구성 원리를 알아보기로 한다. 아래의 도표에 정리된 바가 흔히 사용되고 있는 10간의 화기 배정표인데, 이 도표는 어떤 과정을 통해서 만들어진 것일까?

	甲	乙	丙	丁	戊	己	庚	辛	壬	癸
화록	염정	천기	천동	태음	탐랑	무곡	태양	거문	천량	파군
화권	파군	천량	천기	천동	태음	탐랑	무곡	태양	자미	거문
화기	태양	태음	염정	거문	천기	문곡	천동	문창	무곡	탐랑

화기의 구성 원리를 알아내는 데 있어서 가장 곤란한 점은 화록과 화권의 구성 원리에서는 전혀 보이지 않던 문곡과 문창이란 것이 난데없이 등장하는 데에 있다. 대체 이들의 연원은 어디일까? 그 어디에도 이에 대한 설명이 없다. 그래서 화기가 어떻게 구성된 것인지를 알아내기 위해 수많은 시행착오를 거쳐 마침내 필자가 도달한 결론은 아래의 그림과 같다. 앞서 화권의 구성 원리를 찾아낼 때의 팔괘 배열을 그대로 사용하기로 한다. 팔괘에 배속된 10천간과 주성도 완전히 동일하다. 오직 다른 것이 하나 있다면 맨 오른쪽의 건괘와 곤괘가 위치가 서로 바뀌었다는 점뿐이다. 그리고 지금 화살표가 의미하는 것이 화권이 아니라, 화기라는 점이 다르다. 그리고 또 한 가지가 달라진 것이 있는데, 그것은 위의 그림에서 문창과 문곡이 각각 곤괘와 건괘에 배정되었다는 점이다. 이 말은 곧 위에서 계간의 파군은 곧 문창이기도 하다는 것을 의미한다. 또한 갑간의 염정은 곧 문곡이기도 하다.

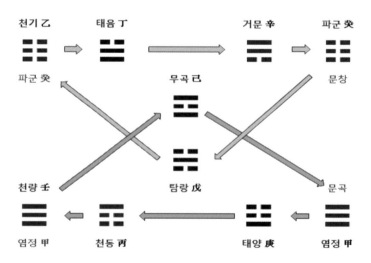

그리고 맨 왼쪽의 건괘와 곤괘에는 두 개의 납갑을 모두 표시해놓았다. 이렇게 배정해야만 비로소 화기의 구성 원리를 짐작해볼 수 있게 된다는 것이 필자의 연구 결과이다. 참으로 아름다운 또 하나의 대칭을 발견할 수 있다. 알고 나면 이렇게 쉬운 것인데, 그것을 알아내기까지의 과정은 정말 쉽지 않았다. 그림을 보면, 이제 화기란 개념이 의미하는 바가 무엇인가를 짐작해볼 수 있게 된다. 화살표의 흐름을 쫓아가보면 10천간의 변화 주체 중에서 5개를 묶어 두 개의 그룹으로 서로 완전히 갈라져서 그룹 내에서만 움직이고, 그 두 그룹 간에는 서로 교류 관계가 전혀 없다. 마치 주역의 천지비괘를 떠올리게 된다. 양기와 음기가 서로 나뉘어 상호 교류가 없는 상태, 만물이 비색해지는 상황을 표현해놓은 것으로 보인다. 여기서 방금 우리는 또 한 가지 중요한 사실을 알아낼 수 있게 되었다. 문창과 문곡이란 별은 각각 곤괘와 건괘를 지칭하는 또 하나의 별칭이라는 점이 바로 그것이다. 그런데, 위의 아름다운 도표에는 분명 몇 가지 결함이 발견되고 있다. 건괘에다가 염정을 두 번 갖다 써넣어야 화살표의 순환이 완성된다는 점과 더불어 오른쪽에서 곤괘와 건괘가 서로 자리를 맞바꾸어야 한다는 점이 어딘가 자연스럽지가 못하다. 비록 아름다운 순환이기는 하지만, 화기라는 원리를 이 도표에서 만들어낸 것이 아닐 가능성이 존재한다고 보아야 할 것 같다. 그럼 또 다른 그림이 존재한다는 것일까?

화과의 원리

지금까지의 과정도 사실 쉬운 것이 하나도 없었지만, 이제 다루어야 할 화과의 구성 원리에 비하면 화록·화권·화기의 구성 원리는 차라리 초등학교 수준이라고 말할 수 있을 정도로 난이도 자체가 비교가 안 된다.

	甲	乙	丙	丁	戊	己	庚	辛	壬	癸
화록	염정	천기	천동	태음	탐랑	무곡	태양	거문	천량	파군
화권	파군	천량	천기	천동	태음	탐랑	무곡	태양	자미	거문
화과	무곡	자미	문창	천기	우필	천량	태음	문곡	좌보	태음
화기	태양	태음	염정	거문	천기	문곡	천동	문창	무곡	탐랑

문왕팔괘와 정역팔괘가 성립된 원리를 찾아내는 것이 차라리 더 쉬웠다고 말한다면, 어느 정도의 난이도였을지 짐작이 될 수 있을까? 난이도가 높은 이유가 무엇일까? 공식을 정리한 도표를 살펴보면 여태까지는 코빼기도 보이지 않았던 좌보와 우필이라는 보조

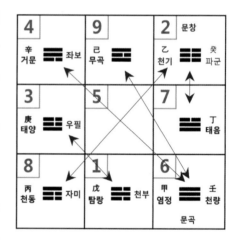

성이 난데없이 끼어들었고, 그것도 모자라 문창과 문곡이 공식에 참여하고 있고, 더욱이 자미까지도 다시 나타난다. 이렇게 10개 중에서 무려 5개의 등장이 아리송하기 때문에 도무지 변화의 양상을 도식화해내기가 쉽지가 않았던 것이다. 이 또한 오랜 시간동안의 연구를 통해 필자가 내린 결론은 옆에 보이는 그림과 같다. 여기서 중요한 점은 문창과 문곡을 곤괘와 건괘에 배정한다는 것9) 외에, 좌보와 우필을 각각 손괘와 진괘에 배정해야 한다는 점이다. 그리고 간괘에 자미를 배정하고, 감괘

에 천부를 배정해야 한다. 그렇게 해야만 비로소 그림과 같은 화과의 흐름을 읽을 수 있게 된다. 그리고 마침내 도달한 공식을 정리해보면 이렇게 되어야 한다고 결론내릴 수 있다. 다른 모든 것들은 『자미두수전집』의 공식을 그대로 따르면 되지만, 오직 경간의 화과는 태음이 아니라, 천부라야만 된다는 결론이다.

	甲	乙	丙	丁	戊	己	庚	辛	壬	癸
화록	염정	천기	천동	태음	탐랑	무곡	태양	거문	천량	파군
화권	파군	천량	천기	천동	태음	탐랑	무곡	태양	자미	거문
화과	무곡	자미	문창	천기	우필	천량	천부	문곡	좌보	태음
화기	태양	태음	염정	거문	천기	문곡	천동	문창	무곡	탐랑

화과의 원리가 의미하는 바는 무엇일까? 화살표가 양방향으로 되어 있는 것은 서로 주고받는다는 의미를 보여준다. 즉 곤괘의 계간에서 화과가 태음화과이므로, 태괘의 정간을 향해 화살표가 그려진다. 그리고 태괘 정간의 화과는 다시 곤괘의 천기로 방향이 결정된다. 결국 왔던 곳으로 다시 되돌아가는 것이 바로 화과의 법칙이라고 할 수 있다. 아마도 화과의 의미는 팔괘들이 서로 주거니 받거니 하면서, 상호 교류하는 것을 나타내는 것으로 보인다. 그런데 대체 무엇을 서로 주고받는 것일까? 바로 두수의 별들을 주고받는다. 주고받는 데에 있어서 한가지 법칙이 있다면 똑같은 것을 주고받는 것이 아니라, 가진 것 중에서 다른 것을 주고받아야 한다는 점이다. 가령 태괘에서 곤괘 방향으로 정간의 화과 천기를 건넸으면, 다시 돌려받을 때는 곤괘가 가진 것

---

9) 왜 이렇게 배정되어야 하는 것일까? 그 이유에 대해선 화기의 원리에서 이미 설명되었다고 볼 수 있다.

264 •

중의 다른 것, 이를테면 계간의 화과인 태음으로 돌아온다는 것이다. 즉 갔던 것이 그대로 오는 법은 없다. 이것이 중요한 원칙이다. 이렇게 해서 비교적 단순한 그림이 하나 만들어졌지만, 필자는 여기서 만족할 수가 없었다. 첫째 아무런 대칭성이 발견되지 않는다는 것과 도대체 어찌해서 감괘에 천부가 배정되어야 하는지를 알 수가 없다는 점 때문이다. 따라서 이 그림은 완성된 것이 아니라고 생각한다. 그럼 완성도를 더욱 더 높이기 위해선 어쩔 수 없이 다른 그림을 더 그려보아야 한다는 것인데, 그것이 도대체 무엇일까? 그렇게 해서 다시 오랜 동안의 탐구 끝에 마침내 도달한 결론이 바로 아래에 그려놓은 그림이다. 이렇게 그려놓으니, 정말 아름다운 대칭성이 다시 드러나고 있다. 화과의 원리를 그리면서 아마도 이보다 더 아름다운 대칭성은 불가능할 것이라고 장담한다. 더욱이 감괘에 어찌해서 천부가 배정되어야 하는지도 설명해 줄 수 있다. 간괘에 배정된 자미는 차라리 제출호진帝出乎震이라는 주역 용어를 더욱 선명하게 드러내 보여주고 있기까지 하다. 좌보와 우필이

6괘중에서 유독 손괘와 진괘에 배정되어야 한다는 것도 논리적이라고 말할 수 있다. 따라서 화과의 원리를 바로 이 그림에서 도출한 것이라고 말할 수 있게 되었다. 그런데… 오 마이 갓 정작 더 큰 문제는 바로 이 팔괘배열에 있다. 이 팔

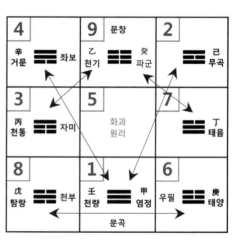

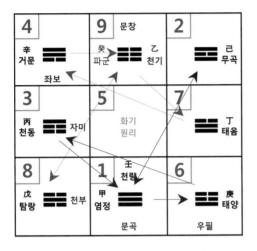

괘배열은 놀랍게도 정역팔괘이다. 자미두수의 성립시기와 정역팔괘의 성립시기를 따져보면, 도저히 말이 되지 않는다는 것이 문제라는 말이다. 더욱 놀라운 점은 정역팔괘 상에서 화기의 구성 원리를 그려보면 앞에서 다소 아쉬웠던 점들이 안전히 해소되면서 완벽한 대칭성이 발견된다. 화기의 원리 또한 바로 이 그림에서 도출되었다고 보는 것이 오히려 타당하다는 말이 아니겠는가! 이것이 대체 어찌된 일일까? 자미두수에서 난데없이 정역팔괘를 논하게 된 셈이 아닌가 말이다. 오직 정역팔괘에서만 화과와 화기의 대칭을 발견할 수 있다니, 이 어찌 황당하지 않을 수 있단 말인가? 황당하다. 하지만 일단 이 문제는 제3권에서 다시 다루기로 하고 넘어가기로 한다. 다른 이야기 꺼리들이 아직 남아 있기 때문이다.

두수는 허성?

두수의 가장 기본적인 배치도에 해당하는 자미인궁에 배정된 14개 주성들의 특성을 살펴보고, 이를 통해서 자미두수의 주성들이란 것이 대체 무엇을 의미하는 것인지를 유추해보려고 한다. 먼저 14개의 주성들과 복희팔괘와의 상관관계를 살펴보면 가령 태괘의 경우에 거문과

탐랑이 배치되어 있고, 탐랑은 소위 물욕과 정욕을 상징하는 별이라고
알려져 있다. 이는 태괘가 상징하는 바와 유사한 이미지를 가진 개념이
다. 또한 거문은 시비와 구설을 상징하는 별인데, 놀랍게도 이 또한
태괘가 상징하는 바이기도 하다. 그 뿐만이 아니다. 건괘에 붙어있는
천상과 파군에는 쌍雙이라는 의미가 붙어있다. 두 별의 태생 자체가
쌍둥이 속성을 갖고 있다는 반
증이다. 그리고 손괘에는 천량
과 칠살이 붙어있는데, 천량은
바람과 같이 유랑하고 소위 낭
탕하다는 의미를 갖는 별이고,
칠살 또한 역마적 속성과 더불
어 온 세상을 떠도는 것을 의미
하는 별이다. 손괘가 갖고 있는
바람이라는 속성과 잘 부합한

2 거문 ☷ 탐랑	1 천상 ☰ 파군	5 천량 ☱ 칠살
3 ☳ 태음	염정과 파군은 서로 자리를 교환해야 한다.	6 ☴ 천동
4 천부 ☶ 자미 천기	8 ☵ 염정	7 무곡 ☲ 태양

다. 감괘에 붙어있는 천동이라는 별은 선난후길, 즉 반드시 먼저는
어렵다가 나중에 길해진다는 의미가 붙어있는데, 감괘의 어려움이라는
속성이 그대로 반영되어 있는 것으로 보인다. 간괘에는 무곡과 태양이
붙어있고, 여기서 무곡은 강직하고 끊고 맺음이 확실하다는 의미를
갖고, 태양은 또한 관후하다고 본다. 이 또한 간괘의 속성과 잘 부합한다.
진괘에 붙어있는 천기는 임기응변에 강하고 다재다능하지만 경박할
만큼 촐싹거린다는 의미를 갖는 별인데, 이 또한 진괘의 속성과 부합한
다. 이괘에 붙어있는 태음은 온유하고 정감이 있고, 정결한데다가 문학
과 예술적 소양까지 겸비한다는 속성의 별인데, 이 또한 이괘가 갖고

있는 속성과 부합한다. 이런 내용을 하나의 도표로 다음과 같이 정리해보았다.

주성	복희팔괘	선천적 특성	문왕팔괘	후천적 특성
자미		권위적이고, 리더십이 강하고, 두뇌 회전이 빠르고, 호기심이 많다.		침착하고 후중하다.
천부		책임감이 강하다.		충후하고 신중하며 관용이 있고, 정서적으로 안정되어 있다.
태음		중천성. 온유하고 정감이 있고, 정결하다. 인자하며 낭만적이고, 친화력과 사려심이 있고, 문학과 예술적 소질을 겸비한다.		다급하고 민감하다. 불안 우울해지고, 모략적으로 행동하고 음흉하다. 군경의 대권을 장악하기도 한다.
탐랑		물욕, 정욕이 강하고, 사교적이고 접대를 상한다.		유연하고 여리고 감성적이고, 심약하다. 일처리나 사고방식이 성급하다.
거문		시비와 구설을 주한다. 논리적이고 연변이 있다.		회의적이고 비평적이며 의구심이 많다.
천상		동정심과 의협심이 강하다. 자상하고, 관용을 베푼다. 겁괴 쌍의 의미가 있다.		멸예나 하시이 있고, 교양이 있다. 박학다능. 정직과 신용.
염정		다른 주성의 영향을 많이 받는다. 보수적이고, 감정이 풍부하고 복잡다단하다. 관록을 주한다.		배타적이고, 자신을 강제하고, 주변 사람들을 피곤하게 하거나 집착하는 속성이 있고, 구속하려는 심리가 있다. 문화를 향유하려고 한다.
천량		감찰과 전파적인 특성이 있지만, 유랑하고 낭탕한 기질도 있다.		두루 이해하고 어울리며 다른 사람의 말을 잘 들어준다. 노인을 뜻하기도 한다.
칠살		후金, 활동범위가 넓고, 역마적 속성이 있고, 풍류를 안다.		권위와 위엄이 있다. 외적으론 근엄하지만, 내적으론 감정이 풍부하다.
천동		먼저 반드시 어려운 한 때를 보내야 한다. 선난후길		향수적이고 정서적이며 낙천적이다. 온화하며 감정이 풍부하다.
무곡		강직하고, 끊고 맺음이 확실하다.		추진력이 있고, 차갑고, 강하고, 선량하다.
태양		중천성. 丙火. 관후하다.		자애롭고, 이타적이다. 명예나 공익을 추구한다.
파군		癸水. 충후하고 도량이 있으며, 저돌적이고 개창력이 강하다. 옛것을 없애고 개혁적이다. 겁과 쌍의 의미가 있다.		창조력, 모험심, 상상력, 추진력이 강하다. 변화가 많고, 낭비적 속성이 있다. 소신과 주관이 뚜렷하지만, 개성이 강하여 고극하게 된다.
천기		임기응변에 강하고, 다재다능하지만, 변덕이 많고 경박하다.		우물쭈물하고 소심하다.

도표를 보면 복희팔괘와 주성이 갖고 있는 선천적 특성을 서로 비교하기 쉽도록 정리되어 있다. 한편 두수의 주성들은 복희팔괘 이외에도 문왕팔괘의 특성을 고려하지 않을 수 없을 정도로 매우 긴밀한 관계를 맺고 있음을 알 수 있는데, 가령 천동의 경우 문왕팔괘로는 태괘에 배정된다. 감괘의 천동이 어찌해서 복성이라고 불릴 정도로 낙천적이고, 향수적인 별인지를 유감없이 보여주고 있다. 태괘가 상징하는 바를 반영한 결과인 것이 틀림없다. 또 천부의 경우에는 선천적 특성보다는 오히려 후천적 특성이 더욱 두드러지는 경우라고

4 거문 ☷ 탐랑	9 천상 ☳ 파군	2 천량 ☵ 칠살
3 ☶ 태음	염정과 파군은 서로 자리를 교환해야 한다.	7 ☴ 천동
8 천부 ☷ 자미 천기	1 ☰ 염정	6 무곡 ☰ 태양

여겨진다. 결론적으로 모든 14주성의 특성을 복희팔괘와 문왕팔괘의 배합을 통해서 충분히 이해할 수 있는 길이 있었던 셈이다. 복희팔괘로 각 주성들의 선천적 특성을 읽어주고, 문왕팔괘로 각 주성들의 후천적 특성을 읽어주면 주성들의 성격을 손쉽게 파악할 수 있다는 말이 된다. 그럼 이 시점에서 자연스럽게 질문 하나가 떠오르지 않을 수가 없게 된다. 두수에서 등장하는 14주성이란 것은 대체 무엇이란 말인가? 팔괘인가? 적어도 팔괘는 아닌 것 같다. 차라리 궁이라고 말해야 옳을 정도이다. 왜 14개로 구성되어 있어야 했던 것일까? 겉으로 보이는 그 모양새만큼은 분명 '별의 이름'이라는 형식을 띠고 있는데, 이들은 정녕 하늘에 떠 있는 별들인 것일까? 이를 설명해낼 수 있는 유일한 근거가 십일도에 있다고 필자는 생각한다. 앞서 우리는 자부선인이 윷놀이를 만들면서

십일도에서 8개의 별을 따다가 윷판의 말로써 삼았다고 이야기한 바를 기억하고 있을 것이다. 두수를 창안한 도가의 대가도 그와 비슷한 생각을 했던 것으로 보인다. 위의 십일도에서 특히 제1천과 제2천에 있는 돌들에 주목할 필요가 있다. 먼저 제1천의 테두리 속에는 흰색 돌 3개와 푸른색 돌 1개가 보인다. 이것은

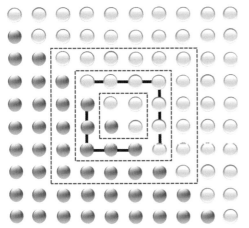

무엇을 상징하는 것일까? 자미두수를 창안한 대가는 일시무시일의 하나를 천부라고 생각한 것이 틀림없다. 사실 天府[10]라는 글자를 풀어보면 하늘의 창고를 의미한다. 하늘의 창고라는 것은 만물을 포괄하는 거대한 그릇이라고 상상하면 좋을 듯하다. 없음과 있음의 경계이면서 석삼극을 만들어내는 주체이기도 하다. 그리고 그 속에서 천·지·인의 삼극이 만들어진다. 따라서 나머지 3개의 돌은 석삼극이 완료된 천·지·인이 된다. 천지인 셋 중에서 인에 해당하는 것이 바로 자미라는 별이다. 나머지 천과 지는 무엇일까? 이미 『천부경』에 대한 검토를 끝낸 우리는 이미 이것을 알고 있다. 바로 하늘에 해당하는 건괘가 우필이고, 땅에 해당하는 곤괘가 바로 좌보이다. 그리고 이번에는 제2천에 있는 돌들을 들여다보자. 흰색 돌이 7개이고, 푸른색 돌이 5개이다.

---

10) 天府라는 별 이름과 우리가 앞에서 다루었던 天符經이라는 경전 이름이 발음상 똑같다는 점도 지적되어야 할 것 같다.

이것도 이제 금방 이해할 수 있을 것이다. 먼저 푸른색 돌 5개는 자미를 필두로 한 북두성계의 별들이 바로 이들이다. 그리고 흰색 돌 7개는 천부를 필두로 한 남두성계에 해당된다. 그리고 그들 중에는 중천성에 해당하는 태양과 태음이 그 속에 끼어 있다. 이 또한 우리는 이미『천부경』에서 충분히 다루어 왔던 바이다. 이왕 이렇게『천부경』얘기가 나왔으니, 이 시점에서 성환오칠이라는『천부경』문구가 의미하는 바를 다시 한 번 떠올려보지 않을 수 없다. 5와 7이 고리를 이룬다. 이것이 성환오칠의 뜻이었다. 그리고 이 짧은 문장이 내포하는 바를 이제는 5와 7이 합해서 만들어지는 12지지라는 개념과 자연스럽게 연결해볼 수 있게 되는 셈이다. 천부를 제외한 남두성계 5개의 별과 자미를 제외한 북두성계 7개의 별이 12지지에 포진되는 모습, 바로 자미두수의 기본 배성도 말이다. 정말 의외의 곳에서『천부경』을 다시 만나게 되는 셈이 아닌가 말이다!

주성의 배성원리

　두수의 기본도를 살펴보면, 이 속에도 몇 가지 간과해서는 안 될 중요한 역학적 의미가 들어있다. 이러한 의미를 되새겨보면서 고대의 상수학자들이 생각한 우주 모델이 어떠한 모습이었던 가를 엿볼 수 있을 것이다. 두수의 배성과 관련해서 지금까지 전해지는 기록은 거의 없다고 보아야 한다. 그러한 와중에서도 아주 일부분의 희미한 흔적들이 남아 있어서, 이를 토대로 배성의 원리를 유추해보고자 한다. 먼저 자미가 인궁에 들어가는 이유를 들어보자.

"자미가 잉태되는 곳은 현숙한 부인 강태후, 즉 천부의 자궁이니, 천부와 같은 곳 인궁에 배정된다."

이렇게 짧은 문장 속에 자미는 물론이고 천부의 위상까지 알아볼 수 있어서 다행이다. 이러한 언급을 통해서, 이 세상에 새롭게 태어나는 새 우주의 주인이 자미이고, 그리고 그의 어머니가 바로 천부가 되는 것임을 알 수 있다. 앞서 살펴본 일시무시일의 하나가 석삼극을 통해서 천지인을 생성하는 광경을 상상해보면 될 듯싶다. 다음은 묘궁의 태음이다.

사	오	미	신
거문	천상 염정	천량	칠살
진			**유**
탐랑			천동
묘	자미인궁 배성도		**술**
태음			무곡
인	**축**	**자**	**해**
천부 자미	천기	파군	태양

"자궁 속 태아가 두 달째부터 본격적으로 자라나기 시작하니, 태아를 잉태하여 기르는 모습이 흡사 차오르는 달과 같다고 하여, 태음이라 하고 별호로써 옥토라고 부른다. 그리하여 묘궁에 태음을 배치한다."

이 또한 어찌하여 태음이란 별이 묘궁에 위치하게 되었는지를 능히 짐작할 수 있게 해준다. 우주의 여러 물상 중에서 차오르는 달만큼 임산부의 배가 커지는 것을 잘 설명할 수 있는 물상이 또 있을까? 다음은 칠살이다.

"자궁 속 태아가 넘어야 할 고비가 일곱 번째 달이다. 그래서 시련을 상징하는 칠살이라고 부르고, 자미로부터 7번째에 배치한다."

이 짧은 언급 속에 칠살이 어찌해서 그런 이름으로 불리는 것인지도 명확해진다. 자미를 해치는 살성이 인궁의 자미로부터 기산하여 7번째 간격에 떨어져 있기 때문에 칠살이라 정해진 것이 분명하다. 실제로 7개월 이하의 태아는 폐 기능이 성숙하지 못하기 때문에 조산이 되면 심각한 문제가 된다. 이 시기에 임신중독증에라도 걸리게 되면 사망할 가능성이 높아지고, 설사 살아난다고 해도 장애아가 될 가능성이 크다. 다음은 태양이다.

"태아가 자라서 10개월을 다 채우면, 출산을 한다. 태양은 양물陽物을 상징하고 별호로는 금까마귀이다."

여기서 양물이라는 언급에서 하나는 태아를 양물로 보았을 가능성과 또 다른 하나는 천부 남편의 성기 양물을 지칭하는 것으로도 볼 수 있다. 즉 해궁에 있는 양물이 인궁에 있는 천부와 합궁을 통해서 자미라는 태아를 잉태한다고도 볼 수 있다. 여기서 역학의 원리 寅과 亥의 육합이 그 과정에 숨어있는 것이 분명하다. 하필이면 어찌해서 천부가 인궁에 있고, 거기에서 자미를 잉태하는 것일까? 여기에도 분명한 역학적 원리가 내재되어 있다. 소강절이 그의 저서 『황극경세서皇極經世書』에서 다음과 같이 언급하였다.

"천개어자天開於子, 지벽어축地闢於丑, 인기어인人起於寅, 묘생만물卯生萬物"

이를 풀이하면, 하늘은 자에서 열리고, 땅은 축에서 열리고, 사람은 인에서 일어나고, 묘에서 만물을 낳는다. 바로 이러한 논거를 바탕으로 사람인 자미가 인궁에서 잉태되어야 하는 것이다. 나아가 12지지의 구성원 그 하나하나에, 그리고 지금 거론하고 있는 두수의 모든 주성들의 배치에는 반드시 어떤 엄밀한 존재 이유들이 있었을 것으로 짐작되지만,

지금은 실전되어 전해지지 않고 있다. 다른 주성들의 배성 이유까진 알 수 없어서 그 점이 안타깝기는 하지만, 이 정도만 해도 대략의 요점은 추릴 수 있었다고 여겨지고, 그나마 천만다행이 아닐까 싶다.

그리고 이제는 답을 해야 할 차례이다. 자미두수는 진짜 밤하늘을 밝히는 별들을 다루는 것인가? 아닌가? 지금까지 거론된 상황들을 종합적으로 살펴보면 결국 자미두수는 실제의 별들을 빙자하여 십일도의 이치를 다루고 있었던 것으로 보인다. 어찌해서 별이라 불렀을까? 그 이유도 저절로 자명해진다. 제1천과 제2천, 나아가 제3천에 있는 돌들, 즉 하늘에 있는 돌들을 다루고 있으니, 당연히 별이라고 불러야 마땅했을 것이다. 그러면 자미두수는 실제의 별들과는 전혀 관련이 없는 것일까? 그런데 그것이 또 그렇지가 않다는 데에 묘한 점이 있다. 이제부터 살펴보겠지만 자미두수에서 등장하는 14주성은 결론적으로는 북두칠성과 남두육성으로 간결하게 정리되고, 북두칠성의 대삼합육 부분을 크게 확대해서 나오는 세 개의 주성(자미·태양·태음)이 또 하나의 삼요를 형성하고 있다. 그리하여 이 세 개의 중심별이 3이 되고, 북두칠성이 7이 되어, 우리 배달족이 수천 년 전부터 누누이 강조해 마지않고 있는 3·7의 관계를 형성한다. 따라서 자미두수는 크게 보았을 때, 3·7의 관계, 그리고 여기에 더불어 북두구성(복희)·남두육성(여와)의 관계, 이렇게 딱 두 가지 핵심으로 나이스하게 정리된다. 어째서 이런 말이 나오게 되는 것인가? 자미두수의 기본 배치도, 그 이전의 상황을 살펴볼 필요가 있다. 자미두수 기본명반을 이루는 별들의 본원을 따져볼 필요가 있는데, 사람으로 치자면 가문의 뿌리라고나 할까? 아무튼 그 본원이라는 것을 좀 더 파고 들어가 보기로 한다. 이미 앞에서 북두칠성과 남두육

274 •

성을 두루 살펴본 바 있지만, 중국의 도가에서는 이들 북두칠성에다가
자신들이 만든 새로운 이름을 갖다 붙여놓았고, 위의 그림에서 보이는
바가 바로 그것이다. 이름의 면면을 뜯어보면 이미 두수의 기본명반에서
등장했던 14주성들의 이름들
이 고스란히 들어 있다(단 여
기서 노란색으로 표시된 이름들
은 주성이 아니라 보조성이다. 이
보조성도 자미두수 63개의 별들

중에 포함되는 핵심 별들이다) . 그리고 아래에 보이는 또 하나의 그림은
남두육성과 각 별들의 이름을 보여준다. 이것도 중국의 도가에서 붙여놓
은 이름이다. 이 또한 두수의 기본명반에서 등장했던 14주성들의 이름들
뿐이다. 따라서 14주성의 본원이란 것은 결국 북두칠성과 남두육성인

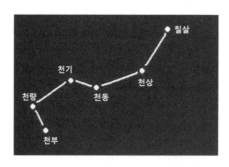

것이다. 두수의 기본 명반이란
것 자체가 본시 여기 보이는 북
두칠성과 남두육성의 합체였
던 것으로 보이지만, 유감스럽
게도 그 합체의 원리 또한 지금
은 실전되어 전해지지 않고 있

다. 그런데 자세히 살펴보면 북두칠성 7개의 별들 중에서 자미두수의
주성은 5개이고, 남두육성 중에서는 6개다. 따라서 그 둘의 합은 5
+ 6 이니 당연히 11이 된다. 자미두수의 주성은 14개인데, 나머지 3개의
주성은 어디로 사라진 것일까? 11개의 주성들을 자세히 살펴보면, 공교
롭게도 자미·태양·태음이 빠져 있음을 알 수 있다. 빠져 있는 3성의
면면을 살펴보자니, 모르긴 몰라도 가장 중요한 별들로 여겨지는 것들뿐

이다. 자미라는 별은 두수에 있어서 지존에 해당하는 별이다. 그리고
태양과 태음은 중천을 지배하는 절대적인 존재들이다. 어찌된 스토리일
까? 여기서 필자의 상상력이 다시 한 번 더 동원된다. 『천부경』에서
제6번째 별, 그러니까 위의 북두칠성에서는 무곡이 된다. 그리고 그
주변의 좌보와 우필은 바로 하늘과 땅을 상징하는 건괘와 곤괘들이고,
이들 세 개의 별이 대삼합육을 이룬다는 것은 이제 주지의 사실이다.
자미를 창안한 대가는 이 부분을 더욱 확대해서 보고 싶었던 것이

아닐까? 무곡을 자미로 확대하
고, 건괘인 하늘을 태양으로 확
대하고, 곤괘인 땅을 태음으로
확대하고, 이렇게 3개의 별 중
의 별, 삼요를 별도로 떼어서
특별히 강조해놓은 것이다. 여
기서 태양이 하늘을 대행하고,

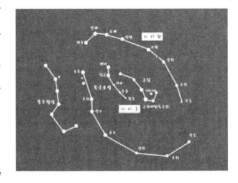

달이 땅을 대행한다는 고대인들의 생각은 『주역참동계』에서 여실하게
드러난다. 『제2장의 다음과 같은 언급을 새겨둘만하다.

天地設位而易行乎其中矣 하늘과 땅이 각기 자리를 정하고, 역이 그 속에서
행해진다.

天地者乾坤之象也 하늘과 땅이라는 것은 건과 곤이 나타난 상이요,

設位者列陰陽配合之位也 자리를 설위하는 것은 천지간에 음과 양이 섞이면서,
조화가 행해진다는 것이다.

易謂坎離坎離者乾坤二用 역에서 감과 이를 말하는데, 감과 이는 건곤의 두
가지 용(쓰임)이다.

^{이 용 무 효 위 주 류 행 육 허}
二用無爻位周流行六虛　두 용은 여섯 효에서 정해진 자리가 없어, 두루 육허를 흘러 다녀서

^{왕 래 기 부 정 상 하 역 무 상}
往來旣不定上下亦無常　가고 옴에 정해진 바가 없고 위와 아래로도 일정함이 없어

^{유 잠 윤 익 변 화 어 중}
幽潛淪匿變化於中　그윽하게 잠기고 빠져 들어가 숨어, 가운데로부터 변화하여

^{포 낭 만 물 위 도 기 강}
包裹萬物爲道紀綱　만물을 자루 안에 싸 넣어서, 도의 기강이 된다.

^{이 무 제 유 기 용 자 공}
以無制有器用者空　무로써 유를 제어하는 것이니, 그릇의 쓰임이 되는 것이 사실은 텅 빔이로다.

^{고 추 소 식 감 리 물 망}
故推消息坎離沒亡　고로 소식의 연유를 캐어내면, 감리는 사라져버린다.

^{언 불 구 조 논 불 허 생}
言不苟造論不虛生　말은 구차하게 만들지 않고, 의견은 헛되이 내놓지 않으며,

^{인 험 견 효 교 탁 신 명}
引驗見效校度神明　경험한 것을 이끌어 효과를 보이고, 신명을 비교하여 헤아리며,

^{추 류 결 자 원 리 위 징}
推類結字原理爲徵　같은 류로부터 연유를 캐어내어 결론을 내리니, 이치에 근원하여 징조로 드러난다.

^{감 무 월 정 이 기 일 광}
坎戊月精離己日光　감에 들어있는 戊는 달의 精이요, 이에 들어있는 己는 해의 빛인데,

^{일 월 위 역 강 유 상 당}
日月爲易剛柔相當　해와 달은 역이 되고, 강과 유가 서로 마땅하며

^{토 왕 사 계 나 락 시 종}
土旺四季羅絡始終　토는 사계절의 끝에 왕성하여, 처음과 끝을 둘러서 이어 놓으니

^{청 적 백 흑 각 거 일 방}
靑赤白黑各居一方　청적백흑이 각각 한 방위씩 차지하지만

^{개 병 중 궁 무 기 지 공}
皆稟中宮戊己之功　모든 것이 중궁을 붙잡고 있으니, 戊와 己의 공이다.

이 대목에는 10천간과 12지지를 모두 포괄하고 있고, 또한 자미 14주성까지도 모두 포괄하고 있기도 한 것이다. 이 중에서 특히 감괘와 이괘는 태음과 태양이고, 이들이 바로 건곤의 두 가지 쓰임새가 되는 戊와 己이다. 이렇게 중천을 지배하는 태양과 태음이 하늘의 중심인 자미원을

떠받들고 있고, 자미원은 좌자미원의 별 8개와 우자미원의 별 7개가 합쳐진 15개의 별로 구성된다. 여기서 또 다시 15라는 숫자와 조우하게 된 셈인데, 자미원의 별 15개도 결국 하도의 중심에 있는 戊(5)와 己(10)를 상징하고 있는 셈이다. 결국 자미와 태양과 태음, 이 세 가지는 바로 세상의 중심을 상징한다. 그리고 이렇게 자미와 태양과 태음으로 이루어진 삼요와 더불어 자미원의 바로 바깥쪽에서 위치해있으면서 자미원을 호위하는 북두칠성은 놀랍게도 바로 우리 배달민족의 핵심코드, 3·7 이라는 코드를 만들어낸다. 『한단고기』에서 수도 없이 반복해서 언급되고 있는 바로 그 3·7 말이다. 그리고 북두칠성은 자세히 살펴보면 북두구성이기도 하다. 그리고 이 북두구성과 병립하는 남두육성, 어디서 많이 보던 조합? 복희와 여와, 바로 그들이 아닌가 말이다! 중국의 도가는 이처럼 우리 배달족의 『천부경』 철학을 고스란히 자미두수에 담아두고 있었던 것이다! 단지 그 이름들이 조금 생소해서 우리가 그 실체를 잘 알아보지 못했던 것일 뿐, 기실은 자부선인이 전해준 도가 그대로 면면히 중국의 도가들에게 이어지고 있었던 것이 틀림없다. 바로 이것이 『천부경』을 소개하는 자리에 조금 엉뚱하게도 자미두수라는 술학을 굳이 포함시키게 된 이유이기도 하다.

우리는 전혀 의외의 곳에서 『천부경』의 흔적을 볼 수 있었고, 얼핏 『정역』의 뒷그림자가 살짝 스쳐가는 것도 볼 수 있었지만, 전체 맥락에서 보았을 때 지금까지는 다만 예행연습이었음을 곧 깨닫게 될 것이다. 높다란 아름드리 나무를 세우기 위해 먼저 뿌리를 깊게 박아둘 필요가 있었던 것이다. 그리고 이제야말로 드디어 벼르고 벼르던 『정역』의 세계로 들어갈 차례이다. 독자들은 이제 곧 터무니없다고 느껴질 정도로 드높고 험준한 『정역』의 난이도에 혀를 내두르게 되겠지만, 지금껏 자신들도 눈치 채지 못하는 사이에, 그 험준한 기암괴석을 기어오를 수 있는 기초 체력을 어느새 차근차근 배양하고 있었다는 사실을 또한 깨닫게 될 것이다. 한 번의 심호흡과 함께 새롭고 신비로운 여행을 즐겨보기로 한다. 놀랍도록 심오한 지적 탐구의 세계로 오신 것을 뜨겁게 환영하는 바이다.

금시명

  1966년 서울 출생으로 금시명은 필명이다. 1985년 고려대학교 입학, 1992년 졸업하였으며, 이후 줄곧 반도체 분야에 종사하고 있다. 하도와 낙서에 숨겨진 원리부터 시작해서 복희팔괘, 문왕팔괘, 정역팔괘의 이치, 천부경에 담겨있는 묘리, 정역에 숨겨져 있던 비밀의 정원을 모두 찾아내는데 12년의 세월을 바쳤고, 그 결과물들이 바로 이 책들이다.

동방의 빛 ❷　천부경(天符經)

초판 인쇄　2015년　04월　20일
초판 발행　2015년　04월　30일

지 은 이 | 금시명
펴 낸 이 | 하운근
펴 낸 곳 | 學古房

주　　　소 | 서울시 은평구 대조동 213-5 우편번호 122-843
전　　　화 | (02)353-9907　편집부(02)353-9908
팩　　　스 | (02)386-8308
홈페이지 | http://hakgobang.co.kr/
전자우편 | hakgobang@naver.com,　hakgobang@chol.com
등록번호 | 제311-1994-000001호

ISBN　　　978-89-6071-500-4　94140
　　　　　978-89-6071-498-4　(세트)

값 : 18,000원

이 도서의 국립중앙도서관 출판시도서목록(CIP)은 서지정보유통지원시스템 홈페이지(http://seoji.nl.go.kr)와 국가자료공동목록시스템(http://www.nl.go.kr/kolisnet)에서 이용하실 수 있습니다.(CIP제어번호: CIP2015011608)